KB072402

넥스트 킬러앱

팬데믹 이후, 앱 패권의 새로운 문이 열린다

Next
Killer
App

넥스트 킬러앱

조원경 지음

킬러앱,
세상과 비즈니스 트렌드를 투영하는 창

신종 코로나바이러스감염증-19(코로나19)의 발병에는 여건이 필요했나 보다. 바이러스는 전 세계 곳곳에서 활동을 중단한 상태로 있다가 여건이 유리해지면 창궐한다. 바이러스 발발에는 여건이 필요하나, 바이러스 확산에 여권은 필요 없다. 역사를 보면 중앙아시아에 서식하던 쥐가 실크로드를 통해 유럽으로 건너갔고, 쥐를 매개로 한 페스트균이 사람에게 옮으면서 전염병이 퍼져 나갔다.

중국 우한에서 창궐한 코로나19는 시차를 두고 전 세계로 퍼져갔고, 그 과정에서 글로벌 공급망이 훼손되었으며, 2020년 3월 19일 코스피지수는 연중 최저점을 찍었다. 이후 세간의 전망과 달리 세계 증시는 후끈 달아올랐다. 코로나19에도 불구하고 2020년 6월 미국

나스닥은 1만 포인트 돌파라는 역사를 쓴 후 만스닥으로 불리게 되었고, 12월에는 이를 훌쩍 뛰어넘어 역사적 신고가를 세웠다. 주가 상승을 견인한 아마존 같은 거대 전자상거래 업체에 맞설 최강의 상대로 쇼피파이(Shopyfi)가 부상했다. 대기업뿐만 아니라 세계 각지의 소상공인이 전자상거래에 뛰어들며 쇼피파이 플랫폼 사용자가 되고 있다. 아마존은 물류 창고를 더 많이 짓고 추가 고용을 하면서 폭발적인 전자상거래 수요에 대응했다. 룰루레몽(Lululemon)도 온라인 쇼핑 붐에 한몫하고 있다. '더 많은 땀과 더 저렴한 소비'를 내세우며 홈트레이닝복을 직구로 구입하는 사람들의 '최애' 앱이 되고자 했다.

코로나19는 스마트폰 대중화와 1인 가구 증가 추세에 편승하여 코드커팅(Cord-Cutting)을 가속화했다. 코드커팅이란 유료 방송 시청자가 가입을 해지하고 인터넷TV나 온라인 동영상 서비스(OTT, Over-The-Top) 같은 새로운 플랫폼으로 이동하는 현상을 말한다. 집콕족이 스마트폰 영상을 TV로 보여주는 구글 '크롬캐스트'를 활발히 이용하고 홈피트니스 앱을 즐기고 있다. 전 세계 OTT 시장을 미국이 주도하는 가운데 일대 콘텐츠 산업 전쟁이 벌어지고 있다. 넷플릭스, 아마존, 유튜브에 이제 디즈니와 애플이 가세했다. 이들 OTT는 양질의 콘텐츠를 직접 제작하여 몸집을 키우고 기존 방송의 한계를 넘어 각국으로 진출하고 있다. 네이버 웹툰과 카카오TV를 바라보며 21세기 한류 벤처의 첨병 BTS를 생각한다. 이들 모두는 비대면(non-contact)이란 이름으로 코로나19에도 불구하고 주가가 천정부지로 올랐다.

넷플릭스 주가는 2019년 디지털 콘텐츠에서 최강의 지배적 지위를 잃을지도 모른다는 위기감으로 하락했지만, 2020년 코로나19로 오프라인 극장이 쑥대밭이 된 상황에서 진가를 발휘해 크게 상승했다. 문득 《규칙 없음》이란 책을 읽으며 절차보다 사람을 소중히 여기는 그들의 기업 문화에 매료되어본다. 능률보다 혁신을 강조하는 넷플릭스는 통제를 최대한 자제하는 문화를 자랑한다. 수많은 디바이스에서 넷플릭스를 즐기는 N스크린 전략이 성공의 요소로 꼽힌다. 미국에서 구입할 수 있는 웬만한 TV나 DVD플레이어, 게임기는 인터넷 연결 기능이 있고 넷플릭스 온라인 스트리밍 기능을 지원한다. 넷플릭스 가입자는 TV에 게임기를 연결하거나 새로 산 TV로 넷플릭스를 볼 수 있다.

세간의 주목을 끄는 기업은 우수한 인재를 기반으로 최고의 성과를 올리고, 통제가 아닌 맥락으로 직원을 이끄는 데 초점을 맞춘다. 인류가 바이러스와 맞서는 시기에 자가 진단 애플리케이션(앱)을 비롯해 위치의 위험성을 알려주는 앱과 확진자 동선을 알려주는 앱이 등장하고, 코로나19 백신과 치료제 관련 주식이 떴다. 스노우플레이크(Snowflake), 줌(Zoom), 눔(Noom), 펠로톤 인터랙티브(Peloton Interactive) 같은 부상하는 앱 기반 기업과 테크 공룡 페이스북, 아마존, 넷플릭스, 구글, MS, 애플, 엔비디아, 테슬라(FANGMAN+T)의 성장을 보니 눈이 휘둥그레진다. 그들은 코로나19의 와중에도 성장의 고삐를 쥐고 있었다. 미래의 선봉에 있는 기업이다. 그들이 만든 성장의 생태계가 무엇인지 고민하던 중, 팔리는 콘텐츠를 상품으로 만들면서 경제적 해자라는 울타리를 친 그들의 노하우에 관심을 가지게 된다. 세계경제 성장과 그들 기업의 성장은 큰 괴리를 보이고 있다.

코로나19 와중에 축 처진 기분을 올리는 방법은 없을까? 클라우드(Cloud)와 빅데이터(Big Data) 기술에 힘입어 증강현실(AR)이 발달했다. 콘서트장에 가지 않고도 스마트폰으로 증강현실 앱을 통해 좋아하는 가수를 집안으로 불러와 실감 나는 공연을 즐길 수 있다. 뮤지션의 실사 기반 3D 콘텐츠를 360도 각도에서 감상하고 뮤지션과 함께 촬영한 사진이나 공연 영상 등을 SNS를 통해 공유할 수도 있다.

코로나19와 함께 세계화(Globalization)는 더욱 무기력해지고 있다. 알파벳 G가 수면 위에 살짝 걸려 있는 모습이 처량하다. 전 세계적으로 경제 성장(Growth)에 대한 우려가 지속되고 있는 가운데 저성장, 저물가, 저출산, 저금리가 숙명처럼 다가온다. 개중에는 앞에 마이너스를 붙이고 있다. G1, G2, G7, G20은 각자의 셈법에 따라 자국 이익 우선주의로 세계를 지배한다. 여기서 G는 그룹(Group)을 나타낸다. 2009년 일본을 제치고 G2에 등극한 중국은 미국을 넘어 G1이 될 것이라고 주목을 받았다. 그로부터 10여 년이 지났으나 중국은 예상과 달리 미국을 따라잡지 못했다. 미국은 1900년 이후 세계 패권국의 지위를 지키며 세계 경제 2위 국가를 철저히 따돌렸다. 혹자는 그들 국가의 국내총생산(GDP)이 미국 GDP의 40%를 넘어가는 순간 미국이 각종 분쟁을 불사했다고 주장한다. 과거 넘버 2의 위치를 달성한 구소련이나 일본(플라자 합의)과 치른 일련의 경제사를 보면 그렇게 생각하는 것도 무리는 아니다. 지금의 넘버 2인 중국의 GDP는 미국 GDP의 70% 수준으로, 분쟁이 있던 당시의 구소련이나 일본의 GDP 수준을 훨씬 상회한다.

산업혁명 이전 세상의 G1이었던 중국은 과거의 영예를 어떻게 되찾으려고 하고 있나? 최근 미·중의 새로운 패권 전쟁 상황을 보면, 중국은 IT 패권 경쟁에서 미국을 제압하는 길을 모색해왔음을 쉽게 알 수 있다. 금융 위기 발생으로 미국이 중국을 칠 절호의 기회를 놓친 상태에서 중국의 힘은 이미 미국을 두려워하지 않는 단계로 성장했다는 말도 들린다. 화웨이(Huawei) 고사 작전을 진두지휘한 미국 도널드 트럼프(Donald Trump) 대통령은 중국을 첨단 산업에서 전략적 경쟁자로 규정했다.

FANGMAN+T와 신 미·중 전쟁을 보며, 세계적으로 4차 산업혁명의 주도권을 누가 쥘 것인가가 국가의 흥망성쇠를 결정하는 길일 수 있겠다는 생각이 든다. 디지털 변혁에 따른 기술 발전은 생산에서 소비에 이르는 공급망 단계를 단축시키고 있다. 그 과정에서 전통적인 제품과 서비스의 교역 규모는 축소되고, 무형자산의 국경 간 이동은 디지털 거래를 통해 늘고 있다. 디지털 변혁과 자동화가 노동 집약적 생산을 축소하고, 선진국 기업이 그동안 개발도상국에 공장을 짓던 것을 중단하고 자체 생산을 늘린다면, 글로벌 공급망 교란에 따른 변화는 불가피하다. 이런저런 생각을 하는데, 확실히 세상은, 특히 경제를 지배하는 게임(Game)의 법칙은 알파벳 G가 나타내는 대표성만큼 다양하게 변한 느낌이다.

미래는 그래도 '세계로, (환경을 생각하며) 푸르게, 위대하게(Going Global, Green & Great)' 움직여야 하는 것 아닐까? 그것이 세상을 바꾸는 힘이라면, 초연결·초지능화 사회에서 게임 체인저로서의 G의 힘이 더 세져야 한다는 생각을 해본다. 우리는 디지털 변혁, 기후 변화에 대응하는 그린 뉴딜, 사회 안전망을 강화하는 포용적 휴먼 뉴딜과 마주하고 있다. 세상이 하나로 연결된 사회. 그렇게 세상을 바꾸는 힘 가운데는 통신망과 내 손에 들린 휴대전화의 역할이 컸고, 비대면 시대에 그 영향력은 오히려 더욱 가중되고 있다. 문득 IT 혁명 이전의 세계와 이후를 가르는 콘텐츠의 힘이 무엇일지 생각하며 이를 통해 나, 세상, 비즈니스의 안목을 키워보는 것은 어떻겠나 하는 생각이 들었다.

코로나19로 손안의 스마트폰이 인류의 진화를 더욱 가속화하는 세상을 살고 있다. 스마트폰 없이 살아갈 수 없는 우리네 인류를 이제 '포노 사피엔스(Phono Sapiens)'라고 부른다. 영국의 경제 주간지 〈이코노미스트〉가 호모 사피엔스(지혜가 있는 인간)에 빗대어 일컫은 데서 나온 말이다. 코로나19에 따른 디지털 문명으로의 전환은 성공이 아니라 생존을 위한 선택이다. 손안의 스마트폰에 있는 다양한 앱을 보니 인류가 코로나 사피엔스에 이르기까지 어떤 경험을 했는지 궁금해진다. 인류는 세대(Generation)를 거듭하며 부침이 있었지만 지속적으로 발전했다.

콘텐츠 플랫폼 시장의 경쟁이 치열하다지만, 웹툰과 웹소설, 게임, K-팝을 생각하면 한국 기업도 글로벌 경쟁력이 있다. K-팝, K-뷰티에 이어 K-스토리를 내세워 세계 속에서 이름을 더 높여가는 '코리아답게'를 떠올려보는데, 한국판 킬러애플리케이션(줄여서 킬러앱Killer App)은 어떤 모습이어야 하는지 곰곰이 생각하게 된다. 저성장이 고착화된 시대에도 경제 시스템에 활력을 불어넣는 무언가는 필요하다. 킬러 콘텐츠… 돈을 벌고 싶은 누구나 그런 생각을 할 수 있다. 3G에서 4G로, 5G로 바뀌는 가운데 수많은 앱이 탄생했다. 코로나19의 와중에도 비대면 앱이 무수히 탄생했다.

1G에서 5G까지 무선통신 서비스의 역사를 무시하고 현재의 포노 사피엔스를 논할 수 없다. 1G는 휴대전화기의 조상급으로 무전기를 연상케 하는데, 휴대전화를 우리 품에 안겨 통신의 새 역사를 썼다. 디지털 방식의 이동통신으로 문자 기능을 가능하게 한 것이 2G다. 많은 것이 빠르게 변화하는 어느 날, 우리는 음성 데이터와 비음성 데이터를 모두 전송할 수 있는 기쁨을 맞보게 된다. 이동통신사들이 설치한 촘촘한 기지국에서 데이터를 받아 이동 중에도 동영상을 볼 수 있는 3G 시대가 열린 것이다. 하지만 어디서든지 지금 같은 전송 속도로 데이터를 다운로드받거나 영상을 볼 수는 없었다.

그래도 영상통화가 가능했다는 것은 위안이었다. 마침내 우리는 골프장에서 주가를 확인하고, 전철에서 드라마를 보는 시대를 살게 된다. 2010년 LTE를 개선한 4G가 탄생한 게 그 힘이었다. 이제 4G와 비교될 수 없을 정도의 초고속으로 모든 것이 연결되는 세상이 다가왔다. 5G의 세상이 도래하여 사물인터넷(IoT), 인공지능(AI), 가상현실(VR), 증강현실 같은 4차 혁명 기술의 상용화가 가능한 세상이 열렸다.

세계적으로 물품이나 서비스의 국경 간 이동의 증가량보다 데이터 이동량이 엄청나게 늘었다. 자유로운 데이터 기반 기술을 상용화할 인프라를 제공하는 기술 생태계 구축이 국가의 흥망성쇠를 좌우한다. 세계적으로 제조업의 위기 속에서 정보통신(IT)과 콘텐츠 산업이 산업 패러다임의 변화를 주도하고 있다. 미국과 중국 경제에서 제조업 비중은 줄고 있지만 정보통신기술(ICT) 관련 투자 비중은 지속적으로 증가하고 있으며, 관련 주식의 상승률은 무지막지하다. FANGMAN+T의 미국과 BATH(바이두, 알리바바, 텐센트, 화웨이)의 중국을 생각하며 신패권주의의 두 주인공 G2의 위력을 새삼 느낀다. 수많은 앱이 이 생태 공간에서 사활을 걸고 있다. 성장(Growth)의 G를 바라보며, 시장에 등장하자마자 다른 경쟁 제품을 몰아내고 시장을 완전히 재편할 정도로 인기를 누리는 콘텐츠를 제공하는 킬러앱의 탄생이 어떠했고 세계적 기업이 어떤 전략을 펼치고 있는지 궁금해졌다. 그들의 생태계를 해부하고 싶다는 생각이 든다.

창조적 아이디어와 상품성을 보장하는 앱을 많이 보유한 기업이 세계에서 높은 경쟁력을 유지할 것이기에 킬러앱에 대한 이해는 무엇보다 중요하다. 코로나19로 와해된 오프라인의 세계화와 더 촘촘히 연결된 가상의 초연결 사회를 생각한다. 어느 쪽의 힘이 더 강할까? 가상의 전 세계를 무대로 투자 비용의 수십 배 이상 수익을 올리는 5G 시대의 킬러앱은 어떤 모습으로 고객에게 나타날지 생각해보는 것만으로 마음이 벅차다. 킬러는 기존의 흐름을 완전히 바꾸어놓는다. 과거 전쟁의 승리가 국가의 흥망성쇠를 이끌었다면, 이제는 기술과 콘텐츠의 우위가 세상을 쥐락펴락한다. 이러한 상황에 적응하지 못한 기존의 것들은 혁신적 킬러앱에 의해 죽음의 늪에 이를 수밖에 없다.

프로페셔널 킬러의 네 가지 조건으로 냉정함, 유능함, 잔혹함, 민첩함을 생각해본다. 킬러앱으로 내놓은 제품도 고객의 사랑을 받기에는 대부분 역부족이어서 실패로 끝나기 마련이다. 사람들은 새로운 것이 처음 나오면 어디에 어떻게 쓸 수 있을까 이런저런 시도를 할 것이다. 그중에서 사람들의 니즈를 충족시켜주는 것들만 킬러앱이 된다. 그런 넥스트 킬러앱의 조건을 생각하는데, 그 모습이 두 가지로 다가온다. 은총스러운(Graceful), 아니면 기묘한(Grotesque) 모양새로 말이다. 소비자에게 혜택을 주면서도 뭔가 신비로운 비밀을 품은 녀석을 상상해본다.

이제 G의 퍼즐을 풀어야 할 시간이 되었다. 머릿속에 쥐가 나면서도 동시에 묘하게 전율감이 넘친다. 코로나 바이러스 이전(Before Corna)과 바이러스 이후(After Disease)의 세계는 과연 어떻게 달랐고 달라질 것인가? 그 속에서 우리는 나와 세상과 비즈니스의 트렌드를 어떻게 발견해야 하나 궁금해진다. 조 바이든(Joe Biden)이 분열된 미국과 세상을 어떻게 이끌지 상상해본다. 그 역시 디지털 변혁이 심화되는 세상에서 중국과의 대결에서 물러서지 않을 것이다. 친환경론자 조 바이든 시대에 '동학개미' 운동의 주체는 어떤 주식투자의 함의를 얻어야 할까, '서학개미'들은 테슬라의 주가를 보고 잠을 편히 잘 수 있을까? 이런저런 생각을 하며 세상을 지배하는 대표 기업의 세계로 빠져든다. 그의 경제팀에 블록체인과 암호화폐 전문가가 대거 포진했다. MS, 애플, 페이스북 같은 미국의 공룡기업이 조 바이든을 상대로 막대한 선거 자금을 지원했다. 이민과 합리적인 무역정책이 그리워서일까? 미국 주가 상승을 이끈 트럼프를 멀리하고 많은 기술기업들이 조 바이든의 손을 들어 주었다. 중국의 디지털 변혁은 속도를 더할 것이기에 기술기업에 대한 항로를 두고 조 바이든의 고민은 지속될 것이다.

CONTENTS

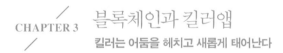

Next

킬러앱의 의의와 역사

누구에게나 죽이고 싶은 욕망이 있다

Killer
App

앱은 나의 과거·현재·미래를 바라보는 안목의 창이자, 돈과 비즈니스의 트렌드를 파악하고 미래를 앞서가는 힘이 된다. 앱의 과거·현재·미래를 간파하면서 세상이 어떻게 변해왔고 어떻게 변해갈지 통찰하는 것은 매우 의미 있는 일이다. 우리는 이 책을 창과 나침반으로 하여 디지털 세상을 이해하고 바꾸어갈 세상을 바라볼 것이다.

인터넷 이전의 시대

인터넷이나 모바일로 회원을 모아 수익을 창출하는 비즈니스가 만연해 있다. 장래 희망이 인기 유튜버라니, 세상 참 많이 변했다. '구독'과 '좋아요'를 요청하는 유튜버의 목소리를 듣는다. 물론 구독자층의 저변 확대는 사업의 충분조건이 아니라 필요조건일 뿐이다. 유튜브 외에도 회원을 통해 수익을 창출할 수 있는 다양한 비즈니스 모델이 탄생하고, 일부는 성공의 역사를 쓰고 있다. 이러한 비즈니스가 지속되기 위해서는 고객의 기호에 맞는 다양한 콘텐츠 서비스를 제공하는 것이 관건이다. 인터넷의 발달과 함께 소비자의 정보 수집이 용이해졌다. 나 아닌 타인의 관점을 공유하는 세상이 비즈니스 모델로 다양하게 운영된다. 앱의 세계는 상상력만큼 다양하게 우리에게 다가오는데, 확실히 공감하는 인간의 모습을 발견하는 것은 어렵지 않다. 앱은 각종 서비스로 대표되는 콘텐츠로 안내하는 통로다.

우리는 왜 콘텐츠 산실로서의 소프트웨어/웹/앱에 주목하는가? 몇 가지 이유가 있을 것이다.

엑셀의 다양한 기능이 사무실에 일대 혁명을 가져왔다면, 이메일은 손편지 배달의 감소를 초래해 우체국의 역할을 축소했다. 내 손 안의 모바일 앱을 통해 우리는 음식을 배달시키고 택시를 호출하며 숙박 시설도 예약했다. 번거롭고 시간이 많이 드는 세계에서 시간 절약으로 여가와 오락을 즐길 수 있는 일대 삶의 변혁이 앱을 통해 일어나고 있는 것이다. 지갑은 집에 두고 와도 괜찮지만, 스마트폰을 두고 오면 하루를 편하게 보낼 수가 없다. 우리는 지갑 없이도 스마트폰으로 지급과 결제를 할 수 있는 세상을 접한 지 오래다. 스마트폰의 핵심 기능은 무수한 앱을 통해서 이루어진다. 내가 즐겨 사용하는 앱은 나의 반려견과 같은 존재다.

다음으로, 데이터 기반 경제에서 소비자 니즈의 변화를 제대로 보여주는 것이 앱이라 할 수 있다. PC에서 인터넷으로, 모바일로 하드웨어가 변하면서도 우리가 여전히 사용하는 앱이 존재하며, 어떤 앱은 새롭게 사용하기도 한다. 살아남은 앱에는 어떤 비밀이 있을까? 개발자의 관점이 아닌 사용자의 관점에서 사용자의 욕구를 데이터로 정밀 분석하여 더 나은 서비스를 제공하고 정기적 업데이트를 실행하기에, '사용자 경험(User Experiens, UX)'의 변화와 전망을 인기 있는 앱을 통해서 알 수 있는 것이다. 기술 발전이 소비자의 행동 변화를 어떻게 이끌고 이러한 변화가 어떻게 앱의 변화를 이끄는지 분석하면서 미래 트렌트를 생각해볼 수 있게 된다. 삼성전자는 인도 LTE 통신사업자인 릴라이언스 지오 인포컴(Reliance Jio Infocomm)에 과감히 투자했다. 2G에서 4G 혹은 5G로 변화하면서 말하기를 좋아하는 인도인의 전화 사용량을 급격히 줄이고 듣고 보고 즐기는 서비스를 늘리려는 목적에서였다. 코로나19처럼 일대 문화 혁명이 앱을 통해서 일어난다. 새로운 모바일 콘텐츠와 네트워크가 급격히 증가하는 인구와 함께 성장할 인도를 획기적으로 바꿀 태세다. 많은 앱 개발자를 비롯한 비즈니스맨이 인도를 바라보며 설레는 마음을 지닌다.

다른 한편, 앱 시장에서 생존력이 강한 서비스는 사용자의 행동을 완벽히 분석하고 사용자를 위한, 사용자 만족도가 높은 비즈니스 전략과 모델을 구사한다. 모바일 사용자 행동에 대한 철저한 분석 없이는 유사 앱 서비스에 의해 기존 서비스가 대체되기 쉬운 것이 앱 시장의 특성이다. 웹/모바일 서비스 부서 중 사용자행동분석팀이 가장 중요하다는 사실은 이를 증명한다. 웹페이지와 앱 사용자의 행동 패턴 분석으로 메뉴 위치, 컬러, 서비스와 콘텐츠 제공 방식을 분석하고 개선된 서비스를 제공하는 것이야말로 온라인 비즈니스의 핵심이다. 사용자 행동 분석에서 수집된 데이터를 정밀 검토하는 데 중요한 역할을 하는 것은 AI이다. AI의 발달로 우리는 이전에 없던 미래를 살 것이다. 증강현실, 자율주행차, 로보틱스, 블록체인 기술의 발달로 우리는 새로운 미래를 맞이하고 이 과정에서 수많은 앱을 만난다. 2019년 12월부터 은행 앱 하나로 모든 은행 계좌의 출금이나 이체가 24시간 가능해졌다. 수수료도 10분의 1 수준으로 낮아졌다. 오픈뱅킹은 핀테크 기업이 은행 결제망을 손쉽게 이용할 수 있는 공동 결제 시스템으로, 은행 앱 하나만 있어도 여러 은행에 흩어져 있는 자신의 계좌를 조회해 입출금할 수 있게 했다. 내 삶을 바꾸는 앱은 나와 불가분의 관계로 진화하고 있다. 내 삶이 앱에 의해 규정지어진다고 해도 과언이 아니다. 우버나 에어비앤비 등은 여행에 필수적인 앱이 되었고, 배달 앱은 비즈니스의 지형을 바꾸고 있다. 요식업계의 어려움이 가중되고 숙박업계는 앱 회사에 바치는 돈이 너무 많다고 투덜대고 있다. 앱으로 택시를 부르고 신용카드를 등록하여 예약하는 서비스로 시간을 단축하니, 삶이 편해지는 것은 사실이다. 코로나19 여파로 비대면 산업 생태계가 빠르게 확장되면서 간편결제 사업을 영위하는 핀테크 기업과 온라인 결제 업체에 대한 시장의 관심이 커지고 있다. 네이버, 카카오, 인터넷 콘텐츠 기업, NHN 한국사이버결제 주가는 고공 행진을 했다.

결국 앱은 나의 과거·현재·미래를 바라보는 안목의 창이자, 돈과 비즈니스의 트렌드를 파악하고 미래를 앞서가는 힘이 된다. 앱의 과거·현재·미래를 간파하면서 세상이 어떻게 변해왔고 어떻게 변해갈지 통찰하는 것은 매우 의미 있는 일이다. 우리는 이 책을 창과 나침반으로 하여 디지털 세상을 이해하고 바뀌어갈 세상을 바라볼 것이다. 현실을 둘러보자. 웹/앱을 통해 세상의 모든 채용 정보를 검색하고, 웹/앱을 통해 스타트업을 구축한다. 웹/앱 속 세상의 영향력이 내 삶과 내 비즈니스와 세상의 흐름을 지배하니, 가상공간과 실제공간을 분리하는 것이 도저히 불가능하다. 직업, 건강, 교육, 오락, 뉴스, 음악, 주식거래처럼 많은 것이 앱을 통해 이루어지는 세계에서 나와 미래 세대의 연결도 앱이 가교 역할을 하는 느낌이다. AI에 많은 것을 의존하는 세상에서 앱으로 나를 최적화하는 방법이 무엇일지 곰곰이 생각해보니, 앱으로 세상을 바라보는 연습을 하는 것이 무엇보다 중요함을 느낀다. 태어나면서 스마트폰을 최고의 친구로 여기며 모바일폰에 길들여진 모바일 네이티브(mobile native)에게 앱은 세상, 돈, 비즈니스를 바라보는 창이다. 미국의 재무 관리 전문 미디어 그룹인 키플링어(Kiplinger.com)는 미국 내 가장 유망한 직업으로 앱 개발자를 들었다. 남녀노소 가릴 것 없이 스마트폰을 끼고 비대면 세상을 살아가는 것을 보니 고개가 끄덕여진다.

코로나19로 공유 숙박업소가 시들해지고 캠핑 리조트가 떴다. 코로나19 공포에 외식은 줄이고 시켜 먹는 배달 앱 관련 정보량이 폭증했다. 도심 공원 벤치에 앉아 자연 속에서 식사를 하고 싶어진다. 배달 앱을 떠올린 후 불과 몇 분 만에 음식이 도착한다. 푸릇푸릇 나무 아래서의 이색적 만찬이 그렇게 시작된다. 누군가는 음식이 IT 기술을 입고 있다며, 음식과 관련된 다양한 카테고리가 첨단 기술의 새 옷을 걸치는 중이라고 한다. 푸드테크의 경계와 이음새에 있는 스타트업이 우후죽순 생겨나고 한창 치열하게 경쟁 중이다.

와인에 대한 지식이 필요한 술자리에서 와인 앱을 이용해본다. '비비노(Vivino)'나 '와인서처(Wine-searcher)'가 대표적이다. 이러한 와인 앱에는 레이블을 찍어서 검색하는 기능이 제격이다. 사용자는 적어도 100명 이상의 리뷰를 통해 높은 평점(비비노 기준, 최소 3.5 이상)을 준 와인을 선택해 고를 수 있다. 와인 앱은 상당히 유용한 정보를 제공함으로써 와인 동호회에서 이방인이 되지 않게 해준다. 사람들의 경험 공유가 데이터 기반 산업을 열어가고 있는 것이다. 이러한 앱을 보면서 앱의 가장 필요한 요소는 '정보 제공', '공감', '편리성'이 아닐까 생각해본다. 궁금증을 풀어주는 앱은 언제 어디서나 정보를 제공해주는 유비쿼터스의 편리함을 맛보게 한다. 술 마시고 운전하면 패가망신인데도 음주운전을 하는 사람이 상당수 있는가 보다. 음주 단속 구간을 알려주는 앱 '더더더'는 앱으로 대리운전을 부를 경우 적립까지 해준다. 편리함에 더하여 인센티브까지 준다면 (좋은 예는 아니지만) 많은 사람들의 사랑을 받는 앱이 될 것 같다. 재미있는 것은 자발적으로 음주운전 단속 구간에 대한 정보까지 제공해준다는 점이다. 위험한 것을 즐기는 사람이 많음을 알 수 있는 대목이다. 2012년 12월 9일 상장한 배달 앱 도어대시(DoorDash)는 최대 음식 플랫폼 기업이 되었다. 시가총액이 미국 대표 음식업체(치폴레, 도미노피자, 던킨, 애플비, 아이홉, 데니스 등) 시가총액 합보다 크다. 도어대시가 대박을 터뜨린 것은 회사에 대한 미래 기대치 때문이다. 도어대시는 단순 배달 앱을 넘어 음식 생태계를 지배한다. 앱을 깔면 음식 종류별 레스토랑, 베이커리, 패스트푸드, 편의점 같은 '음식 지도'가 펼쳐진다.

우리는 왜 킬러앱의 역사를 배워야 하나
도어대시가 선사하는 먹방의 세계

PC의 세계에서 인터넷이 발달했고 전화와 접목되며 모바일이 탄생했다. 통신 기술의 발전이 가미되어 다양한 형태의 킬러앱이 존재하게 되었다. 우리는 왜 킬러앱의 역사를 공부해야 할까? 제조업 위주의 산업 시대를 지나 우리는 모든 것이 서비스화되고 있는 디지털 변혁의 시대에 살고 있다. 디지털 변혁은 엄청난 힘과 속도로 전 세계 시장을 휩쓸고 있다. 코로나19로 비대면 디지털 전환은 더욱 빨라지고 있다. 비대면 가상 회의, 재택근무, 온라인 학습은 새로운 문화로 자리 잡고 있다. 코로나19 시대에 비대면 소프트웨어 개발은 필수다. 비대면 개발 방식을 재택근무까지 확장해보자. 회사 입장에서는 거주지에 관계없이 개발자를 채용하는 이득이 있고, 하루 8시간 근무하는 소프트웨어 개발자를 채용할 필요도 없다. 개발자 채용이 유연해지고 사무실 임대 비용도 감소한다.

PC 소프트웨어, 이메일, 월드와이드웹(www) 같은 킬러앱은 원래의 사용 목적보다 훨씬 광범위하게 빠른 속도로 사회를 변화시켰다. 이메일은 인터넷을 통해 무료로 배달되어 우체국의 존재 의미를 위협했고 커뮤니케이션 자체를 재정의했다. 전자 상거래로 책을 팔던 아마존은 불과 몇 년 만에 경쟁 업체 반스앤노블 같은 서점 체인을 제치고 '세계 최대의 서점'이 되었다. 킬러앱의 파괴력은 그것이 얼마나 성숙한 기술인가에 좌우될 수 있지만, 우체국을 초라하게 만드는 데 걸린 시간은 자동차가 말과 마차를 사라지게 만드는 데 걸린 시간보다 짧았다. 아마존은 온라인뿐만 아니라 오프라인과 연계되어 지구인의 삶에 깊숙이 침투하고 있다.

많은 킬러앱의 성공에 고무된 대기업이나 중소기업, 다국적기업이나 신생 기업은 모두 가릴 것 없이 킬러앱을 만들어내기 위해 조직을 재편하는 중이다. 디지털 변혁의 시대에서 기술은 중요하지만, 기술로 포장해도 새로운 경험을 담지 못하는 콘텐츠는 미래가 없다. 미래는 과거와 현재의 연결선상에 있다. 미래를 알려면 디지털 변혁을 촉진한 킬러 콘텐츠의 과거와 현재를 공부해야 한다. 그래야 시장 우위를 점할 수 있는 미래의 킬러 콘텐츠를 개발할 수 있다. 킬러앱은 시장을 위협하기도 하고 새로운 기회를 주기도 하는 혁신적 와해 기술로서 신선함을 무기로 한다. 5G가 됐든 블록체인이 됐든 지금껏 경험하지 못한 새로운 가치를 담아내지 못하면 한계가 있다. 우리는 킬러앱의 역사를 익히면서 선대의 앱이 어떻게 새로운 경험을 담아내 PC, 인터넷, 모바일로 이어지는 기술의 폭발적 성장을 이어가게 했는지 그 동인을 살펴볼 필요가 있다. 그렇게 함으로써 향후 예상되는 기술과 새로운 킬러앱의 조건을 보다 확실히 이해할 수 있을 것이다. 기술적 진보나 활용 가능성을 피부로 느끼게 한 원천을 둘러본다는 것은 미지의 소비자 경험이자 비즈니스 트렌드를 읽는 기본이다. 삶과 비즈니스를 규정하는 킬러앱의 역사를 배우면서 새로운 세상의 변화를 읽어주는 항해를 해보기로 한다.

최초 킬러앱 탄생의 원천 기술

PC의 대명사로 애플 컴퓨터를 떠올리며, 창업자 스티브 잡스(Steve Jobs)를 생각해본다. 혁신의 전도사인 그를 생각하는데, 정말 그 혼자의 열정만으로 오늘의 애플이 존재하게 되었을까 의문이 든다. 인생이란 여정에서 훌륭한 동반자를 만나야 하고, 운이 따라야 하며, 그 운을 내 것으로 만드는 집요한 열정이 있어야 성공할 수 있다. 회사 내에서 독재자란 평을 받은 그는, 팀원들에게 성가시고 지긋지긋한 존재였을지도 모르겠다. 하지만 그와 함께 일해본 사람들은 그의 지칠 줄 모르는 열정과 해적 정신을 찬양한다. 그는 매킨토시 개발팀 워크숍에서 해적 로고를 나눠준다. 다른 사람의 시선이나 고정관념,

규칙에 얽매이지 말고 세상이 깜짝 놀랄 일을 하자는 뜻이었다. 그는 틀에 얽매이지 않고 자유롭게 사고해야만 발전된 아이디어를 교류할 수 있고 고객에게 감동적인 제품을 선사할 수 있다고 믿었다. 스스로 해적왕이 된 잡스는 직원들에게 해군이 아니라 해적이 되라고 외쳤다. 해군은 무언가를 지키는 데 급급하지만 해적은 바다를 떠돌면서 빼앗는 존재다. 남들과 다르게 끊임없이 새로운 것을 추구하는 킬러앱의 정신을 잡스의 해적 정신에서 찾을 수 있다. 해적 정신이야말로 개발자들의 의욕을 고취시키는 중요한 모토였다. 물론 이런 열정과 모토뿐 아니라 애플의 오늘을 만든 환경적 요인도 무시할 수 없다.

미국 브리태니커 백과사전의 자회사인 메리엄-웹스터(Merriam-Webster)는 킬러앱을 이렇게 정의한다.

> "킬러앱은 관련 기술의 성공을 확신할 수 있을 정도의 가치와 인기를 담보하는 컴퓨터 애플리케이션이다."

킬러앱은 그 자체로 너무 매력적이어서 그 앱이 동작하는 기계를 사고 싶어질 정도의 수준이어야 한다. 이런 앱을 사용하는 경우 사용자는 돈과 시간과 에너지를 절약할 수 있고, 더 편리하고 안전해지며, 색다른 체험을 하게 된다. 킬러앱은 그래서 해당 분야에서 새로운 첫 종(種, breed)으로 고객에게 인식된다. 결국 기술의 대중성(Mass adoption)을 높이고, 실제 상용화로 이어지게 만드는 것이 킬러앱이다. 킬러앱은 만든 이의 의도를 뛰어넘어 한 시대를 뒤집을 만한 발명으로 경제, 사회, 문화에 엄청난 파급효과를 가져온다. 증기기관, 금속활자, 자동차, 안경, 원자폭탄, TV, 전화기, PC 등이 킬러앱의 대표적인 예이다. 하지만 이 용어를 사용한 것은 컴퓨터 시대와 연관성이 있다. IT 업계에서 킬러앱은 특정 소프트웨어를 사용하기 위해 시스템을 구입하도록 하게 하는 소프트웨어를 가리킨다. 미국 노스웨스턴대학교의 교수이자 변호사 겸 컨설턴트인 래리 다운스(Larry Downes)와 비즈니스 전문지 편집장인 춘카 무이(Chunka Mui)가 공동으로 저술한《킬러 애플리케이션》이라는 저서를 통해 널리 퍼졌다. 우리 책에서는 킬러앱을 기술의 성공을 담보하는 핵심 기능까지 포괄하는 의미로 사용하기로 한다. 로봇 기술이 소비자의 니즈를 충족시키려면 로봇 자체가 가지는 매력이 제대로 기능해야 한다. 그런 기능을 로봇의 킬러앱으로 생각해보자는 것이다. 킬러앱이 매력적인 컴퓨터 프로그램이기에 스마트폰의 앱 이상의 개념인 것은 말할 나위도 없다. 로봇이 멋진 프로그램으로 작동된다면 그 프로그램이 킬러앱인 것이다.

래리 다운스와 춘카 무이는 다음 세 가지 법칙으로 킬러앱이 시장을 주도하는 이유를 설명했다. 첫째, 18개월을 주기로 컴퓨터의 성능은 두 배로 향상되고 컴퓨터 가격에는 변함이 없다는 무어의 법칙, 둘째, 네트워크의 가치가 사용자 수의 제곱에 비례한다는 메트칼프의 법칙, 셋째, 아웃소싱과 IT 기술을 이용한 기업 축소의 법칙이다. 무어의 법칙에 따르면 가격이 오르지 않은 상태에서 '더 빨리 더 싸게 더 작게' 디지털 데이터를 처리할 수 있다. 기술이 허용하는 범위에서 가능한 한 많은 고객을 개발과 판매, 생산 과정에 참여시킨다면 메트칼프의 법칙에 따라 정보 효용성이 크게 증가한다. 네트워크에 킬러앱이 많다면 네트워크가 확대될수록 그 활용성은 배가된다. GM이 휴스 일렉트로닉스(Hughes Electronics)를 매각한 것은 독립된 휴스와 다양한 제휴 관계로 전과 동일한 가치를 얻을 수 있다는 것을 보여주는 사례다. 전 세계적으로 기업의 분사와 매각, 다운사이징 열기가 뜨겁게 달아오르고 있다. 이 현상은 상당 기간 지속되고 있어서 유행이라기보다 기업 환경의 일반화된 특징으로 이해할 수 있다. 분사한 회사의 핵심 킬러앱을 종전 회사가 다양한 형태로 활용할 수 있다.

킬러앱은 미래 경쟁력을 상징하는 의미로도 사용된다. 킬러앱을 중시하는 이유는 앱의 가치와 인기가 방대해 그 앱의 기반 기술을 성공하게 만드는 데 있다. PC를 처음으로 장난감이 아닌 쓸모 있는 물건으로 만든 동인은 무엇이었을까? 이에 답하기 위해서 우리는 개인용 컴퓨터의 역사를 먼저 살펴보아야 할 것 같다.

애플은 1976년 4월에 설립되었다. 사실 먹방이 유행하는 요즈음 애플은 전혀 이상한 이름이 아니지만, 당시로는 이상할 수 있는 이름이었다. 사과 과수원에 다녀온 스티브 잡스는 미리 생각해두었던 기계 냄새 나는 이름보다 애플 컴퓨터가 듣기도 좋고 더 창조적이라고 주장했다. 그는 차고에서 고등학교 선배 스티브 워즈니악(Steve Wozniak)과 애플 컴퓨터를 탄생시켰다. 스티브 잡스는 선배의 천재적 엔지니어링 기술을 활용해 역사상 가장 성공적인 애플 컴퓨터의 효시를 만든다. 스티브 워즈니악은 최초의 통신 해킹 기기를 발명했으며, 프로그램 개발, 암호 해독, 복잡한 코드 풀기에 천재성을 보인 전설적 인물이었다. 대학 졸업 후 휴렛팩커드에 입사한 그는 자신의 지적 능력을 시험해보려고 컴퓨터를 만들었고, 그와 함께 홈브루 컴퓨터 클럽(Homebrew Computer Club)의 회원이었던 스티브 잡스가 이를 상업화해 성공시켰다.

현대적 컴퓨팅의 시작은 1970년대로 거슬러 올라간다. 당시 컴퓨터 사용자들은 그들의 공통된 관심을 자유롭게 공유하고 협업하는 분위기를 조성한다. 홈브루 컴퓨터 클럽도 그런 컴퓨터 애호가들의 모임이었다. 비록 취미를 공유하는 사람들의 모임이었지만 컴퓨터를 다루는 수준은 당대 최고였다. 지식을 공유하며 서로 영감과 아이디어를 주고받았던 이 모임은 훗날 컴퓨터 기술 혁신의 시발점으로 평가받는다. 그 결과 PC의 혁신이라고 할 만한 애플1이 나올 수 있는 기반이 다져졌다. 장사꾼 기질이 다분했던 잡스는 워즈니악에게 상품화할 수 있는 PC를 만들어 팔자고 제안했고, 워즈니악은 고민 끝에 받아들였다. 잡스는 사람의 가능성을 볼 줄 알았고, 사람을 설득할 수 있는 화술과 열정을 제대로 겸비한 인물로 평가받는다.

잡스와 워즈니악, 둘의 조합은 매우 훌륭했다. 워즈니악은 뛰어난 기술자였지만 협상이나 계약을 즐기는 성격은 아니었다. 당시 워즈니악의 나이는 25세, 잡스는 21세였다. 워즈니악과 잡스는 1976년 로널드 웨인(Ronald Wayne)과 함께 애플 컴퓨터의 첫 스타트를 끊었다. 워즈니악은 잡스의 차고에서 만든 애플1 PC 키트를 홈브루 컴퓨터 클럽에 처음으로 소개했다.

애플1은 최초의 컴퓨터 알테어 8800과 비슷한 형태였다. 스티브 잡스는 실리콘밸리에 있는 여러 컴퓨터 가게를 돌아다니면서, 컴퓨터를 보여주고 주문을 받았다. 이때 폴 테렐(Paul Terrell)의 대량 주문은 애플의 출발을 견인한 계기가 되었다. 당시로서는 보기 드물게 컴퓨터 가게를 경영하던 테렐은 컴퓨터 체인으로까지 발전한 컴퓨터 가게 '바이트 샵'을 준비하고 있었다. 테렐은 500달러에 50대를 구매하겠다고 했지만, 그 주문은 애플에게 상당히 벅찬 규모였다. 잡스와 워즈니악의 창업 자금으로는 부품을 사기에도 부족했다. 잡스는 부품업자에게 지급할 돈을 제품 납품으로 받은 대금으로 후불 결제하면서 제품을 조립해 나갔다. 이 과정에서 잡스는 자신의 폭스바겐을 팔고 워즈니악은 HP의 최고급 공학 계산기까지 팔면서, 당시에 찾아온 기회를 어떻게든 성공으로 이어가려는 결의를 다졌다. 잡스 특유의 영업력과 화술은 이때부터 빛을 발하기 시작했다. 그는 은행에서 5,000달러를 대출받아 부품을 구입했고, 200대 정도의 애플1을 제작했는데 10개월 동안 대부분이 시장에서 팔려 나갔다.

애플1은 알테어에 비해 사용이 편리했지만, 조립이 간단하지 않아 일반인이 사용하기는 쉽지 않았다. 잡스와 워즈니악은 애플1을 추가로 생산하기보다 사용자에게 더 편리한 형태의 컴퓨터를 만드는 연구를 시작했다. 저장하기와 불러오기 기능이 가능하게 카세트 인터페이스를 디자인했고, 마더보드에 이를 추가했다. 여기에 워즈니악이 만든 베이식 언어를 담아서 팔기 시작했다. 이는 워즈니악의 치밀한 계산에 따른 전략이었다. 마침내 시스템 메모리에서 텍스트와 그래픽, 색을 이용한 설계와 키보드, 모니터, 게임컨트롤러, 사운드가 함께 작동하는 최초의 PC 애플2가 저렴하게 만들어졌다. 애초 애플2에서 색이 제대로 구동될 것이라는 확신은 없었다. 컬러TV와 흡사해 보이는 신호를 넣어보니 신기하게 작동되었다. 그 순간 잡스와 워즈니악은 애플2가 대단한 아이템이 될 것이라고 직감했다. 컴퓨터는 한 달에 1만 대씩 팔렸다. 이쯤에서 그 배경에 무엇이 있었을까 생각해보아야 한다. 그 주인공은 바로 '비지칼크(VisiCalc)'라는 소프트웨어였다. 비지칼크는 1979년 출시되어 기존에 수동으로 작성하던 재무 스프레드시트(Spread Sheet)를 대체했다. 그 결과 업무 시간이 매우 단축되고 오류가 큰 폭으로 줄어 금융업계에서 큰 주목을 받았다. 비지칼크는 애플2에서만 작동하는 프로그램이었기에 애플의 판매 실적과 성공에 크게 공헌했다. 소비자는 비지칼크란 소프트웨어를 사용하기 위해 애플 컴퓨터를 구매했다. 1940년대 초 컴퓨

터가 최초로 도입된 이후 생각지도 못한 PC 붐이 일었고, 그 이면에
는 비지칼크라는 킬러앱이 있었다.

몽상가의 상상이 촉발한 PC의 태동
비지칼크와 PC

스프레드시트는 경리와 회계 같은 계산을 위해 사용되는 표 형식의
계산 용지다. 지겹게 수많은 계산을 하는 사람들은 엑셀이 얼마나 좋
은 기능을 가진 프로그램인지 잘 알 것이다. 적당한 산식을 주입하
고 데이터를 입력한 후에 그래프까지 만들어주는 프로그램이 있다면
매우 편리하다. 통계분석을 사용하기 위한 엑셀은 여러 단계를 거치
면서 만들어졌다. 한 컴퓨터 전문 잡지는 최초의 킬러앱인 비지칼크
소프트웨어 프로그램에 대해 '컴퓨터를 소유하기 위한 충분한 이유
(reason enough for owning a computer)'를 제공한다고 했다.

1978년 어느 날, 하버드 경영대학원 MBA 과정의 댄 브리클린(Dan
Bricklin)은 손바닥 크기의 텍사스 인스트루먼트(Texas Instrument) 탁
상용 계산기를 만지작거리고 있었다. 그는 상상의 나래를 펼치면
서 '계산기 바닥에 마우스처럼 볼이 달려 있다면 얼마나 좋을까' 하
고 생각했다. 모든 것은 과거, 현재, 미래를 연결하는 힘이고 그 연결

의 힘이 상상력이 된다. 당시는 원시적 형태의 마우스가 첫선을 보인 시절이었다. 브리클린은 전투기 조종석의 유리창처럼 허공이 보이는 유리판에서 계산기를 이리저리 움직이는 상상을 해보았다. 숫자를 누르면 숫자가 허공에 찍히고 그 숫자를 에워싸면 합계가 저절로 계산되는, 생각만 해도 즐거운 장면이었다. 그러던 어느 날 자전거를 타고 포도 농장을 가로질러 가는데, 갑자기 묘한 생각이 떠올랐다. 그는 당장 학교 컴퓨터실로 달려가서 베이식으로 프로그램을 짜기 시작했다. 열과 행을 나눠 셀을 만들고 그곳에 숫자를 배치하자는 생각을 했다. 작은 수식 칸에 산식이 표현되도록 하자는 의도를 현실화했다. 열을 A, B, C…, 행을 1, 2, 3…으로 표기하는 방식을 채택했다. 행과 열의 번호를 결합해 셀을 표현한다는 개념은 이전에도 있었다. 단지 잘 알려지지 않았고 번거로워 대중이 모를 뿐이었다. 비지칼크는 이를 약간 바꿔서 열을 알파벳으로 표기했는데, 이는 훗날 엑셀이 발명되기까지 기본적인 틀을 유지하게 된다. 종이로 된 스프레드시트를 컴퓨터로 구현하고자 댄 브리클린은 베테랑 프로그래머인 밥 프랭크스톤(Bob Frankston)을 고용하여 소프트웨어를 개발한다. 이들은 PC의 숨은 영웅으로 칭송된다. 댄 브리클린과 밥 프랭크스톤은 비지칼크로 컴퓨터 역사의 한 획을 그었다.

브리클린과 프랭크스톤은 이듬해인 1979년 1월 소프트웨어 아트(Software Arts)라는 회사를 창업해 독립했다. 그들은 소프트웨어 칼쿠레저(Calcu-Ledger)를 개발했는데, 이는 계산기(Calculator)의 철자를 살짝 비튼 느낌이었다. 여기서 레저(Ledger)는 '숫자를 기록하는 장부'를 뜻한다. 현대적 개념의 스프레드시트가 탄생하는 순간이었다. 얼마 후 그들은 그 소프트웨어 이름을 비지칼크로 바꿨다. 비지칼크가 애플2용으로 개발된 데는 당시 댄 브리클린이 빌릴 수 있었던 컴퓨터가 애플2였다는 우연이 크게 작용했다. 역사는 그렇게 우연과도 인연을 맺어 인류 진화를 이끈다. 비지칼크의 퍼블리셔 댄 필스트라(Dan Fylstra)가 애플의 팬이었다는 점도 한몫했다. 그는 스티브 잡스에게 할인가로 애플을 제공받았고, 댄 브리클린이 이를 빌려 위즈니악이 만든 베이식을 기본으로 비지칼크 데모를 만든 후 발전시킨 것이다. 비지칼크는 애플에 1년간 독점 공급되었고, 그사이 수많은 소프트웨어 복사본이 팔려 나갔다. 비지칼크 소프트웨어 하나로 애플2는 단순한 가정용 컴퓨터 기기를 넘어 기업에서도 꼭 필요한 컴퓨터로 자리 잡았다. 기업인들이 비지칼크를 사용하기 위해서라도 애플2를 구매했다. 스티브 잡스는 이때부터 '애플처럼 창조한다'는 것은 소프트웨어 개발자를 애플에 많이 끌어들이는 것이란 안목을 길렀다. 각 가정과 사무실에 애플 컴퓨터가 놓이자 많은 사람들이 게임과 업무에 컴퓨터를 이용하기 시작했으며, 소프트웨어 시장의 가치를 꿰뚫어본 프로그래머들이 속속 등장했다. 첫 번째 스프레드시트 프로그램인 비지칼크는 킬러 소프트웨어라는 명성을 얻으며 상업적으로도 큰 성공을 거두었다. 비지칼크의 성공은 IT 발전에 매우 중요했는데, 많은 프로그래머들을 자극하며 애플을 기반으로 하는 이른바 벤처기업 소프트웨어 회사들의 창업 붐을 일으키는 계기가 되었기 때문이다. 이렇게 하여 애플2는 하드웨어뿐만 아니라 소프트웨어 산업에도 크게 기여했을 뿐만 아니라 가정용 컴퓨터가 하나의 당당한 산업으로 인정받게 만들었고, 수많은 실리콘밸리 벤처 신화의 초석이 되었다.

비지칼크에 의한 폭발적 인기로 스티브 워즈니악과 스티브 잡스는 젊은 억만장자 계열에 합류한다. 전문가들은 비지칼크를 PC 역사상 가장 중요한 역할을 한 소프트웨어라고 하는데, 사업가들이 PC를 사는 데 돈을 쓸 이유를 만들어줬기 때문이다. 킬러앱도 운명을 다하면 죽음의 늪으로 가는 법이다. 시장에서는 킬러의 운명을 숭배하는 자가 다시 승기를 잡는다. 새로운 역사는 비지칼크 개발팀의 일원이었던 미치 카포(Mitch Kapor)가 독립해 로터스1-2-3을 개발하면서 시작됐다. 로터스1-2-3은 1983년 IBM PC에 탑재돼 출시되며 비지칼크를 삼켜버린 킬러앱이 되었다. 이어서 IBM PC용으로 볼랜드(Borland)의 쿼트로(Quattro)라는 강력한 경쟁 대상이 등장했다. IBM PC와 DOS의 시대가 열리면서 원조 스프레드시트 비지칼크는 시장에서 서서히 자취를 감추기 시작했다. 승승 가도를 달릴 것 같던 애플은 강력한 소프트웨어 프로그램이 부족했던 매킨토시 PC에서 좌절한다. 매킨토시 판매량이 당초 목표보다 크게 밑돌면서 회사의 재정 상황이 악화되고, 마침내 이사회는 잡스의 권한을 빼앗는다. 결국 잡스는 정식으로 사직서를 쓰고 회사를 나오게 된다. PC

시장에서는 IBM이 애플을 누르고, MS가 PC 시장을 제패하기 전까지 'PC는 곧 IBM PC'라는 개념이 자리 잡는다. 스프레드 프로그램인 로터스1-2-3과 엑셀 역시 IBM PC 판매의 촉진제가 되었고, PC의 시장 지배력을 강화하는 데 기여했다.

비지칼크와 로터스1-2-3, 쿼트로 등은 모두 킬러앱이다. 하지만 다른 스프레드 프로그램을 그저 혁신적(innovative)이라고 부르는 데 비해 비지칼크를 혁명적(revolutionary)이라고 부르는 이유는 그것이 효시였기 때문이다. 무엇이든 최초의 발명이 있고 나서 여러 개선된 특성과 사용자 경험을 담는 과정이 뒤따르게 마련이다. 미국 컴퓨터 역사박물관에 가보면, 애초 컴퓨터는 연구 실험 기관이나 대기업 또는 연방정부에서 제한적으로 사용되었음을 알 수 있다. 상업적 목적으로 대중화를 선도한 것은 비지칼크였다. 비지칼크는 혁명적으로 PC 대중화의 큰 단초를 제공함으로써 킬러앱의 역사적 주인공 자리를 당당히 차지했다. 애플2 컴퓨터가 출시되기 전만 해도 소프트웨어 산업은 없었다. 소프트웨어로 돈을 벌 수 있었던 것은 비지칼크 덕분이다. 애플은 소프트웨어가 하드웨어를 팔게 한다는 교훈을 얻고, 오늘날 소프트웨어 역량이 기업 경쟁력에서 얼마나 중요한지를 알려주는 사례가 된다.

사무실, 대학, 법률사무소의 혁명
워드스타와 워드퍼펙트

PC가 대중에게 널리 퍼지기 시작하면서 많은 기업들이 업무 효율성을 높이기 위한 도구로 컴퓨터를 도입했다. 초기에 등장한 소프트웨어는 기업들이 필요로 하는 생산성을 높이는 도구였다. 당시 기업들이 PC를 바라보는 시각은 사무 효율화에 있었다. 오늘날은 인터넷의 발달로 업무상 필요로 문서를 출력하는 일이 예전보다 많지 않다. 1960~1970년대에서 지금까지 변하지 않은 업무 형태는 문서를 만드는 일이다. 기업 문서를 작성하던 타자기는 1970년대에 전자식 타자기로 변화했다.

워드스타(Wordstar)는 최초로 시장의 주목을 받은 PC용 워드프로세서로, 비지칼크와 함께 PC를 기업 사무 환경의 필수품으로 자리잡게 한 킬러앱이다. 모니터를 통해 보이는 대로 문서가 프린트되는 기능은 워드스타와 함께 시작되었다. 워드스타는 마이크로프로 인터내셔널(Micropro International)에서 상업적으로 처음 크게 성공한 킬러앱이었다. 워드스타를 만든 사람은 어셈블러 언어의 귀재라고 불린 롭 바나비(Rob Barnaby)였다. 비지칼크와 워드스타에 의해 대중화되기 시작한 PC는 1982년 시사 주간지 〈타임〉의 '올해의 인물'로 꼽혀 사람들의 일상 속으로 파고들기 시작한다. PC를 사용하는 권력이 특정 집단에서 일반으로 바뀌고 있었다. 〈타임〉이 '올해의 인물'로 PC를 선정했지만, 정작 〈타임〉의 기사는 컴퓨터가 아닌 기존 타자기로 작성되었다. 55년의 전통을 깨고 사람이 아닌 기계를 선정한 것은 파격이었다.

초기에 등장한 워드프로세서들은 오늘날 우리가 사용하는 워드프로세서와 차이가 많았다. 편집 환경은 텍스트 중심이었고, 원하는 모양으로 출력하려면 별도로 사용할 출력 장치의 규격에 맞춰 부가 정보를 함께 입력해야 했다. 단순히 타자기 역할을 대신하는 경우가 많았기에 워드프로세서 시장에 대한 진입장벽은 그다지 높지 않았다. 이 때문에 많은 기업들이 워드프로세서 시장에 뛰어들어 패권을 다투는 일이 빈번했다. 워드스타는 워드퍼펙트(WordPerfect)에 그 자리를 내주게 된다.

워드퍼펙트는 1986년 워드프로세서의 최강자가 되어 1991년 윈도우용 MS 워드가 나오기까지 군림했다. 워드퍼펙트는 특정한 산업에서 필요로 하는 편리한 기능들을 탑재하면서부터 주목받기 시작했다. 당시 많은 문서 작업이 필요한 곳으로는 대표적으로 법률사무소와 대학이 있었다. 법률사무소는 여러 단계로 구성된 번호 체계에 맞춰 방대한 법률 문서를 다뤄야 했는데, 워드퍼펙트가 제공한 넘버링(Numbering) 기능이 이런 수요를 충족시킬 수 있었다. 논문 작업 과정에 해설이나 참고문헌을 표기하기 위해 주석 작업이 많이 필요했던 대학교에서는 워드퍼펙트의 각주(Footnote) 기능이 활용되었다. 이로써 워드퍼펙트는 시장에서 존재감이 높아지기 시작했다. 워드퍼펙트는 텍스트 환경에서 풀다운 메뉴와 강력한 단축키 제공을 통해 손쉽게 다양한 기능을 이용할 수 있도록 하여 사용자들을 끌어들였다. 이런 노력으로 1986년 워드퍼펙트는 4.2 버전을 공개하며 시장 점유율을 70%까지 끌어올릴 수 있었다. 그뿐만 아니라 매출을 기반으로 스프레드시트, 데이터베이스 제품군을 지속적으로 출시하면서 시장의 주요 플레이어로 떠올랐다. 워드프로세서 보급으로 사무 생산성이 크게 증가했고, 근로 환경과 특성에도 대대적인 변화가 일어났다.

　MS의 새로운 운영체제인 윈도우(Windows)가 등장함으로써 워드퍼펙트에도 어두운 그림자가 드리웠다. MS는 그래픽 사용자 인터페이스(Graphic User Interface, GUI) 기반 운영체제인 윈도우를 개발하여 시장에 내놓았다. 또한 GUI 환경에 최적화된 자사의 워드프로세서 워드(Word)를 개발해 출시하여 시장의 구매를 유발했다. 윈도우 운영체제에 맞도록 설계된 워드는 GUI 환경에서 마우스로 편리하게 사용할 수 있는 요소를 고루 갖추고 있었다. 워드는 신속하게 새로운 제품으로 계속 출시되었고, 윈도우 역시 버전이 올라갈수록 안정성이 높아지고 독립적 운영체제로 사용할 수 있게 되었다.

　사용자들이 윈도우 운영체제로 빠르게 진입하자, 워드퍼펙트도 윈도우 전용 버전을 개발해 출시했다. 하지만 윈도우 환경에 걸맞은 안정성을 갖추지 못한 탓에 오류가 많았고, 강점으로 여겨져온 단축키 중심의 편집 환경이 윈도우 운영체제의 여러 단축키와 충돌하면서 설 자리를 잃었다. GUI 환경에 맞도록 마우스 지원이 충분히 되지 않아 사용자들의 원성까지 샀다. 워드퍼펙트가 점유했던 시장은 윈도우의 성공과 함께 워드의 성공을 이끌어낸 MS에게 고스란히 넘어갔다. 1994년 워드퍼펙트는 매출과 이익의 급감과 함께 불투명한 미래 전망으로 노벨(Novell)에 합병되고, 1996년 다시 코렐(Corel)에 인수되는 치욕과 마주하며 잊혀가는 존재로 전락했다.

우리는 여기서 먹고 먹히는 시장의 습성을 이해해야 한다. 시장 과반 이상의 점유율을 차지한 기업이 문제없이 순항하는 것처럼 보여도 긴장의 끈을 놓쳐서는 안 된다. 시장 점유율이란 숫자는 현재의 환경이 계속 유지된다는 가정 아래 의미가 있을 뿐 급변하는 변화를 생각하면 무의미하다. 킬러도 다른 킬러에 의해 저격되기 쉽다는 것이 시장의 속성이다. 킬럽앱의 지위를 유지하려면 개발자가 민첩하게 세상의 트렌드를 익히는 본능과 지속적 훈련을 갖춰야 한다. 주요한 변화의 트렌드를 놓치는 순간 기득권은 신기루처럼 사라진다.

워드프로세서 시장에서 과점 사업자로 군림하던 워드퍼펙트의 몰락은 커맨드라인 중심의 컴퓨터 환경이 그래픽 기반의 사용자 인터페이스로 바뀌는 변화를 제대로 읽지 못했기 때문이다. 컴퓨터를 어려워하던 많은 사람들이 그래픽 환경의 운영체제에서 마우스를 이용하면서 손쉽게 컴퓨터를 사용하기 시작했다. 이는 워드프로세서 소프트웨어 시장의 크기와 질이 향상되어 간다는 것을 의미했다. 더 커진 시장을 공략하려면 더 빠르게 변화해야 했으나 그 기회를 놓쳐버렸다. 워드퍼펙트는 기존 버전과의 호환성이나 너무 커져버린 여러 플랫폼 버전의 개발 때문에 선택과 집중의 시간을 놓쳐버렸다.

스마트폰의 발달로 클라우드 시대가 도래하면서 이제 문서 편집도 클라우드에 맞게 변화하게 되었다. PC가 아니라도 클라우드에 문서를 저장하여 운영체제에 관계없이 문서를 공유하고 편집할 수 있게 되었다. 이제 어떤 소프트웨어가 생존할지 궁금해진다.

더 나은 비전을 보여주는 욕망의 산실
파워포인트

TV시리즈이자 만화로도 유명한 심슨 가족의 몇 컷이 시작된 해, 로날드 레이건(Ronald Reagan) 대통령은 '이 장벽을 허무시오(Tear down this wall)'라는 유명한 연설을 했다. 베를린에서 고르바초프에게 전한 평화의 메시지다. 같은 해 3인조 여성 가수 뱅글스(Bangles)는 '이 집트인처럼 걸어라(Walk Like An Egyptian)'라는 노래를 발표한다. 모두 파워포인트(PowerPoint)의 역사가 시작된 1987년의 일이다.

파워포인트는 유명인이나 권위 있는 사람들이 자신의 비전을 보여주는 프로그램으로 자리 잡기 시작한다. 2003년 미 국무부 장관

콜린 파월(Colin Powell)은 미국인에게 이라크전의 필요성을 설명하는 수단으로 파워포인트를 이용했다. 당시 그의 45개 슬라이드는 매우 특이하고 현대적이었으며, 전문가로서 그의 미래 비전을 보여주는 데 부족함이 없었다. 그로부터 많은 세월이 흐른 지금, 전 세계 12억 이상 컴퓨터에 파워포인트가 탑재되어 있다. 이에 대해 누군가는 지구인 전체 숫자를 거론하며 7명당 1명꼴이라고 말한다. 그래서 파워포인트의 기원과 성장이 궁금해진다. 어떻게 파워포인트는 프레젠테이션이 필요한 비즈니스와 학계에서 절대 강자로 군림하게 되었을까?

파워포인트로 프레젠테이션이 유행하기 시작한 1987년, 파워포인트는 시장에서 유용하고 잘 팔리는 유일한 소프트웨어가 아니었다. 하지만 당시 PC 구입과 사용의 급격한 증가는 파워포인트 탄생에 절묘한 시운을 선사했다. 기업 오너들이 소프트웨어를 사용하여 프레젠테이션을 더 잘 하려는 욕망을 충족시키기에 파워포인트보다 나은 것은 없었다. 윈도우 오피스에 익숙한 사람들은 파워포인트가 빌 게이츠의 머리에서 나온 것으로 생각할 수 있으나, 사실이 아니다. 그 효시는 포어소트(Forethought)라는 회사에서 로버트 개스킨스(Robert Gaskins)가 개발하여 출시한 '프레젠터(Presenter)'였다. 이는 현란한 그래픽, 다양하고 굵은 글씨체, 슬라이드 쇼를 보여주는 요즈음의 파워포인트와 기본적으로 달랐다.

프레젠터는 다양한 상품과 치열하게 경쟁하던 중 1987년 빌 게이츠의 MS에 1,400만 달러에 인수되면서 그 기능을 보다 강화했다. 빌 게이츠는 기업 소프트웨어 수요의 팽창과 사무 자동화 추세를 보면서 파워포인트의 가능성을 충분히 인식한 것이다. IBM이 PC 시장에 진출할 때 필요한 게 OS였고, IBM에 OS를 공급한 회사가 MS였다. MS와 IBM의 OS 거래는 정보·통신 기업 역사상 한 획을 그었다. 당시 MS는 애플 같은 회사에 프로그램을 납품하던 신생 중소기업이었고, IBM은 당대의 거인이었다. MS는 IBM에 MS DOS를 납품하면서 로열티도 받지 못해 큰돈을 벌지 못했다. 다만 MS DOS를 IBM뿐 아니라 다른 회사에도 납품할 수 있다는 중요한 권한을 확보했다. 앞을 멀리 내다보지 못한 IBM의 실수였다. IBM PC가 크게 성공하면서 다른 제조사들이 IBM PC와 호환이 가능한 PC를 만들기 시작했고, 그 핵심은 바로 MS DOS 사용이었다. 그들에게는 MS DOS란 소프트웨어가 킬러앱이었다.

컴팩(Compaq) 같은 회사가 IBM보다 저렴하면서도 IBM PC와 거의 똑같은 PC를 팔기 시작했다. 그 결과 IBM은 자사의 PC를 복제하는 수준의 기업들에게 PC 시장을 완전히 내주게 된다. 반면 MS는 PC 시장에서 인텔(Intel)과 함께 가장 중요한 회사로 자리매김하게 된다. IBM은 MS DOS의 확산을 뒤늦게 후회하며, 1985년부터 독자적 OS를 개발하기 시작한다. 역설적이게도 이 개발을 MS에게 맡겼는데, 경쟁하면서도 협력하는 기술기업 간의 애증 관계를 잘 보여주는 사례다. 곰과 맞서 싸우기보다는 곰의 등에 올라타야 했을까? MS

가 윈도우를 발표하면서 IBM과 MS의 10년간 파트너십은 끝이 나고, IBM은 PC 사업을 접는다. 전형적인 다윗과 골리앗 싸움에서 골리앗이 다윗에 이긴 예로 기억된다. 오라클(Oracle)의 창업자 래리 엘리슨(Larry Ellison)은 IBM이 MS에게 PC 시장을 내준 이야기를 언급하며 IBM의 '1,000억 달러 실수'라고 표현했다. 여기서 우리는 어떤 교훈을 얻을 수 있을까?

MS 파워포인트는 1997년부터 평균 2년마다 그 기능이 다양하게 향상되었다. 그 결과 2012년 MS는 프레젠테이션 소프트웨어 시장에서 95%의 점유율을 차지했다. 파워포인트가 이렇게 각광을 받으며 MS에게 큰 수익을 가져다준 이유는 무엇일까? 사람들은 여러 이유를 분석하지만, 숙련된 기술자가 아니더라도 파워포인트를 통해 시간과 노력을 줄이면서 창의적인 모습을 시현한다는 점 때문이 아닐까 생각한다. 프레젠테이션에 익숙하지 않은 사람들도 쉽게 주제를 발표할 수 있다는 생각을 갖게 된 것도 인기를 얻은 주요 원인이다. 파워포인트를 이용하면 이전보다 훨씬 멋진 모습으로 주제를 발표할 수 있다는 점이 주효했다. 학교, 대학, 스타트업, 각종 기업, 정부에서 프로다운 모습을 보여주는 것은 누구에게나 매력적인 일이다. 세계 정상을 비롯한 지도자들이 이를 사용한다면, 그것만으로도 따라 하고 싶은 욕망이 생기지 않을까. MS는 2012년 전 세계적으로 초당 350건의 파워포인트 프레젠테이션이 이루어졌다고 분석했다. 놀라운 기록이다.

02

인터넷 시대

주말에 이메일을 보는 것은 싫고 카톡 같은 소셜 네트워크 서비스 (Social Network Service)도 귀찮기는 하다. 누군가는 스팸(SPAM)이나 해킹을 떠올리며 제대로 열어보지 않는 이메일함을 생각하면서 눈살을 찌푸릴 수도 있다. 하지만 맨 처음 이메일을 보낸 기억을 떠올려보라. 분명히 좋은 느낌이었을 것이다. 첫 이메일을 받았을 때는 훨씬 좋은 감정 아니었을까? 누군가에게 받은 중요한 이메일을 무시했다가 문제 되는 경우가 허다하기에 싫든 좋든 우리는 이메일에 얽매인다. 요즈음은 SNS를 통해 메시지를 주고받기도 하나, 여전히 이메일의 위력을 무시하긴 어렵다.

　가상공간에서 직접 등장해 이메일을 읽어주는 기술을 개발하고 있는 상황에서, 향후 이메일에 대한 수요가 어떻게 될지 자못 궁금하다. 여하간 이메일은 인터넷의 가장 오래된 소프트웨어 기술이다. 정확히 말하면 인터넷보다 역사가 더 오래되었다. 1969년 미국 정부는 아르파넷(ARPANET)을 만들어 통신규약(TCP/IP)을 통해 메시지를 전송했다. 미국 국방성에서 국책 연구기관과 대학 연구소 간의 정보와 자료 교환을 목적으로 사용한 것이다. 스탠퍼드대학과 UCLA 등에 있는 컴퓨터들이 서로 대화하기 시작했고, 이 과정에서 디지털 네트워크 통신의 방법인 패킷 교환(packet switching)이란 개념이 처음으로 도입된다. TCP/IP의 개발은 아르파넷의 대전환점이 되었고, 아르파넷 사용자가 급격히 늘어났다. 아르파넷 사용자가 폭주하면서 종전의 아르파넷을 미 국방성만 사용할 수 있는 밀넷(MILnet)으로 구분시키고, 일반인만 정보 교환을 위한 아르파넷을 사용하도록 했다. 이렇게 밀넷과 아르파넷이 통합된 통신망을 다르파넷(DARPAnet)이라고 불렀다.

인터넷의 시초를 1983년으로 말하는 사람들이 있다. 아르파넷에서 처음에 이용되던 NCP(Network Control Program)에서 오늘날 이용되는 TCP/IP로의 완전한 전환이 이루어진 해가 1983년이었기 때문이다. 네트워크에 사용되는 프로토콜을 바꾼다는 것은 매우 어려운 일이다. 네트워크에 참가하는 모든 참여자가 거의 동시에 바꾸지 않는다면 엄청난 혼란이 있을 수밖에 없었다. 그래서 이미 수년 전부터 변화를 예고하고 1983년 1월 1일 완전한 교체를 했다. 혹시 있을 지도 모를 혼란을 우려했지만, 놀랍게도 이런 대규모의 전환이 예상보다 훨씬 자연스럽게 이루어졌다. 1980년대에 네트워크 사용이 가능한 PC와 워크스테이션의 보급이 확대되었는데, 당시 가장 중요한 네트워크는 밥 메트칼프(Bob Metcalfe)가 개발한 근거리 유선 네트워크 기술 이더넷(Ethernet)이었다. 원래 아르파넷이 설계될 때만 해도 각각의 네트워크 노드에 32비트(4바이트)가 할당되었고, 그중 상위 1바이트만 네트워크를 대표하는 데 이용되었다. 이더넷이 보급되면서 독자적인 네트워크 수가 급증하자 이 체계에 변화를 줄 수 있는 외부적 동인이 생기게 된다.

1985년 인터넷은 이미 수많은 연구자와 개발자로 이루어진 거대한 커뮤니티로 발전했다. 이들은 거의 매일 컴퓨터를 이용해 다양하게 소통했다. 초창기에는 다양한 메일 시스템으로 테스트를 했지만, 이후 이메일은 인터넷 확산에 가장 핵심적인 역할을 하게 된다. 일반적으로 이메일의 최초 사용자라고 인정받는 사람은 아르파넷 작업에 참여했던 미국의 프로그래머 레이 톰린슨(Ray Tomlinson)이다. 인터넷은 원래 웹서핑이 아니라 문자 정보를 주고받기 위해 만들어진 네트워크였다. 이메일이야말로 인터넷의 탄생 목적과 직접적으로 연관이 있는 킬러앱인 것이다.

메일 주소 중간에 앳 마크(@)로 사용자 계정 이름과 이메일 서버 이름을 구분하는 방식은 1971년 인터넷의 전신인 아르파넷 시절부터 등장했다. 1973년 메일 규격을 표준화하려는 시도가 인터넷의 동작 방식을 정의한 RFC(Requests for Comment) 561에서 시작되었다. 1976년 당시 영국 여왕 엘리자베스 2세는 이메일 발송을 시연하여 최초로 이메일을 사용한 국가 수장이 된다. 현재 사용되는 것과 같은 메일 전송 규약인 SMTP(Simple Mail Transfer Protocol, 간이 메일 송신 프로토콜)의 첫 표준 RFC 821이 등장한 것은 1982년으로, 존 포스텔(Jon Postel)의 공로였다. 그는 요즈음의 ISP(Internet Service Protocol, 인터넷 서비스 규약)의 전신인 컴퓨터 메시지 규약을 설계하여 우리가 이메일을 주고받고 전달하게 하는 데 기여했다. 이런 사실을 감안하더라도 이메일은 인터넷 이전에 이미 세상에 나와 있었다.

'Email'이라는 표현은 1990년대에 주로 통용되기 시작했고, 전자우편(electronic mail)이라는 용어는 팩스같이 전자 기기를 통한 문서의 교환 방법에 구분 없이 사용되었다. 인도계 미국 소년 시바 아야두라이(V. A. Shiva Ayyadurai)가 1978년에 처음 이메일을 발명했다고 하는 설도 있다. 하지만 당사자의 일방적 주장일 뿐이며, 이를 보도한 〈워싱턴포스트〉에서도 정정 보도를 낸 바 있다.

인터넷을 상용하고자 했던 미국의 통신 사업자들은 1991년 CIX(Commercial Internet eXchange)라는 협회를 구성한다. 상업적 목적으로 이용 가능한 인터넷 기간 통신망을 구축하는 시대가 열린 것이다. 시간이 흐르면서 미국 이외의 여러 국가 기업들이 CIX에 참여하기 시작했고, 인터넷의 상업화가 급격히 진행된다. 미국 상무부 분석에 의하면 1993년도의 인터넷 사용자는 2,000만 명을 초과했다.

인터넷은 명확히 누군가가 운영하는 통신망이 아니라 수많은 통신망이 연결된 상태를 말한다. 정확한 소유자가 없어서 누구라도 사용할 수 있는 관념적 통신망이다.

이메일 서비스는 사회적 협업을 위해 만든 도구이기에 최초의 소셜 소프트웨어다. 인터넷 대중화와 더불어 이메일은 의사소통 수단으로 빠르게 확산된다. 1996년 미국에서 최초로 이메일 발송량이 우편 수량을 뛰어넘었다. 이메일의 성장에 주목한 MS는 1997년 핫메일을 4억 달러에 인수했다. 구글의 지메일까지 포함해서 전 세계 어느 포털도 이메일이 없는 서비스를 찾아보기 힘들 정도다.

손편지의 따스함을 느끼는 사람에게는 이메일의 사무적 느낌이 싫을 수도 있겠다. 하지만 이메일은 우리가 우편을 보내는 번거로움을 없애주고 먼 곳에 있는 사람과 큰 시간 격차 없이 소통할 수 있는 기회를 제공했다. 우리나라에서는 1997년 5월 다음(Daum)이 '한메일(hanmail)' 무료 인터넷 웹서비스를 시작했다. 한메일 등장 이전에는 특정 기관이나 단체에 소속되거나 몇몇 인터넷 서비스업체에서 제공하는 유료 서비스를 이용해야 했다. 한메일은 빠른 속도로 퍼져 3년 만에 가입자 2,000만 명을 돌파했으며, 성인의 경우 '1인 1아이디' 시대가 열렸다.

이메일은 어떻게 폭발적 인기를 누렸을까? 누구나 접근할 수 있고 (ubiquitous) 사용하는 데 기술적 어려움이 없어서 아닐까? 컴퓨터를 잘 못 다루는 세대도 이메일을 보내는 데 어려움은 크지 않았다. 파일 첨부와 포매팅 등의 여러 기능 향상에도 불구하고 지난 30여 년 간 이메일의 핵심 기능은 변하지 않았다. 이렇게 기술적으로 배우기 쉽고 컴퓨터만 있으면 사용 가능한 기술이었기에 오래도록 사랑받고 있는 것이다.

전구 발명으로 전기 사용이 늘어났듯이 이메일 사용으로 인터넷 사용 인구가 폭발적으로 증가했다. 1870년 전후로 거리에는 가스를 이용한 가로등이 들어섰지만 가정에서는 여전히 기름으로 불을 밝혔다. 이 시기에 토머스 에디슨이 1879년 전기를 발명했다. 그가 이용한 백열등은 밝기나 지속 시간에서 가스등보다 훨씬 좋았다. 특히 가정에서 사용하는 촛불과는 비교도 할 수 없을 정도였다. 에디슨은 먼저 뉴욕의 각 가정에 자신이 발명한 전구를 보급하기 위해 에디슨 일루미네이팅 컴퍼니(Edison Illuminating Company)라는 회사를 세우고 뉴욕 지역에 110볼트의 직류(DC) 전력망을 깔기 시작했다. 이와 유사하게 인터넷의 원격 접근(remote access, telnet)과 파일 전송(file transfer, FTP) 기능은 초기에 더 많은 사람들을 네트워크로 모으는 데 크게 기여했다.

미래의 인터넷은 어떤 모습으로 변할까? 수많은 일이 추진되고 있지만, 그중 눈에 띄는 것은 행성 간 인터넷(Interplanetary Internet)이다. 이제 인간의 활동 범위가 우주로 넓어질 것을 대비하면서, 행성들 간의 인터넷 통신을 위해서는 새로운 프로토콜과 기술이 필요하기에 미리 표준을 정립하려는 움직임이 진행되고 있다. 이러한 가운데 이메일은 어떤 모습을 할 것일까 이런저런 상상을 해본다. 전기차 테슬라의 기업 가치가 고공 행진을 이어간 것은 테슬라가 단순히 전기차 제조사로 보이지 않기 때문이다. 테슬라가 자동차업계를 넘어 우주항공이란 미래 산업 비전을 제시하고 있기 때문이리라.

이메일은 다른 킬러들에 의해 저격될 것인가
새로운 소통 창구들

세계적인 테크놀러지 컨퍼런스인 웹앱의 미래(Future of Web Apps, FOWA)가 개최한 이메일의 미래에 대한 논의의 장에서 있었던 일이다. 많은 참석자들은 미국 웹 서비스를 대표하는 이메일이 시대의 흐름을 따르지 못하고 있다고 주장했고, 이메일은 낡은 아이디어라는 주장에 대해 이메일 애용자들은 잘못된 이야기라고 반박했다. 젊은 사용자층은 이메일이 대학이나 은행과 소통하는 수단에 불과하다고 이야기한다. 밀레니얼 세대는 이메일 대신 페이스북 같은 SNS의 내부 메시징 서비스나 메신저로 갈아타고 있다는 주장도 들린다. 이러한 주장을 하는 사람들은 이메일의 효용 가치보다 스팸 메일의 나쁜 영향을 부각시킨다. 업무상 문서를 주고받아야 하는 직장인과 달리 청소년, 학생, 주부는 이메일 없이도 인터넷을 이용하는 데 아무런 불편을 느끼지 못할 수 있다.

　유무선 통신 인프라의 발전으로 실시간 사용이 강조되는 메신저, 쪽지, SMS(Short Message Service, 문자메시지), MMS(Multi-media Message Service, 지상파 다채널 서비스)가 급성장하고 있는 것은 사실이다. 10~20대 상당수는 이메일을 써본 적이 없을 수도 있다. 그들에게는 메시징 수단으로 메신저, 쪽지, SMS가 익숙할 수 있다. 이런 환경에서 이메일이 인터넷의 역사 속으로 서서히 잊힐 것인지, 아니면 새로운 형태로 부활할 것인지 귀추가 주목된다.

　흔히 이메일의 대체 수단으로 SNS를 거론한다. 미국의 10대에게 모바일과 SNS는 가장 중요한 소통 수단이다. 모바일 인터넷과 SNS가 성장 단계인 점을 고려하면 SNS가 핵심 소통 플랫폼으로 발전할 가능성이 매우 높다. 미국 시장에서 SNS는 마이스페이스나 페이스북 같은 대중성 있는 서비스뿐 아니라, 기업인들에게 주목받는 링크드인 같은 서비스로 사용자를 늘려가고 있다. 링크드인은 2002년 12월 리드 호프먼(Reid Hoffman)의 주도로 앨런 블루(Allen Blue), 에릭 리(Eric Ly) 등이 참여해 창업했다. 2003년 5월부터 본격적인 서비스를 시작한 링크드인은 미국의 SNS 중에서 가장 비즈니스 지향적이며, 기업들이 SNS를 활용하기 위한 최적의 방안을 제시하고 있다는 평가를 받고 있다.

　이메일의 미래와 관련하여 이런 비유를 하면 어떨까? 우리는 한때 인터넷이 발달하면 웹진의 활성화로 정기간행물과 인쇄된 신문이 줄어들 것이라 예상했다. 이북(e-book)의 발달로 종이책 출판이 줄어들고, 인터넷 서점은 책이 아니라 이북용 파일을 팔 것으로 예상했다. 하지만 현재도 종이 신문이 배달되고 아파트 우편함에는 각종 홍보물이 넘치며, 여전히 인터넷 서점에서 종이책을 사 본다. 인터넷 웹진을 인쇄용 책자로 제작해 배포하기까지 한다.

　온라인과 오프라인이 자연스럽게 균형을 이루면서 자신의 영역을 지켜가고 있는 상황을 보며 이메일의 수명이 다할 것이라고 감히 말할 수 있을까? 향후 소통 수단으로서의 이메일은 SNS와 휴대전화에 그 기능을 위임해야 한다는 주장은 그래서 급진적으로 들린다. 물론 SNS는 메신저와 결합하여 실시간 서비스를 더욱 보강할 것이다. 스팸이 없는 SNS는 모바일과 결합해 시간과 장소에 관계없이 소셜 메시징 기능을 한층 강화할 것이다. 이메일은 여전히 인터넷 사이트 회원 가입, 로그인을 위한 인증용 아이디 대용, 비밀번호 분실 시 대체, 은행과 카드 회사로부터 사용 내역 수령을 위한 용도로 사용되고 있다. 이메일로 새로운 관심 정보를 제공해주는 뉴스레터의 의미도 여전하다. 예전에 사용하던 소통 수단으로서의 독점적 가치는 축소되더라도 이메일 주소는 자신을 증명할 수 있는 독특한 데이터다. 미래에도 이메일이 사라지지 않고 킬러앱으로 존재할 수 있는 가능성은 그래서 여전할 수 있다.

　이메일은 거의 대부분의 사람들이 보편적으로 사용하는 디지털 기술이다. SNS의 성장 속도가 빠르지만 글로벌 사용자 수에서 이메일은 여전히 SNS를 압도하고 있다. 이메일 마케팅은 인쇄물을 통한 마케팅보다 투자수익률이 높다고 한다. 이메일 리스트를 만들어 광고하는 데 드는 비용은 상대적으로 낮고 마케팅 대상을 분류화해 전송할 수도 있다. 고객도 이메일로 광고성 메시지를 받는 데 거부감이 덜할 수 있다. 마케팅의 미래를 생각할 때 모바일과 비디오를 뺄 수 없는데, 이메일은 두 가지 모두와 양립이 가능하다. 이메일이 남긴 흔적을 따라 빅데이터를 분석해 고객의 구미에 맞는 상품을 선전할 수도 있다. 이메일이 다른 경쟁 상대와 싸우면서 킬러앱으로의 지위를 계속 유지할 수 있을지에 대해 많은 사람이 의구심을 갖는 환경에 놓여 있지만, 저렴함과 보편성을 무기로 당분간은 다른 킬러들에 의해 저격될 이유가 없어 보인다.

당신의 흔적을 누군가가 모으고 있다
웹브라우저

웹브라우저는 인터넷에 접속하여 하이퍼링크로 연결된 멀티미디어 데이터를 검색하는 프로그램으로, 인터넷 사용의 폭발적 증가를 야기했다. 흔히 사용하는 웹브라우저에는 인터넷 익스플로러, 크롬, 파이어폭스, 사파리, 오페라 등이 있다. 그중 구글의 크롬 브라우저가 최소한의 기능으로 빠른 속도를 구현하고 사용자 자신의 특성에 맞는 앱을 사용할 수 있도록 배려하여 세계적으로 사용자층을 확대하고 있다.

CERN(Conseil Européen pour la Recherche Nucléaire)은 웹의 생성과 확산에 결정적 역할을 한 연구소다. 이곳 연구원이었던 영국의 팀 버너스리(Tim Berners-Lee)가 1989년 월드와이드웹을 제안하고 완성했다. 그는 전 세계인이 편리하게 사용할 수 있도록 이를 공개하여 인터넷의 확산에 결정적 역할을 했다. 그는 문자와 그림, 음성 등의 다양한 데이터를 포함한 데이터베이스를 구축한 뒤 이를 시각적으로 표현할 수 있는 표준 문서 형식을 규정하고, 문서 속에 연결된 특정 항목은 또 다른 문서로 연결되는 정보 검색 시스템을 제시했다.

웹의 뿌리를 알기 위해 역사를 좀 더 거슬러 제2차 세계대전 시대로 가보자. 1945년 매사추세츠공대(MIT) 배너바 부시(Vannevar Bush) 교수는 월간지 〈애틀랜틱(The Atlantic)〉에 기고한 '우리가 생각한 대로(As We May Think)'라는 글에서, 지금까지 파괴적인 일에 쓰여온 과학은 이제 평화를 위해 쓰여야 한다고 강조한다. 이를 위해 전문화되고 급증하는 지식과 정보를 체계적으로 기록하고 정리하여 사용할 수 있는 기술로 '메멕스(memex)'라는 가상의 장치를 제안하면서, 인류가 가지고 있는 정보를 모아서 누구나 언제 어디서든 쉽게 접근할 수 있게 함으로써 쓸모 있게 사용하자고 주장했다. 메멕스는 마이크로필름 형태로 정보를 저장해두고 필요할 때 이를 불러와 정보를 획득하고 수정할 수 있는 장치로, 아이디어에 그쳤지만 훗날 하이퍼텍스트와 인터넷의 발전에 큰 영향을 주었다.

1960년대 옥스퍼드대학교의 사회학자이자 철학자인 테드 넬슨 (Ted Nelson)도 인터넷 발전에서 빼놓을 수 없는 인물이다. 그는 제나두 프로젝트(Project Xanadu)를 진행하면서, 한 문서에서 링크를 통해 다른 문서에 접근할 수 있는 하이퍼텍스트(hypertext)를 고안했다. 특정 단어를 통해 현재 웹페이지에 들어오거나 현재 페이지에 있는 링크를 통해 원래 페이지로 돌아가는 것이 가능한 지그재그(ZigZag) 데이터 교차 연결 구조를 1965년에 이미 구상했다.

이러한 연구들은 팀 버너리스에게 밑거름이 되었다. 그는 연구소 동료들이 실험에서 얻은 특정 연구 분야 자료를 이메일로 공유하는 것을 보고 좀 더 쉬운 방법은 없을까 고민했다. 그런 상황에서 테드 넬슨과 더글러스 엥겔바트(Douglas Engelbart)가 제안한 하이퍼텍스트를 사용하는 프로그램이 파스칼 언어로 탄생했다. 처음에 그는 특정 정보 단위와 다른 정보 단위의 연관 관계를 데이터베이스에 '카드' 형식으로 저장하는 방안을 생각했다. 그 결과물이 링크를 통해 서로 다른 카드를 연결하여 다양한 관계를 설명하는 '인콰이어 (ENQUIRE)'라는 소프트웨어였다. 인콰이어의 장점은 컴퓨터 사양에 제한을 받지 않고 누구나 특정 정보를 담은 문서를 카드 형식으로 만들어 하이퍼텍스트로 추가할 수 있다는 것이었다. 그러나 이는 이미 존재하는 카드와 연결해야 하고 기존의 카드도 갱신해야 하는 단점이 있었으며, 데이터베이스 외부에 있는 정보를 참조할 수 없다는 치명적 결함이 있어 실패로 돌아갔다.

팀 버너리스는 1990년 최초의 웹서버용 코드인 'httpd'를 개발했다. 이는 HTML 문서와 넥스트 스텝 운용체계(OS)에서 동작하는 메뉴 중심의 기존 인터넷에서 벗어난 것이다. 그는 URL(Uniform Resource Locator, 인터넷상 자료의 주소)과 HTML(HyperText Markup Language, 웹페이지를 부호화하기 위해 사용하는 생성 언어), HTTP(Hyper Text Transfer Protocol, 인터넷에서 웹서버와 사용자의 인터넷 브라우저 사이에 문서를 전송하기 위해 사용되는 통신규약) 기능을 가지고 정보를 쉽게 검색하고 게시할 수 있는 월드와이드웹 브라우저를 개발하여 CERN 내부에서 사용했다. 1991년 8월 6일, 그는 유즈넷의 한 뉴스 그룹을 통해 이 프로젝트를 알리면서 인터넷에 월드와이드웹과 기본 소프트웨어를 공개해 대중화를 이끌었다. 세계는 이날을 웹의 탄생일로 기념하기 시작한다. 1993년 4월, CERN 이사회는 누구나 자유로이 웹기술을 사용할 수 있으며 CERN에 어떤 비용도 지불할 필요가 없다고 결의한다.

월드와이드웹은 20세기의 컴퓨팅에서 가장 중요한 진보로 인정받는다. 웹의 가장 강력한 속성인 세계적 정보 공유는 인터넷에 힘입은 것이다. 웹은 다양한 콘텐츠를 제공하며 일부 온라인 서비스 이용자에 국한되었던 인터넷 인구를 폭발적으로 증가시켰다. 현재 웹은 텍스트 중심의 인터넷을 인쇄, 전화, 음악, TV, 영화 등 모든 매체를 아우르는 멀티미디어로 바꿔놓았다. 한편으로 웹의 부정적 측면도 있다. 정보 교환을 용이하게 함으로써 사생활이나 지적재산권의 침해를 초래했다. 유해한 정보들이 법적·문화적 제한을 받지 않고 확산되는 것도 문제다.

시커먼 도스 환경에서 GUI가 뭔지도 모르던 시절, 우리나라에서 컴퓨터를 이용하여 외부와 소통하는 길은 하이텔, 유니텔, 데이콤으로 통하던 PC 통신이 거의 전부였다. GUI 환경을 제공하는 윈도우와 월드와이드웹이라는 정보의 바다를 화면상에 보여준 넷스케이프의 출현은 그야말로 충격이었다. 넷스케이프는 MS가 월드와이드웹 시장에 눈독을 들여 인터넷 익스플로러(IE)라는 웹브라우저로 침공하기 전까지 절대 강자의 지위를 누렸다. 1990년대 중반, MS는 윈도우 OS를 통해 세계 OS 시장을 차지했다. MS는 윈도우에 IE를 기본 탑재하는 방식으로 넷스케이프를 공략했다. MS와 달리 넷스케이프에게는 이렇다 할 수익 구조가 웹브라우저밖에 없었고, 결국 MS에 밀릴 수밖에 없었다. 여기서 우리는 다양한 킬러앱의 존재가 얼마나 중요한지를 알 수 있다. 인터넷 사용자 대다수는 모자이크 브라우저(넷스케이프)와 유의미한 기능 차이가 없으며, 심지어 무료로 쓸 수 있는 IE로 옮겨 갔다. MS가 회사의 자원을 무기로 넷스케이프를 공략한 셈이다. 초고속으로 성장한 윈도우의 OS 점유율은 IE의 확장에 기여했다.

이 시기 윈도우 점유율은 OS 시장의 90%에 육박했다. 그만큼 널리 보급된 윈도우에 IE가 기본 탑재돼 있었으니 점유율 확보는 당연했다. 넷스케이프는 MS의 점유율에 압도된 채 훗날을 기약하고 물러나 비영리 재단법인 모질라(Mozilla)로 전환한다. MS가 넷스케이프와의 전쟁에서 이긴 뒤로 IE는 승승장구했다. 2002년 IE의 점유율은 96%까지 치솟았다. 그러나 IE의 독주는 2008년을 기점으로 견제를 받기 시작한다. 서서히 덩치를 키워온 구글이 크롬 브라우저 출시를 발표한 것이다. 모질라 역시 파이어폭스를 필두로 다시금 IE에 도전장을 던졌다.

크롬은 2000년부터 2010년까지 모질라의 파이어폭스가 쌓아온 점유율을 단 3년 만에 돌파하고, 2012년 IE의 점유율까지 꺾는다. 이 성과의 근간에는 폭넓은 확장성이 있었다. 우리는 여기서 킬러앱의 조건에서 확장성이 얼마나 중요한지를 알 수 있다. 구글은 여러 종류의 확장 프로그램과 다양한 기능으로 인터넷 경험을 높은 수준까지 끌어올릴 수 있어 여타 브라우저에 비해 상당히 유연하다는 평가를 받는다. 구글 크롬은 속도, 보안, 안전성, 단순성을 4가지 기본 원칙으로 해서 더 좋은 수준으로 개발되고 있다. 그중 속도는 크롬의 정체성이자 최고의 장점이다. 메모리 잡아먹는 괴물이라는 악평에도 불구하고 웹페이지가 화면에 나타나는 속도는 엄청나다. 여러 개의 웹페이지를 띄워도 속도가 느려지지 않는다.

구글은 검색엔진 개발을 통해 성장하면서 지속적으로 다른 회사의 서비스를 구입하거나 인수·합병함으로써 사세를 키웠다. 2004년

키홀을 인수해 2005년 구글어스로 이름을 바꿔 서비스를 시작했다. 2006년에는 동영상 공유 사이트인 유튜브, 2007년에는 디지털 마케팅 회사인 더블클릭을 인수했다. 2008년 웹브라우저 구글 크롬을 공개해 MS IE의 독점적 영향력에 도전한 후 이제 웹브라우저의 최강자가 된 것이다. 이러한 인수·합병과 사업 영역 확대를 통해 구글은 인터넷 검색과 모바일 운영체제, 광고, 미디어, 클라우딩 컴퓨팅까지 포괄하는 거대 기업으로 성장했다.

모바일 시대

애플은 생태계 차원에서 아이폰을 판매하려면 사람들이 단말기를 사고 싶도록 만드는 '킬러앱'이 필요하다고 생각했다. 초기 아이폰에는 기본으로 구글 지도 앱이 설치되었다. 하지만 기본적인 길 찾기와 검색만 되고 정보가 빈약했다. 그래서 우리나라에서는 다음(Daum) 지도 앱을 제공했다. 다음의 티스토리(www.tistory.com)와 플레이스(place.daum.net) 서비스의 다양한 맛집 정보와 연계해서 풍성한 정보를 제공했다. 시계 앱도 제공했는데, 현재 시간은 물론 세계시간과 알람 및 스톱워치 등의 기능도 있었다.

사용자들이 모바일에서 즐겨 쓰는 서비스는 이전의 PC 서비스와 다르다. PC 통신에서 채팅, 게시판, 동호회 등의 서비스가 주목을 받았다면, 인터넷 월드와이드웹에서는 검색과 카페, 메일이 주로 사용되었다. 통화, 사진 촬영, 음악 감상 정도의 목적으로 사용된 이전의 휴대전화와 달리, 스마트폰은 컴퓨터처럼 인터넷에서 연결할 수 있으며 다양한 소프트웨어를 설치해 서비스를 즐길 수 있다. 모바일의 사용 특성을 볼 때에 소통(Communication), 재미(Fun), 정보(Information), 이 세 가지가 주된 킬러앱의 대상이다. 스마트폰은 누군가와의 커뮤니케이션, 즐길 수 있는 콘텐츠, 필요한 정보 검색이 기본적으로 필요하므로 앱은 이러한 기능을 갖춰야 한다. 우선 스마트폰에서의 기본적 킬러앱은 바로 기존의 월드와이드웹이다. 구글의 월드와이드웹 기반 서비스들을 보자. 시간, 공간, 관계라는 3대

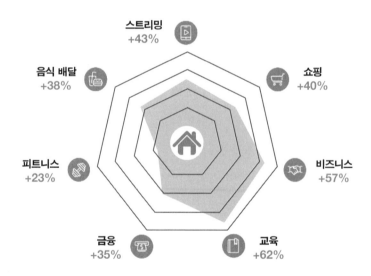

가정 내 모바일 활동 비중(출처: 애니앱 모바일 트렌드, 2020.11)

축을 중심으로 PC에서는 생각하지 못했던 다양한 앱이 모바일에서 탄생하고 있다. 중요한 것은 사람들이 오래 기억하고 사용할 수 있는 킬러앱이 되는 것이다.

사랑받는 앱을 설명하기 위해, 앱은 아니지만 기기가 외면받은 예로 태블릿 PC를 들 수 있겠다. 소비자들이 무언가 2% 부족하다고 느낀 것이다. 끊임없이 탄생하는 수많은 앱들도 대중의 인기를 얻지 못하면 금세 사라진다. 스마트폰처럼 스마트한 기능으로 무장한 제품들은 본질적으로 범용성의 OS를 가지고 있어야 한다. 범용 OS를 장착한 스마트폰은 다양한 앱과 함께 제대로 된 생태계를 꾸릴 수 있다. 왜냐하면 OS는 놀이터에 비유할 수 있는 것으로, 동일한 OS를 채택한 단말기가 많을수록 프로그래머(앱 개발자)들은 놀이마당이 근사하다고 생각해서 해당 OS를 위한 앱 개발을 위해 모여든다. 스피커, 마이크, 사진기, 전화, GPS 등은 PC에서보다 휴대용 단말기인 스마트폰에서 개발이 가능한 앱들이다. 스마트폰에서 우리가 가장 많이 사용하는 서비스는 게임, 날씨, 카카오톡, 네이버앱, 구글맵, 다음지도, 페이스북, 트위터 등이다. 이들이 킬러앱으로 사랑받는 것은 당연하다. 집에서 소비되는 활동 중 상당수는 모바일로 이루어진다. 2020년 앱애니(App Annie) 보고서에 의하면 쇼핑(40%), 비즈니스(57%), 교육(62%), 금융(35%), 피트니스(23%), 음식 배달(38%), 스트리밍(43%) 등이 4년간에 걸쳐 크게 성장했는데, 모바일로 이루어지는 소비는 향후 그 영역과 비중이 지속해 늘어날 전망이다.

익명성을 타파한 신뢰의 가치
SNS와 틱톡, 스냅챗

SNS는 우리 일상에 깊숙이 자리한 대표적인 모바일 킬러앱이다. 여행지를 선택할 때 인스타그램에 올릴 사진을 감안해 결정한다면 과장일까? 누군가에게는 여행 그 자체가 목적이지만, '여행했음'을 공유하고 싶은 것이 요즘의 세태다. SNS는 월드와이드웹에서 시작된 월드와이드웹 중심의 서비스이지만, 현재의 SNS는 월드와이드웹으로만 성장한 것이 아니다. SNS는 데스크톱 앱과 모바일 앱을 기반으로 고객의 사랑을 받으며 빠르게 성장을 거듭하고 있다. 트위터는 아이폰용 앱으로 여러 개가 나올 만큼 SNS 활성화에 큰 역할을 하고 있다. SNS의 가장 기본적인 속성은 커뮤니케이션과 관계 기반이어서, 통화를 위해 사용하는 모바일폰과 특성이 잘 맞는다. SNS는 발신자 중심에서 수신자 중심으로 사용자들의 니즈가 변해가는 것을 제대로 보여주고 있다.

구글이 SNS에 대한 관심과 투자를 아끼지 않는 것은 SNS의 파괴력이 검색에 영향을 줄 수 있기 때문이다. 즉 검색을 통해 세상의 정보에 연결하려는 것 외에 내 주변의 사람들이 말하는 것을 듣고 세상 정보에 다가가는 경험이 더 편하고 유익하다는 믿음 때문이다. 기계를 통해 정보를 찾아 나서는 것보다는 내가 믿는 사람들, 주변의 사람들에게 물어보고 답을 얻는 것이 더 빠르고 믿음직스럽기 때문이다.

세상과의 소통도 홈페이지, 카페, 미니홈피, 블로그에서 SNS로 바뀌고 있다. 국내외의 주요 대기업과 유명 인사는 SNS 계정을 만들어 대중과 적극적으로 소통하고 있다. SNS가 기존의 매체와 서비스에 비해 소통에 유리한 것은 실시간으로 신뢰에 기반을 두고 있기 때문이다. 이른바 댓글을 기반으로 한 소통은 상대의 신원을 제대로 알 수 없다. 글을 쓰는 사람도 익명성에 기대 글을 쓰기에 신뢰 기반의 소통이 어렵다. 반면 SNS는 신원 확인을 기반으로 하고 있어 솔직하고 진실한 소통을 할 수 있다. 가치 있는 글은 블로그나 실시간 이슈 검색을 통한 전파보다 더 빠르게 전파된다. 네트워크 효과와 피라미드 효과로 보다 많은 사람들에게 빠르게 전파할 수 있어, 공중파의 실시간 전파력과 온라인의 지속적 확장성 모두를 겸비한 킬러앱이다.

이처럼 SNS는 신뢰를 담보로 콘텐츠가 확대되어 재생산되기에 기존 온오프라인 매체의 장점을 취한 양방향 소통 매체다. 기존 웹 서비스들은 검색을 중심으로 링크(LINK)를 통해 연결될 기회를 얻을 수 있었지만, SNS는 다양한 방식으로 수많은 웹 서비스를 구슬처럼 엮어가고 있다. 이를 중심으로 신규 서비스들이 탄생하면서 산업 전체 파이를 키워가는 생태계의 촉매제가 되고 있는 것이다.

CNN은 트위터 등에 계정을 만들어 현재 방송되는 내용을 SNS으로 알린다. 방송 프로그램에서도 프로그램별로 트위터 계정으로 시청자와의 소통에 적극 나서고 있다. 국내 방송국도 마찬가지다. TV와 신문, 그리고 웹이 서로 구분 및 분리되어 있던 과거와 다르게, SNS를 중심으로 기존의 오프라인 매체와 웹이 교집합을 찾게 된 것이다.

웹서핑도 마찬가지다. 구글 크롬 브라우저의 확장 기능인 트위터 리액션(Twitter reaction)을 이용하면, 현재 보고 있는 웹페이지에 링크를 건 트윗 내역을 확인할 수 있다. 기존의 댓글은 해당 페이지 하단에 누가 올렸는지도 모른 채 닫힌 구조로 등록되었지만, SNS와 엮인 이러한 기능은 열린 구조로서 댓글을 더욱 건강하게 만들어준다. 해당 페이지를 주변 지인들에게 빠르게 전파하고 추천할 수도 있다. SNS는 콘텐츠를 소비하고 즐기는 경험의 변화까지 가져다주고 있다.

구글 지도와 유튜브가 세계적으로 주목받을 수 있었던 것은, 이들 서비스는 API(Application Programming Interface, 응용 프로그래밍 인터페이스)가 열려 있어 여러 서비스에서 구글 지도와 유튜브를 쉽게 가져다가 사용할 수 있었기 때문이다. 이들을 중심으로 다양한 서비스 생태계가 만들어질 수 있는 환경을 제공한 것이다. 트위터를 중심으로 수많은 웹 서비스가 탄생했다. 국내에도 트위터를 기반으로 한 많은 데스크톱 앱과 모바일 앱, 웹사이트가 있다. 트위터를 중심으로 공생의 생태계가 구축되고 있는 것이다. SNS는 승자 독식의 경쟁 구도가 아닌 상생의 서비스 모델을 제시했다는 점에서 기존의 웹 서비스와 크게 다르다. 기존 월드와이드웹과 새로운 모바일 플랫폼을 연결하는 구름다리 역할을 하고 있어 향후 미칠 파급력과 성장성은 클 수밖에 없다. 이미지 소통에 익숙한 10대들을 겨냥해 사진을 쉽게 공유할 수 있도록 한 앱 스냅챗(Snapchat)은 10초 후 사진이 자동으로 삭제되는 제한 기능을 걸었다. 자기파괴 앱 기술이 활용되었다. 그 인기로 제2의 페이스북으로 불렸다. 중국의 SNS 앱 틱톡은 15초짜리 짧은 동영상을 제작하고 친구들과 공유한다. 모바일이 소통창구가 되면서 동영상 스트리밍, 게임뿐만 아니라 피트니스까지 사람 간 연결이 가능한 '커뮤니티' 기능이 필수인 시대가 왔다. 틱톡은 사용자가 직접 제작하고 짧은 동영상을 제작해 공유하며 빠른 성장을 이끌어냈다.

갑자기 그 섬에 가고 싶어진다. 인스타그램에 방금 올라온 사진을 보고, 찰칵 소리에 석양이 내리는 섬을 거니는 상상하며, 앱을 통해 가장 저렴한 항공권을 구입한다.

내게 편리한 세상으로의 길잡이

LBS

위치기반서비스(Location Based Services, LBS)는 통신망이나 GPS(Global Positioning System)에서 확보한 위치 정보를 바탕으로 여러 가지 서비

스를 제공하는 콘텐츠다. 모바일 앱 개발자는 LBS와 연관된 앱 개발에 가장 많은 관심을 보인다. 그래서 LBS는 최고의 킬러앱 메이커라고 이야기하기도 한다. LBS는 PDA(Personal Digital Assistant, 개인용 정보 단말기)가 나오면서 주로 택배와 대리운전 산업의 기업 위주로 활용되었다. 그래서였을까? 아이폰과 안드로이드에서는 LBS를 킬러앱으로 정의하고 다양한 지원을 했다. GPS, WLAN(Wireless Lan, 무선랜), 전자 나침반(디지털 컴퍼스)의 하드웨어적 지원이나, LBS를 위한 다양한 기술과 API, 데이터베이스(DB) 제공 등은 LBS 활성화를 위한 토대로 작용했다.

결정 장애가 있는 사람이라면 누군가의 흔적을 따라 맛집이나 도시 루트를 찾아가는 것도 나쁘지 않다. LBS는 자산 추적, 차량 추적, 그룹 관리, 대인 추적, 주변 정보 조회, 내비게이션에서 보듯이 생활을 편리하게 만드는 다양한 서비스를 제공한다. 사용자의 현재 위치를 기준으로 주변 장소를 손쉽게 검색할 수 있는 것이다. 맛집이나 은행, 약국, 주유소 등 자주 찾는 주변 정보를 한 번의 터치로 찾아볼 수 있다. 검색 결과는 지도 위에 표시되며, 주변의 교통 상황을 실시간으로 알려준다. 일반 지도 외에도 스카이뷰라는 항공사진을 제공해 주변 상황을 좀 더 정확히 확인할 수 있게 해준다. 주변 정보를 검색한 결과에서는 단순한 위치 정보뿐 아니라 네티즌의 평가와 리뷰 정보를 함께 제공한다. 검색 결과 화면에서 해당 위치 정보를 확인할 수 있는 것은 물론 바로 전화를 걸 수도 있다. 현재 위치부터 검색된 결과의 위치까지 대중교통이나 자동차로 찾아가는 경로까지 확인할 수 있다.

GPS, WiFi, 기지국 ID, 스마트폰의 위치 측정 기술 정밀도의 향상은 LBS의 활성화에 크게 기여했다. 디지털 컴퍼스와 중력 센서는 증강현실과 LBS를 결합하면서 다양한 앱 개발을 가능하게 했다. 아이폰에 적용된 센서 관련 기술은 스마트폰에 많은 영향을 주었다. 근접 센서, 3축 가속 센서, 디지털 컴퍼스는 거의 모든 스마트폰에서 표준처럼 사용되고 있다.

LBS의 기본적 기능에 다른 콘텐츠를 결합해 활용하는 서비스들이 스마트폰의 다양한 앱으로 주목받고 있다. 그 대표적인 예는 LBS에 SNS를 결합한 '포스퀘어(foursquare)' 서비스인데, 스마트폰으로 특정 위치에서 자신의 위치를 '체크인' 하거나 해당 장소를 등록해 사용자들과 정보를 공유하고 서로 커뮤니케이션도 가능하다. '배지'나 포인트, 해당 장소의 '시장' 등급을 부여하는 등의 보상도 제공되어 사람들의 이용 욕구를 지속시킨다. 카페 같은 일반 사업자들은 포스퀘어를 이용해 방문하는 사용자를 대상으로 마케팅도 할 수 있어서 비즈니스 모델로서의 경쟁력도 인정받고 있다.

구글은 2016년 트립스(Trips)라는 무료 앱을 통해 안드로이드와 iOS를 이용하는 사용자들이 새로운 곳을 방문하는 데 도움을 주고자 했다. 항공과 호텔 예약을 가능하게 할 뿐만 아니라 세계 200개 이상의 도시에 대한 정기적 여행 가이드 서비스와 구글의 역사를 기반으로 한 맞춤형 제안 서비스를 제공했다. 나아가 오프라인 서비스를 위해 떠나기 전에 모든 것을 다운로드할 수 있도록 했는데, 데이터 사용이 비싼 지역을 감안한 고객 감동 프로그램이다.

다만 LBS와 관련하여 개인 정보 보호와 개인의 안전이라는 상충되는 이해관계에 대한 현명한 해법이 요구되는 상황이다. LBS 관련 법적·제도적 장치들이 불충분하므로 개선이 필요하다.

치명적 중독성과 특별한 킬러앱 전략
모바일 게임

게임 앱 개발자와 다른 앱 개발자는 킬러앱에 접근하는 자세가 달라야 한다. 게임 앱이 아닌 경우에는 시장에서 매력적으로 보일 수 있는 강력한 앱을 하나만 만들어 출시한 뒤 시장의 반응을 보고 필요한 부분을 빠르게 개선하면 된다. 그러나 모바일 게임 앱의 경우에는 다양한 앱을 만들어 동시다발적으로 출시하는 것이 제대로 된 전략일 수 있다. 게임 앱은 모바일에서 인기 있지만, 진입장벽이 높지 않고 비슷한 게임을 만들기도 쉽기 때문에 전략을 달리해야 한다. 특히 모바일 이전에도 게임 시장은 많았고, 모바일 시장에서도 게임 산업은 앱 규모가 가장 큰 시장으로 성숙된 단계다. 비디오게임의 선례로 많은 게임 개발자들은 성공 사례를 쉽게 수입하고 비디오게임을 모바일 앱으로 전환하는 전략을 취하고 있다.

게임이 아닌 다른 앱의 경우, 소비자들은 이벤트나 제품에 대한 정보가 새롭기 때문에 해당 콘텐츠에 길들여지지 않는 한 기대가 크지 않을 수 있다. 하지만 게임 앱의 경우에는 이미 오래 체험해온 사용자들의 기대를 충족시키기가 쉽지 않을 수 있다.

게임 개발자는 되도록 많은 앱을 개발해야 킬러앱을 만들 가능성이 커진다. 어떤 게임 콘텐츠가 터질지 예단하기 어렵기 때문이다. 그래서 다양한 시도를 해야 한다. 어떤 게임이 소비자의 상상력에 부합할지 미리 알 수는 없다. 반면 게임 앱이 아닌 경우에는 많이 만들수록 성공에서 멀어진다. 선택과 집중이 필요하다. 제대로 된 기본 앱을 하나만 만든 후 사용자 경험을 토대로 개선하는 것이 바람직하다.

사진을 공유하는 앱 인스타그램과 모바일 게임 앵그리버드는 모두 소비자에게 친근하다. 그러나 그 전략은 상반된다. 우선 인스타그램은 두 명의 20대 스탠퍼드 졸업생인 케빈 시스트롬(Kevin Systrom) 최고경영자와 마이크 크리거(Mike Krieger) 최고기술책임자에 의해 2010년 출시되었다. 그리고 페이스북에 2012년 10억 달러에 인수된 후 페이스북과 시너지를 내고 있다. 시스트롬과 크리거는 이제 페이스북을 떠났지만, 그들은 출시 전 인스타그램이란 하나의 앱에 몰두했으며 사용자 경험을 기반으로 약간의 개선 작업만 진행했을 뿐이다. 반면 앵그리버드 제작사인 핀란드의 게임 회사 로비오 엔터테인먼트(Rovio Entertainment)는 많은 종류의 앵그리버드 게임을 출시해서 콘텐츠가 터지는 전략을 구사했다. 앵그리버드에는 팬들이 좋아할 만한 여러 버전이 있을 수밖에 없다. 이 게임은 다른 모바일 게임과 격을 달리하는 것으로 평가받는다. 텍스트가 없고 간단한 그림으로 조작법 설명이 이뤄지며, 조작법도 캐릭터를 손가락으로 당기는 것이 전부다. 스마트폰만 있다면 나이, 국적, 성별에 상관없이 즐길 수 있다. 이용자 수도 역대 최고를 기록하며 모바일 게임계에 한 획을 그었다.

이처럼 모든 기업은 제한된 자원이란 동일한 제약 조건에 직면해 있다. 성숙한 시장의 경우 하나의 킬러앱을 성공시키려면 다양한 앱에 베팅을 해야 이미 개발된 공급망을 이용할 수 있다. 반면 개발이 성숙하지 못한 시장의 경우에는 하나의 앱에 초점을 맞추어 킬러앱을 만드는 것이 유리하다.

Next
Killer
App

애플과 구글의 킬러앱 전략

킬러의 아침은 사과 한입 베어 문 아이디어로 시작한다

하드웨어 판매를 목적으로 하는 애플과 모바일 광고로 수익을 내는 구글은 서로 다른 수익 창출 구조의 비즈니스 모델을 추구했다. 하지만 두 회사의 성장에는 공통점이 있었다. 킬러앱을 통한 성장 궤적의 추구가 그들의 공통된 목표였다. 스마트폰 성장세가 둔화되자, 두 기업은 모바일 시대 이후 새로운 혁신 동력을 찾기 위한 또 다른 경쟁을 준비하는 과정에서 더 나은 킬러앱의 탄생이란 공통된 전략을 택했다.

04

한입 베어 문 사과와 킬러앱

2020년 애플은 애플원(Apple One) 구독 서비스를 오픈했다. 애플뮤직과 애플TV+가 핵심을 이루며, 애플뮤직과 게임을 비롯해 애플이 제공하는 여러 서비스를 한곳에서 이용할 수 있는 서비스로, 개별 구독보다 10~30% 저렴한 가격 혜택을 누릴 수 있다. 애플 워치 제품과 아이패드 제품이 투자자들의 주목을 받고 있지만, 애플은 투자자들이 애플의 번들 서비스 상품과 자체 개발 프로세서의 잠재적 기회에 주목해야 한다고 보고 있다. 애플원 번들은 경쟁사보다 2~4배에 달하는 성장 여력이 있으며, 월가는 이러한 점에 주목하고 있다. 번들 상품은 보다 저렴한 가격에 서비스를 제공하는데, 애플은 이를 통해 음악 스트리밍과 동영상 스트리밍처럼 여러 시장에서 동시에 점유율을 확대해갈 수 있다. 월가가 이를 제대로 평가한다면 애플의 주가는 새 역사를 쓴다는 것이다.

게다가 애플의 자체 개발 프로세서가 제품에 탑재되기 시작하는 것은 타사 제품과의 차별화 수단이 된다. 애플은 더 저렴하게 자사 제품을 공급하면서 애플만의 생태계를 더욱 강화하고 있다. 이 과정에서 애플은 인텔과의 결별을 택했는데, 인텔의 성능 개선 속도가 저조하다고 판단해 내린 결정이었다. 맥과 맥북에 들어가는 프로세서는 인텔 기반에서 자사의 맥칩(ARM 기반 커스텀 칩)으로 바꾸고, 아이폰과 아이패드에 적용해온 자사 칩 설계 기술을 맥으로 확대했다. 그 결과 AI를 사용하는 그래픽과 앱에서의 성능이 상당히 개선된 것으로 나타났다. 이를 바탕으로 애플은 제품 간 통합성을 높이고 자사 제품과 개발 생태계를 더욱 공고히 했다.

2020년 말 제품에서부터 우리는 달라진 애플의 생태계를 제대로 느낄 수 있다. 2020년 6월, 애플의 CEO 팀 쿡(Tim Cook)은 "맥은 시작부터 PC의 최전선에서 항상 큰 변화들을 수용해왔다"면서, 맥 컴퓨터의 역사적인 날을 만들 애플 실리콘으로의 전환을 발표했다. 시장에서는 애플 실리콘이 강력한 기능과 업계 선도적인 성능을 바탕으로 그 어느 때보다 맥을 더 강하고 유능하게 만들 것이라며 주시했다. 애플은 맥에도 아이폰, 아이패드, 애플 워치와 같은 아키텍처를 적용해 각 기기 간 통합성을 높이고 애플 생태계를 강화했다. 또한 모든 제품군에 적용되는 보편적 아키텍처를 바탕으로 애플 생태계 전체에 맞는 최적화된 소프트웨어를 쉽게 개발할 수 있도록 지원하겠다고 강조했다. 이를 위해 맥용 앱을 쉽게 애플 실리콘에 맞춰 업데이트할 수 있도록 다양한 툴을 제공했다.

애플의 창업자 스티브 잡스가 2011년 56세의 나이로 세상을 떠났다. 당시 애플의 주가는 112달러였다. 2020년 8월 말, 애플은 1주를 4주로 쪼개는 액면 분할을 단행했다. 액면 분할을 감안할 때 30달러에도 못 미치던 수준의 주가는 정말 많이 올랐다. 2020년 코스피와 코스닥을 합친 주식시장 전체 시가총액이 2,000조 원을 넘어섰다. 2018년에 이어 사상 두 번째다. 애플은 2020년 미국 상장기업 최초로 시가총액 2조 달러(약 2,360조 원)를 돌파했다. 우리나라 한 해 국내총생산(GDP)이 2조 달러를 넘지 않으니 애플 시가총액이 얼마나 큰 지 가늠할 수 있다.

조 바이든 당선에 따라 민주당 집권으로 법인세율이 높아지고 대형 기술주에 가해지는 반독점 압박이 거세질 것이란 관측도 있으나, 도널드 트럼프 대통령 시절보다 애플도 기업 환경이 더 나을 것이라는 입장도 제기된다. 왜 그럴까? 민주당이든 공화당이든 기술주의 정책 리스크는 사라지지 않을 것이지만, 기술 공급망 측면에서 도널드 트럼프 대통령의 재선보다는 조 바이든이 덜 위험하기 때문이다. 애플의 경우 아이폰 생산에 있어 중국에 공장을 두고 있는 대만 폭스콘 의존도가 큰데 이를 줄이기는 쉽지 않다. 중국이 차지하는 아이폰 판매 비중이 높은 가운데 트럼프 대통령이 중국에 강경한 입장을 고수해온 까닭에 애플 제품 불매 운동이 발생할 우려가 있었다. 바이든은 트럼프만큼 강경할까? 모를 일이다. 다만 트럼프 대통령의 예측 불가능성보다는 조 바이든의 정책 일관성이 양국 기업 간의 관계 설정과 기술 관련 생태계 조성 측면에서 더 나을 수 있다. 이런저런 고민을 해보는데 문득 고인이 된 스티브 잡스가 세계개발자회의(Worldwide Developers Conference, WWDC)에서 풍기던 향기를 느끼고 싶은 생각이 들며 애플의 킬러앱 전략이 궁금해진다.

애플의 탄생과 스티브 잡스의 전략

애플의 세계개발자회의. 애플은 캘리포니아 샌프란시스코에서 개최하는 WWDC에서 새로운 소프트웨어와 기술을 공개한다. 세계 각국에서 온 개발자들의 경험 공유와 피드백 세션이 이루어진다. 스티브 잡스는 인간과 기계 간 인터페이스 설계를 강조한 PC 매킨토시를 만들 때부터 개발자와의 협력을 중시했다. 소프트웨어 업체와의 성공적 협력이 하드웨어 판매의 성공으로 이어진다고 믿은 그는 킬러앱의 논리를 제대로 간파한 인물이라 하겠다. 세상에는 생태계를 창조하는 기업과 이미 창조된 생태계에서 살아가는 기업이 있는데,

애플은 생태계를 창조하는 기업이다.

애플은 매킨토시 당시 소프트웨어 협력 파트너로서 MS를 중시했다. 애플 덕분에 MS는 큰 수익을 올리고 번영의 초석을 다지게 된다. 매킨토시 출시 이후 애플은 자사의 정책과 기술을 외부에 알리는 이른바 에반젤리스트(Evangelist, 전도사)를 두어, 개발자를 적극적으로 자사 플랫폼으로 끌어들이는 전략을 구사했다. WWDC는 그러한 목적에서 1983년 시작되었고, 해마다 약 2,000~4,000명의 개발자가 참석해왔다.

2007년은 특별한 해였다. 그해 스티브 잡스는 회사명을 애플컴퓨터에서 애플로 개명하며 모바일에 대한 비전을 담았다. 잡스가 경영에 복귀한 1997년 당시 애플은 10여 종의 매킨토시 제품을 비롯해 수많은 컴퓨터와 주변기기를 생산했다. 몇 주 동안 제품 검토 과정을 거친 잡스는 소리를 지르며 애플이 집중할 철학을 선언한다.

잡스는 마커펜을 집어 들고 맨발로 화이트보드를 향해 걸어간 다음 2×2 매트릭스를 그렸다. 그리고 이렇게 선언했다.

> "우리에게 필요한 건 바로 이거야. 일반인용(consumer), 전문가용(pro), 데스크톱(desktop), 휴대용(portable)."

잡스는 팀원들에게, 각 사분면에 해당되는 제품을 하나씩 결정해 총 4개의 위대한 제품에 주력하고 나머지 제품은 모두 없애야 한다고 역설했다. 그는 단 4개의 컴퓨터를 만드는 데 집중할 수 있는 분위기를 조성해 애플을 어려움에서 구원하고자 한 것이다. 그는 무엇을 하지 않을지 결정하는 것이 무엇을 할지 결정하는 것만큼 중요하다고 믿었다. 기업도 제품도 집중해야 성공한다고 생각한 것이다. 이후 애플은 명실상부한 모바일 회사가 되는데, 스마트폰을 보면 4개 중에서 '휴대용' 하나에 집중했음을 알 수 있다.

잡스는 경영 복귀 이후 애플을 어느 정도 수준까지 올려놓았지만, MS와의 경쟁 판도를 바꿀 정도는 아니었다. 그는 비밀리에 아이폰 개발을 지시했다. 아이폰은 30개월간의 비밀 프로젝트로 진행되었고, 개발비로 약 1억 5,000만 달러가 소요되었다. 전화 관련 기술이 없었기에 애플은 AT&T와 비밀리에 협약을 맺고 아이폰이 발매될 경우 독점권을 주기로 약속했다. AT&T는 통신사 중에서 부동의 1위인 버라이즌을 따라잡기 위해 절치부심하고 있을 때였다. 잡스가 AT&T 싱귤러 와이어리스(Cingular Wireless)에게 요구한 것은 아이폰 하드웨어와 소프트웨어 전반에 대한 애플의 자유였다. 이동통신사의 재량권에 따라 하드웨어와 소프트웨어 전반이 휘둘리던 당시의 관행을 송두리째 바꾸는 획기적 조건을 요구한 것이다. 싱귤러가 잡스의 요구를 받아들이면서 아이폰을 탄생시키는 산파 역할을 맡게 되고, 그 결과 애플은 컴퓨터 시장과 휴대용 음악기기 시장뿐 아니라 가정용 전자기기와 휴대전화 시장으로 사업 영역을 대폭 확장한다. 아이폰의 혁신은 그동안 이동통신사가 직접 고객과의 접점을 가지고 영향력을 발휘하던 관행을 파괴하면서 이루어졌다. 아이폰이 직접 고객과 접촉하여 브랜드 이미지를 심는 비즈니스 모델을 창조하고, 이 과정에서 모바일 킬러앱의 원리가 주효한 역할을 한 것이다.

아이폰 프로젝트와 킬러앱의 의미

스티브 잡스는 자신이 영입한 존 스컬리(John Scully)와의 내분 끝에 1985년 애플에서 쫓겨난다. 스컬리가 CEO로 취임한 후 1985년, 친 스컬리 경향을 갖게 된 애플의 이사회는 잡스에게서 주요 업무를 박탈했다. 잡스는 애플에서 퇴사하고 넥스트를 창업한다. 그러나 애플은 잡스 퇴임 이후 20어 달러에 달하는 적자에 허덕였고, 1996년 잡스에게 CEO가 되어달라고 요청한다. 애플에 복귀한 잡스는 파격적 디자인과 뛰어난 멀티미디어 기능을 갖춘 컴퓨터 '아이맥'을 출시한다. 아이맥이 엄청난 인기를 끌며 회사는 숨통이 트이게 된다. 잡스는 아이맥을 발표할 때 단색의 사과 로고를 등장시켜, '레인보우 애플'은 역사 속으로 사라진다.

아이맥을 선보인 후에도 음악 부분에서는 여전히 MP3 플레이어에 뒤졌다. 소비자는 경쟁사 제품으로 음악을 다운받고 교환했으며 CD로 구워 보관했다. 잡스의 아이디어는 자연스레 컴퓨터에서 음악으로 옮겨 갔다. 그는 아이튠즈(iTunes), 아이튠즈 스토어, 아이팟을 통합한 시스템을 통해 훨씬 간편하게 음악을 구매하고, 공유하고, 관리하고, 저장하고, 재생하는 구조를 가능하게 했다. 당시는 MP3 플레이어 시장이 형성된 지 오래된 시기였기에, 이 시스템의 성공을 예상한 사람은 별로 없었다. 잡스는 1,000곡의 노래를 저장할 수 있는 아이팟을 2003년 발매해 전 세계에서 3년간 1,000만 대 이상 판매했다. 잡스는 음반 회사에 온라인 참여를 설득했고, 음악 다운로드 사이트 아이튠즈와 결합해 온라인 유료 음반 시장의 70%를 장악했다. 경쟁자에게 뒤처질 때 회사들은 보통 경쟁사보다 더 나은 서비스나 제품을 내놓는데, 잡스는 한 단계를 뛰어넘는 그 무엇인가를 내놓아 시장을 바꾸었다. 음악 분야의 킬러앱 탄생으로 잡스의 주가는 치솟았다.

스마트폰의 탄생 과정을 회고하며 모바일 킬러앱을 이해해보자. 2007년 여름은 구글이라는 IT계의 샛별이 인터넷 영토를 지배하기 시작하면서 MS를 바짝 위협하던 역사적 시기였다. 아이폰은 이미 그해 1월 9일 맥월드에서 스티브 잡스의 키노트 강연을 통해 일반에 모습을 드러냈었다. 아이팟과 달리 휴대전화는 보다 엄격한 규제를 받는 품목이었기에 미국 연방통신위원회(Federal Communications Commission, FCC)의 허가가 필요했다. 2007년 6월 29일, 역사적인 아이폰 판매가 시작되었다. 판매 당일 미 전역의 애플 스토어에서는 아이폰을 사려는 사람들이 새벽부터 텐트를 치고 장사진을 이루었다. 그해 11월 영국과 프랑스, 독일에서도 판매가 시작되면서 아이폰은 전 세계적인 히트 상품으로 자리매김하게 된다.

스티브 잡스는 1년 전을 생각하며 가슴이 벅차오름을 느꼈다. 아이폰이 정식 발매되기 전인 2006년 가을만 해도, 애플 최고의 엔지니어 200여 명이 만든 아이폰 프로토타입(시제품)은 버그투성이의 재앙 수준이었다. 전화는 계속 끊어졌고, 배터리는 충전이 제대로 되지 않았다. 데이터와 애플리케이션도 작동을 멈추기 일쑤였다. 버그 리스트는 산더미같이 쌓여 고쳐야 할 게 가득한 상황에서, 잡스는 불호령을 내리는 대신 평온한 마음을 유지했다. 애플의 엔지니어들은 이처럼 평소와 다른 그의 모습을 보며 더욱 무서웠다고 회상한다. 아이폰 프로젝트가 실패한다면 애플의 앞날은 장담하기 어려운 나락으로 떨어질지도 모르는 상황이었으므로, 엔지니어들은 사력을 다해 버그를 잡고 안정화시키기 위한 노력을 기울였다. 수많은 엔지니어들은 좌절과 절망을 경험하는 고난을 겪었으나 이후의 보상에 만족했다. 2006년 12월 중순 잡스가 아이폰을 시연할 때, 그들은 자신들이 보아온 그 어떤 휴대전화보다 뛰어난 물건을 만든 데 대해 가슴 벅찬 환희를 느꼈다.

아이폰 프로젝트는 단순히 애플이라는 회사의 야심작만이 아니었다. 통신사업자 주도의 휴대전화 비즈니스에서 제조사와 개발자, 나아가 소비자가 우위에 설 수 있도록 만드는 권력 이동이었다. 아이폰이 실패하면 권력 이동은 물거품으로 돌아가기에, 휴대폰 관련 통신 산업의 패러다임 전환을 위해서 일전을 불살라야 했다. 반대로 싱귤러 와이어리스의 결정은 통신사업자들의 입지를 후퇴시킨 일로, 그들 통신사업자에게는 정말 기억하고 싶지 않은 한때의 잘못된 결정으로 각인될 수 있겠다. 애플은 소비자 중심의 세계로 진화하는 상황에서 어떤 사업자든 한 번쯤 내렸을 결정을 엄청난 성공으로 연결시켰고, 그 과정에서 잡스의 역할은 지대했다. 당시까지 이동통신 사업자들은 휴대전화를 자신들의 네트워크 이용자에게 던지는 일종의 미끼로 취급했다. 제품 사양, 비용 규모, 서비스 품질 전반을 통신사업자가 결정했다. 휴대전화는 보조금을 통해 대량으로 풀리면서 영업과 마케팅으로 소비자를 끌어오는 보조 수단에 불과했다. 휴대전화 사용자가 이동통신 사업자와 수년간 사용 계약을 맺은 뒤에도 쉽게 떠날 수 없는 전략을 구사하여 자신들의 이익을 극대화했다. 이 상황에서 제조사들이 적극적 혁신을 시도할 동기는 부여되지 않았다. 이동통신사들 비위를 맞추며 유착 관계가 생길 수밖에 없는 상황에서, 애플은 부조리한 관계와 절연했다.

웹이 등장하면서 정보가 컴퓨터 화면 속 소프트웨어로 바뀌었다. 그러다 스마트폰이 등장해 언제 어디서나 정보에 접속할 수 있게 되었다. 누군가는 디지털 정보로 바뀔 수 있는 비즈니스와 제품은 예외 없이 모두 증발한다고 한다. 이미 스마트폰으로 증발되어 사라진 것만 해도 헤아릴 수가 없다. 레코드판이 테이프로, CD로, 나아가 MP3 음악으로 변화가 거듭되었다. 음악은 사라지지 않았으나 음악을 담는 용기가 바뀌어 이전 것이 사라진 듯 보인다. 아이폰이란 그 릇에 수많은 킬러앱이 포함되어 고객의 사랑을 받게 되었다.

구글과 애플의 밀회와 배신

2006년 스티브 잡스는 구글 회장 에릭 슈미트(Eric Schmidt)를 자신 의 집에 초대했다. 두 명의 거물 CEO는 잡스의 집 거실 테이블에서 바닐라 컵케이크와 차를 즐기면서 미래를 이야기한다. 잡스는 아이 폰의 성공을 위해 구글의 강력한 서비스를 필요로 했다. 구글의 서 비스는 아이폰의 성공을 위한 킬러앱이었다. 구글은 차후 일전을 치 르게 될 MS와 이 클라우드 서비스 경쟁에서 이기기 위해서 새로운 플랫폼이 필요했다. 이렇게 구글과 애플은 자연스럽게 합의하면서 아이폰의 성공을 위해 협력하기로 한다.

구글은 2007년 아이폰이 출시될 때에 아이폰 전용으로 만든 구글 지도(Google Maps), 검색, 메일 등의 앱을 제공한다. 구글은 많은 인 력을 투입해 구글 최고의 서비스를 아이폰에 옮겼다. 애플은 아이폰 의 가장 중요한 앱으로 구글의 서비스들을 채택하는 배려를 하면서 협력은 순풍에 돛 단 듯 흘러갔다. 애플이 유튜브도 아이폰에 올라 가도록 신경을 써주자, 구글은 유튜브에 애플의 퀵타임이 올라올 수 있도록 했다. 심지어 모든 웹/앱이 애플 아이폰에 최적화되도록 추가적인 작업까지 수행했다. 아이폰은 애플 자체의 운영체제와 하드웨어, 앱스토어로 빛났지만, 구글이 제공한 최고의 킬러앱 콘텐츠 서비스들이 조화를 이루면서 예상하지 못한 최고의 성공을 이루어냈다. 이렇게 구글과 애플은 서로가 갖지 못한 영역을 메워주는 조력자로서 찰떡궁합을 과시했다.

아이폰의 대성공으로 PC 중심의 컴퓨팅 환경이 모바일 중심으로 옮겨 가자, 구글은 자신이 꿈꾸어온 소비자 중심의 컴퓨팅 환경으로 변화가 앞당겨지고 있음을 자각한다. 아이러니하게도 구글의 고민은 이때부터 시작되었다. 구글은 모바일 컴퓨팅 시대가 되면 가장 적합한 광고를 찾아서 전달하는 서비스의 중심이 되고 싶었는데, 아이폰이 지배하는 세상이 된다면 구글의 계획이 애플의 손아귀에서 놀아야 한다는 두려움이 생긴 것이다. 구글은 2005년 안드로이드를 인수하면서 이와 관련한 작업을 진행할 인력과 자원을 확보한 상태였다. 아이폰의 성공을 지켜보면서, 구글은 비밀리에 안드로이드 프로젝트를 집중적으로 지원하기 시작한다. 더는 아이폰이 세상을 장악하도록 내버려두면 안 된다는 위기의식이 작용했다. 구글은 스마트폰이라는 하드웨어와 이를 지원하는 소프트웨어가 지배하는 세상보다는 모바일 환경에서도 웹이 지배하도록 하는 것이 자신들에게 더 유리하다고 판단했다. 반면 애플은 가능한 한 아이폰이 지배할 수 있는 체계를 만들려고 했다.

2007년 11월, 구글은 안드로이드 프로젝트를 공식적으로 발표한다. 안드로이드 세상은 휴대전화 제조업체나 이동통신사 등이 마음대로 변형해 사용할 수 있는 오픈소스 운영체제다. 이를 마주한 잡스는 과거 매킨토시와 윈도우의 악몽을 떠올렸고, 구글에게 배신감을 느꼈다. 그는 실제로 구글이 프로젝트를 발표하는 자리에 나타나지 않았다. 애플과 구글의 로맨스는 끝나고 둘은 최고의 경쟁자로 돌아섰다.

이때부터 잡스는 구글과 안드로이드를 비난하기 시작한다. 구글의 모토인 '사악해지지 말자 (Don't Be Evil)'를 '말도 안 되는 개소리 (It's bullshit)'라고 강도 높은 말로 비난하면서 구글에 대한 적개심을 표출했다. 애플과 구글은 세쿼이아 캐피탈(Sequoia Capital)이라는 실리콘밸리 최고의 벤처 캐피탈 대주주로서 이사회에서만큼은 형제처럼 밀접한 관계를 유지했다. 구글의 안드로이드 프로젝트가 회사의 가장 중요한 이슈가 되자, 애플은 구글과 좋은 관계를 유지하기가 어려워졌다. 애플이든 구글이든 선택을 해야 하는 기로에 서게 된다. 에릭 슈미트는 애플의 발전에 자신의 역할이 있다고 생각해 2009년 8월까지 애플 이사회 구성원 자리를 유지한다.

아이폰 최고의 킬러앱들을 구글이 제공한 가운데, 애플이 거의 인수할 뻔한 최대의 모바일 광고 회사 애드몹(AdMob)을 구글이 중간에 가로채듯 인수하면서 구글과 애플은 완전히 갈라섰다. 미국 연방무역위원회(Federal Trade Commission, FTC)는 논란 끝에 구글의 애드몹 인수를 승인했다. 구글이 인수를 발표한 후 6개월간의 조사를 마치고 시장에서 '애플이 구글을 견제할 수 있다'는 결론을 내린 것이다. FTC는 세계 최대 검색 업체와 미국 1위 모바일 광고 업체의 결합이 광고 시장의 자유로운 시장 경쟁을 제약할 수 있다며 승인을 보류하다가, 결국 구글의 손을 들어준 것이다. 에릭 슈미트는 애플 이사회에서 사임했고, 애플은 애드몹을 뺏긴 것이 분했지만 2위 업체인 콰트로 와이어리스(Quattro Wireless)를 인수하면서 일전을 준비했다.

FTC의 결정은 애플이 모바일 광고 업체 콰트로 와이어리스를 인수한 후 모바일 광고 플랫폼 아이애드(iAd)를 내놓은 데 영향을 받은 것으로 분석된다. 애플이 본격 진출한 만큼 구글이 시장을 독점하지 못하리라 판단한 것이다. 애플은 이에 그치지 않고, 구글의 래리 페이지(Larry Page)와 세르게이 브린(Sergey Brin)이 눈독을 들이던 음악 스트리밍 서비스 업체 라라(Lala)를 전격적으로 인수하면서 애드몹을 빼앗긴 사건에 대한 복수를 감행했다. 모바일 광고 시장에서 구글과 애플이 승부를 펼치게 된 것이다. 당시 가트너(Gartner)에 따르면, 전 세계 모바일 광고 시장은 2013년 135억 달러까지 성장할 '황금알을 낳는 거위'였다.

2016년 작고한 실리콘밸리의 전설적 경영 코치 빌 캠벨(Bill Campbell)은 구글과 애플의 싸움과 밀접한 인연이 있는 인물이다. 구글 사업 멘토로 활동한 캠벨은 미국 경제지 〈포춘〉과의 인터뷰에서,

자신이 구글을 돕는다면 애플을 해치는 일이라고 한 잡스의 말을 상기했다. 사실 그는 구글이란 회사가 좀 더 나은 경영을 하도록 돕고 싶었을 뿐이다. 여하튼 잡스와의 인연으로 캠벨은 구글과의 관계를 정리한다. 구글의 성장에 커다란 영향력을 행사했고, 실제로 초창기 에릭 슈미트가 구글에 안착하고 창업자들과의 관계를 원만히 끌어가는 데 최고의 공헌을 한 '코치' 캠벨과 구글의 관계가 그렇게 정리되었다. 에릭 슈미트는 캠벨의 죽음 이후 그를 이렇게 추모했다.

> "오늘은 매우 슬픈 날이다. 그의 가족에게 깊은 애도를 표한다.
> 그는 구글, 나, 모든 실리콘밸리 창업자의 중요한 멘토였다."

구글과 애플의 싸움은 여전히 진행 중이다. 아이폰 최고의 서비스 중 하나인 킬러앱 구글지도 역시 애플에게는 눈엣가시였다. 이미 아이폰4부터 검색을 구글에서 (공동의 적이었던) MS의 빙(Bing)으로 교체할 수 있도록 한 것은, 이들의 적대의식이 얼마나 심했는지를 상징적으로 보여준 대목이다. 애플은 아이폰을 구글에서 완전히 독립시키고 싶어 했다. 구글이 아이폰에게서 그랬던 것처럼 말이다.

스마트폰 시대를 주도하며 급성장한 두 기업은 서로 다른 전략을 펼치며 경쟁을 지속했다. 애플은 iOS를 중심으로 하드웨어부터 서비스에 이르는 생태계 전반에서 자신들이 주도하는 폐쇄적 생태계의 완결성을 추구하며 성장해왔다. 이에 반해 구글은 안드로이드를 개방하며 하드웨어를 만드는 제조사와 서비스 제공자 등이 자유롭게 참여할 수 있는 개방형 생태계를 운영하며 성장해왔다. 하드웨어 판매를 목적으로 하는 애플과 모바일 광고로 수익을 내는 구글의 서로 다른 수익 창출 구조가 다른 비즈니스 모델을 추구하게 만든 것이다. 하지만 두 회사의 성장에는 공통점이 있었다. 킬러앱을 통한 성장 궤적의 추구가 그들의 공통된 목표였다. 스마트폰 성장세가 둔화되자, 두 기업은 모바일 시대 이후 새로운 혁신 동력을 찾기 위한 또 다른 경쟁을 준비하는 과정에서 더 나은 킬러앱의 탄생이란 공통된 전략을 택했다. 생태계 경제에서의 활로를 모색하고 있는 두 기업은 아마존과 함께 세계에서 가장 혁신적인 기업으로 평가받고 있다.

스티브 잡스는 살아생전에 구글을 대단한 기업으로 생각하지는 않은 듯하다. 업무나 일상생활에서도 할 수 있는 것만 집중하는 태도를 견지한 그는, 사망할 무렵 찾아온 구글의 래리 페이지에게 평소의 철학대로 사용자 경험에 입각하여 제품과 서비스 개발에 집중할 것을 조언했다. 사용자 경험은 모바일 킬러앱 탄생의 중요 배경이다.

> "내가 가장 중요하게 여기는 것은 집중이다. 구글이 어떤 기업으로 성장해 나갈지 생각해보라. 지금은 모든 곳에서 구글의 흔적을 발견할 수 있다. 주력하고자 하는 5개 제품을 꼽으라면 무엇을 택하겠는가? 나머지는 제거해야 한다. 주력해야 할 대상을 제외한 나머지는 제대로 일을 하는 데 오히려 방해

가 되기 때문이다. 구글이 MS 같은 회사로 변해가고 있다. 그
로 인해 구글이 위대한 제품이 아니라 그럭저럭 괜찮은 제품
을 시장에 내놓게 된다."

구글은 스티브 잡스의 말을 듣고 어떤 생각을 했을까? 구글도 MS
도 변신의 변신을 거듭하고 있다.

앱스토어의 탄생과 놀라운 성과

스티브 잡스는 사용자 경험을 처음부터 끝까지 책임지기 위해 애
플의 소프트웨어와 하드웨어를 빈틈없이 통합하여 온전한 생태계
를 만들고자 했다. 먼저 프로세서 같은 하드웨어를 선택한 과정에서
도 애플이 지향하는 경험을 충분히 달성할 수 있는지 살폈다. 아울
러 애플 매장에서 아이폰을 구매하는 행위에 이르기까지의 고객 경
험과 관련된 모든 측면을 직접 통제함으로써 최상의 경험이 유지되
도록 설계했다. 이는 애플만의 폐쇄형 생태계를 만들었고, 어느 정도
온전한 기기를 만들어 즐거운 사용자 경험을 제공할 수 있었다. 반
면 개방형 생태계를 택한 구글이나 MS는 쓰레기를 양산한다며 매
우 비판적으로 바라보았다. 아이폰은 소비자들의 선택을 직접 끌어

낸 결과로서, 잡스는 소비자들이 가장 좋아하는 조합을 선택함으로써 혁신을 도모하고자 했다. 그 과정에서 많은 제조사와 소프트웨어 제조업체, 개발자와 구글 같은 인터넷 서비스 기업까지도 협업이나 혁신으로 소비자 만족의 가치를 극대화하도록 유도했다. 이를 통해 애플은 더 나은 사회적 가치를 만들어내는 회사로 발돋움했고, 의미 있는 생태계 조성을 이루었다.

애플의 앱스토어(App Store)는 아이튠즈와 함께 21세기 디지털미디어 산업 역사에 길이 남을 역작이다. 앱스토어란 애플리케이션 스토어의 준말로, 애플리케이션을 판매하는 장터로서 킬러앱이 모여 있는 가상의 공간이다. 앱스토어란 이름은 2008년 7월 11일 애플이 아이폰 3G를 출시하면서 처음 등장했다. 애플의 당시 공식 보도자료를 보자.

> "우리는 오늘 500개 이상의 애플리케이션을 아이폰 3G에서 받을 수 있는 혁명적인 앱스토어를 공개합니다. 게임이나 의료 앱, 기업의 생산성을 높이는 소프트웨어를 쉽게 이용할 수 있습니다. 이 중 125개는 아이폰 사용자들에게 무료로 제공할 것입니다."

예전에는 기기에 맞는 애플리케이션을 전문가들이 제작해 공급했지만, 앱스토어 출시 이후 개인이 애플리케이션을 제작해 공급할 수 있게 되었다. 누구나 휴대전화를 사용하면서 불편을 느끼거나 필요로 한 애플리케이션을 직접 만들어 판매할 수 있게 만든 앱스토어를 통해, 개인이 애플리케이션을 공급하고 사용하는 생태계가 구축된 것이다. 사용자 역시 자신에 맞는 애플리케이션을 사용할 수 있게 선택의 폭도 다양해졌다.

iOS SDK(Software Development Kit)는 iOS 개발을 위한 애플의 소프트웨어 개발 키트로, 2008년 3월 6일 배포되었다. 개발자들은 SDK를 활용해 아이폰이나 아이팟 터치(iPod touch) 응용 소프트웨어를 개발할 수 있게 되었다. 이러한 생태계가 획기적 성공을 이루자 구글 플레이, 삼성 앱스, MS 마켓플레이스 같은 애플리케이션 장터가 생겨났다. 모바일 킬러앱들도 우후죽순 탄생했다.

애플 앱스토어의 성공에 대해 많은 이들이 그 원인을 분석한다. 맥 컴퓨터의 실패를 반면교사로 삼았을 수 있다. 맥 컴퓨터가 실패한 원인은 기술이나 PC의 성능에 있지 않았다. 이 대목에서 우리는 맥 컴퓨터가 다른 프로그램과 호환되지 않아 프로그램 개발자들이 매킨토시용 소프트웨어 프로그램을 개발하지 않은 데 주목할 필요가 있다. 호환이 안 되어 확장성에 문제가 있는 킬러앱 전략은 유효하지 않고, 킬러앱 전략이 통하지 않는 하드웨어는 소비자로부터 외면받을 수밖에 없다는 사실을 명심할 필요가 있다. 아이팟-아이튠즈의 성공이 없었다면 아이폰-앱스토어의 성공도 장담할 수 없었나. 2008넌 스티브 잡스의 앱스토어 관련 인터뷰를 들어보며 킬러앱 전략의 중요성을 되새겨보자.

> "애플은 소프트웨어(킬러앱)를 휴대전화에 담는 과정을 간단
> 하게 했으며, 게임이나 다른 애플리케이션에서 돈을 벌 계획
> 이 없다. 우리의 목표는 비즈니스 파트너가 되는 것이 아니다.
> 아이폰을 더 많이 파는 것이다. 애플은 개발자들에게 애플리
> 케이션 판매 금액의 70%를 줄 것이다."

지금 시점에서는 독단으로 여겨지는 발언인지 모르겠으나, 당시
아이폰의 위력을 되새겨볼 필요가 있다. 아이폰 열풍이 뒷받침되었
기에 앱스토어의 성공이 가능했다. 개발 앱 77개국 배포, 연간 99달
러라는 상대적으로 저렴한 앱 검사와 등록 비용, 앱 개발자가 직접
결정할 수 있는 판매 가격, 판매가 중 70%가 개발자 수중에 떨어지
는 상대적으로 공평한 수익 분배 구조 등을 생각해보라. 이러한 생
태계가 앱스토어의 훌륭한 비즈니스 모델 구축에 기여했다.

2009년 12월 기준으로 아이폰과 아이팟 터치 사용자는 각각
3,400만 명과 2,400만 명에 이르렀는데, 그 규모는 개발자들에게 거
대한 소비자 시장을 의미했다. 2008년 초 애플이 앱 개발자를 위해
조성한 100만 달러 규모의 아이펀드(iFund) 역시 앱 개발자들에게
경제적 동기를 부여하고 용기를 심어줬다. 개발자들은 이 과정에서
킬러앱 서비스인 '사용자 위치 정보'에 대한 접근으로 더 나은 서비

스 개발 욕구를 갖는다. 사용자 위치 정보 접근권이 개발자의 '상상력'을 자극할 수 있다. 가령 아이패드용 전자책을 공급하는 업체가 사용자들에게 위치 정보를 물어본다면, 맞춤형 지역 광고를 가능하게 하기 위해서다. 학습용 전자책을 구입한 고객이 자신의 위치 정보를 알려준다고 상상해보라. 맞춤형 지역 학원 광고가 고객에게 발송될 수 있다. 이렇게 사용자 위치 정보는 '링크'의 성격을 구별시키는 주요 지표로 발전할 수 있다. 이를 통해 블로그 글, 온라인 뉴스, 전자책 같은 콘텐츠는 이른바 '트래픽 압박'에서 비로소 해방될 수 있다. 얼마나 많은 트래픽을 창출하는가가 중요한 것이 아니라, 얼마나 의미 있는 트래픽을 만드는가가 중요해진 것이다. 개발자들에게 부여된 사용자 위치 정보에 대한 접근 권한은, 애플 앱스토어의 다른 성공 요인과 시너지를 만들었다.

앱스토어는 2008년 7월 10일 게임 위주의 유료 앱과 무료 앱 약 500개를 출시하며 출발했다. 2008년 7월 14일, 애플은 앱스토어 공개 4일 만에 '아이폰 앱스토어 첫 주 만에 1,000만 다운로드 돌파'라는 공식 보도자료를 발표했다. 흥행을 예상했겠지만, 놀라운 성과였다. 스티브 잡스는 당시 성과를 보고 이렇게 말했다.

> "이렇게 놀랍고 새로운 애플리케이션이 등장한 것은 아이폰의 큰 디스플레이어와 멀티터치 유저 인터페이스(UI, 사용자와 컴퓨터가 정보를 주고받기 위해 사용자와 프로그램이 상호 작용하는 프로

그램의 일부분), 빠른 하드웨어 3D 그래픽, 내장 가속도계, 위치 기반 기술 덕분이었다."

앱스토어 시장은 놀라운 성공과 실패를 거듭하며 급속히 성장해왔고, 끊임없는 변화를 주도했다. 지금은 상상하기 어렵지만, 앱스토어 출시 첫 주에는 전체 카탈로그를 탐색하고 기억나는 모든 게임을 실제로 보고 체험할 수 있었다. 2009년 유료 앱에 인앱 구매가 추가되고 몇 개월 후 무료 앱이 추가되었다. 앱이 구동되는 가운데 앱 안에서 결제가 이뤄지는 인앱 결제도 가능해졌다. 2010년 애플은 자사의 아이애드(iAd) 인앱 광고 플랫폼을 출시했다. 2013년 출시 5주년을 맞은 앱스토어는 100만 개 이상의 앱을 제공했으며, 2016년에는 200만 개를 넘어섰다. 수천만 명의 개발자, 억 단위의 주간 앱스토어 방문객을 생각하면 앱스토어 경제의 놀라운 성장을 부정할 수 없다. 애플의 앱스토어는 구글의 안드로이드 마켓과 비교할 때 그 규모는 가공할 만큼 크지만, 연간 성장률에서는 구글이 애플을 압도하기도 했다. 구글과 달리 애플은 2020년 11월 앱스토어 수수료를 파격적으로 내렸다. 연간 매출 100만 달러를 밑돌 경우에 한해 인앱 결제 수수료를 15%만 부과하겠다고 선언했다. 생태계에서 인심을 얻는 애플의 전략이 구글과 대비된다.

앱스토어 내 앱 개발과 평가

많은 사람들은 스마트폰 알람을 들으며 하루를 시작한다. 스마트폰 앱으로 날씨와 하루 일정을 체크하고, 모바일뱅킹을 하며, 주요 뉴스를 챙겨 본다. 업무 일지 작성도 스마트폰 앱으로 한다. 우리의 삶은 그렇게 앱과 떼려야 뗄 수 없는 관계로 형성되어 있다.

앱스토어의 개방성은 개발자의 진입장벽을 크게 낮추었다. 애플이 만든 앱 대신 앱스토어에서 개발자가 만든 다른 앱을 찾아 사용하는 이용자도 있다. 앱 개발부터 판매까지 소요되는 비용과 기간이 크게 줄었고, 소규모 개발 업체와 개인 개발자의 적극적 참여가 있었다. 앱스토어의 특징은 전 세계를 대상으로 킬러 콘텐츠를 판매할 수 있다는 점이다. 개별 국가의 심한 콘텐츠 규제를 앱스토어를 통해 회피할 수 있다는 장점도 부각되자 앱 수가 폭발적으로 증가했다. 이는 애플의 기대를 뛰어넘는 비즈니스 모델의 혁명이 되었다.

누구든 앱을 만들어 돈을 버는 것처럼 보이는 단기간의 '골드러시' 이후 경쟁이 치열해지면, 소규모 앱 개발 사업의 지속 가능성에 대한 의문이 제기될 수 있다. 하지만 스마트폰과 인터넷 보급률이 크게 높아짐에 따라 앱스토어에서 가능한 비즈니스 모델 수가 늘어나고 있고, 앱 개발자가 더욱 새로운 비즈니스를 구축할 수도 있다. 하나의 앱은 일반적으로 기획자, 프로그래머, 디자이너가 한 팀이 되어 만들어진다. 게임 앱을 개발하는 과정을 예로 들어보자.

우선 무엇을 어떤 형태로 만들지 기획한다. 기획 단계에서 유사한 게임이 있는지, 기존의 게임과 어떤 차별성을 둘지, 게임의 수요자는 누구로 설정할지, 기술적 장벽은 없는지, 상품화한다면 시장성은 있는지, 시장에서 어느 정도 성공할 수 있을지 살펴본다. 다음으로 이동통신 단말기의 기능, 요구 조건, 제약 사항 등을 분석하고 개발할 앱의 목표 기능을 정한다. 게임 앱을 개발하는 경우 단말기의 실행 메모리, 실행 속도, 코드 사이즈의 최적화를 고려하고 터치, 근접 센서, 가속도 센서를 활용한 앱을 개발하고 검증한다. 새롭고 독특한 이미지나 그래픽을 원하는 스마트폰 수요자의 특성상 그래픽 디자이너와의 협업이 중요하다.

앱 개발이 완료되면 내부에서 테스트를 실시하여 오류가 없는지, 강화할 요소가 있는지 확인한 뒤 앱을 판매하는 스토어에 등록하게 된다. 안드로이드 운영체제의 경우에는 윈도우 기반의 컴퓨터로 앱 개발이 가능하지만, 아이폰의 앱을 개발하려면 맥 운영체제의 PC나 아이폰 또는 아이팟 터치 등이 필요하다. 결국 물리적 근무 환경은 기존의 소프트웨어 또는 게임 개발사와 크게 다르지 않다.

애플은 iOS를 중심으로 한 자신들의 핵심 생태계를 더욱 강화하며 새로운 시대를 준비하고 있다. 특히 애플은 기술 자체보다는 기술의 성공적 사업화를 통한 개발자의 참여와 이러한 서비스를 이용하려는 사용자 확보를 생태계 경제의 핵심 가치로 정의하고, 이를 강화하기 위한 다양한 노력을 진행 중이다.

애플의 모바일 비즈니스 모델과 킬러앱 전략

우선 애플은 모바일 운영체제(iOS)를 계속 혁신하면서도 신기술 도입보다는 스마트폰 본연의 성능과 기능의 고도화에 집중했다.

iOS는 다른 어떤 모바일 기기 제조업체도 원격으로 수행할 수 없는 만족을 선사한다. 아이폰 사용자가 다른 기기로 바꾸었을 때 불편함이 이만저만하지 않다면, 애플의 전략이 성공한 것이라 볼 수 있다. 애플 생태계에서 사용하던 앱이 훌륭할수록 고객이 불편을 느낄 가능성이 더 낮고, 애플의 킬러앱 전략은 유효하다고 하겠다. 6년이나 된 아이폰으로 소비자가 애플의 모바일 생태계에서 최고로 대우를 받는다면, 그것만으로 흡족하지 않을까. 애플은 2018년 iOS12를 공개하면서 2012년 출시된 아이패드 미니와 아이폰5를 지원할 수 있도록 배려했다. 애플에게 진부화는 흔히 말하듯 기계의 하드웨어적인 것이 아니라 주로 소프트웨어적인 것임을 보여주는 사례다. 고객은 코어(core)의 수나 메모리 용량보다 아이폰이 선사하는 품질과 가치를 중요하게 생각한다.

iOS의 성능 향상은 실리콘에서 시작해 반도체의 설계와 구현, 소프트웨어 역량의 결합으로 꾸준히 이루어져 왔다. 애플이 iOS 장치의 수명을 연장하면, 앱 개발자를 포함해 대부분의 사용자가 애플 생태계에서 제공하는 최신 응용프로그램과 여러 서비스에 보다 나은 접근을 할 수 있게 된다. 그리하여 그들이 멋진 서비스를 즐기도록 생태계를 조성하면 애플과 앱 개발자 모두 더 큰 수익을 창출할 수 있다. 애플은 iOS 지원을 확장하여 단말기의 수명을 연장하면서, 아이폰이 단순한 하드웨어 이상의 기능을 수행할 수 있음을 보여주는 것이다. 만약 속도, 전력 소모, 개인정보 보안 같은 문제가 생태계에서 제기되는 경우에는 애플이 직접 나서서 하드웨어와 소프트웨어의 통합적 보완을 통해 해결하고자 한다. 예를 들면 웹사이트 사용 기록이 담긴 쿠키 정보를 외부 기업들이 수집하는 것을 방지하기 위한 지능형 추적 방지 기능을 탑재하고, 아이폰 내 정보 접근을 제한하는 기능을 강화하여 소비자의 우려를 불식시킨다.

그동안 아이메시지, 아이클라우드, 키체인, 애플 워치, 에어팟, 홈팟 같은 애플 생태계에서 안드로이드 생태계로 바꾸었을 때 고객은 불편함을 느꼈다. 이는 애플만의 생태계 전략이라 할 수 있다. 종전에 아이튠즈로 보고 듣던 영화나 TV 쇼를 안드로이드에서 듣는 것은 상당히 어려운 문제였다. 애플은 한번 길들여진 앱에서 빠져나오기 어렵게 함으로써 고객이 애플에 그대로 남게 하는 전략을 구사했다.

앱스토어에는 매력적인 앱들이 매우 많다. 애플의 앱스토어와 구글 플레이의 대당 순수익은 큰 차이를 보여왔다. 이러한 차이는 앱스토어의 매력을 더 높이는 역할로 작용했다. 스마트폰 제조업체는 애플과의 경쟁이 단말기를 뛰어넘는 전략이라는 점을 인식해야 한다. 중저가 스마트폰 시장에서 애플은 안드로이드 기기 제조사들에게 점유율을 상당히 빼앗겼다. 하지만 가격 차원에서 애플을 이긴 그들이, 애플처럼 보이지 않는 생태계 구축을 통해 장기적인 고객 가치를 창출할 수 있을지는 의문이다. 상호 연결되고 의존적인 디지털 생태계는 이제 단순한 파트너십, 개발자 커뮤니티 조성, 가치 네트워크 창출 이상의 의미를 지니고 있다. 애플 역시 방대한 생태계 구축을 넘어 고객에게 차별화된 가치를 지속적으로 제공하는 방식으로 비즈니스 생태계를 가꾸고 있다. 애플의 아이폰 단말기 수익은 줄어들기도 했지만 애플이 제공하는 서비스 수익은 꾸준히 증가하는 경향이 이를 단적으로 보여준다. 이는 애플의 킬러앱 전략이 장기적으로도 유효하다는 것을 여전히 보여주는 것이라 하겠다.

애플은 스티브 잡스 때와 달리 아이폰 판매에만 몰두하지 않고, 하드웨어 단말기와 소프트웨어 앱이 상호 발전하는 혁신의 문화를 생태계 경제의 핵심으로 구축해가고 있다. 팀 쿡의 애플은 고객이 애플의 결합된 생태계에 길들여져 있지 않고 불만을 가지면 언제든 애플의 생태계에서 벗어날 수 있음을 알고 있다. 애플의 단말기가 안드로이드폰보다 비싼 이유는, 안드로이드는 구글에 개인정보를 제공할 수 있기 때문이다. 그 대가로서 단말기 보조금을 지원하기에 단말기가 저렴할 수 있다. 개인정보 보호에서 철저한 태도를 보이는 애플은 그럴 유인을 갖지 못하기에 단말기가 상대적으로 비싸다. 이러한 불리함을 알고 있는 애플은 자체 생태계에서 고객과의 소통을 늘림으로써 더 나은 서비스를 제공하고자 한다.

애플의 CEO 팀 쿡은 그래서 이런 말을 한 것일까?

"아이폰은 강력한 하드웨어고, iOS와 앱스토어 등 소프트웨어 환경을 갖고 있습니다. 그리고 아이클라우드를 비롯한 서비스들로 수많은 소통이 이뤄지고, 기억과 경험이 공유됩니다. 하드웨어와 소프트웨어, 그리고 서비스는 애플에게 중요하고, 이를 통합하는 것은 우리가 잘하는 일입니다."

아이폰이 세상을 바꾸어놓을 수 있었던 것도, 터치스크린이나 잘 만든 디자인 때문이 아니라 앱스토어와 그 안의 수많은 앱을 통해 기기의 역할이 무한히 확장되는 경험 때문이다. 더 많은 앱과 서비스 수용이 애플 생태계에서 이탈하는 것이 쉬워짐을 의미하지 않는다. 실제 정반대 현상이 발생했다. 좋아하는 앱과 서비스가 애플 장치에서 더 잘 작동하기 때문에, 또한 더 매끄럽게 호환되기 때문에 애플 생태계를 이탈할 확률이 낮아진 것이다. 여기서 앱 생태계 조성을 통한 네트워크 효과에 주목해야 한다. 점점 더 많은 사람이 사용할수록 점점 더 많은 앱이 만들어진다. 앱을 통한 소비자의 일반적 수요 해결은 소비자들을 열광시키고 아이폰에서 어떤 앱이 있을까 생각해보는 호기심을 갖게 만들었고, 애플은 이를 통해 부가가치를 확대했다. 앵그리버드를 만들어 재빨리 모바일 게임으로 갈아탄 로비오사도, 국민 메신저 카카오톡도 스마트폰의 티핑포인트에 올라타서 비약한 덕분에 성공할 수 있었다.

애플이 왜 미국 주식시장에서 시가총액 1위를 유지하는지 진지하게 질문을 던져보고 숙고해볼 필요가 있다. 상생의 생태계를 구축하려는 킬러앱 전략이야말로 애플이 시가총액 1위를 유지할 수 있는 비법이다. 애플은 사업이 성장 정체와 이윤 절벽을 마주할 때 창조적 파괴로 새로운 기회의 땅을 개척해왔다. 그 한가운데 iOS 앱 생태계가 있었음을 부인할 수 없다. 성장통으로 어려움을 겪고 있는 많은 이들에게 스티브 잡스는 이런 말을 날리지 않을까? "바보야, 문제는 생태계야!"

애플은 iOS 생태계를 통해 플랫폼 경제를 제대로 구현한 기업이다. 이쯤에서 플랫폼 기업으로서의 애플에 대해 좀 더 이야기해보자. 플랫폼 비즈니스는 정보통신의 발달로 등장한 여러 모바일·인터넷 플랫폼을 기반으로 각종 제품과 서비스를 중개하고 수수료로 수익을 내는 사업을 일컫는다. 소비자와 기업 등이 재화와 서비스를 사고팔거나 상호작용하는 일종의 '장터' 개념이다. 애플, 아마존, 페이스북, 구글 등 잘나가는 기업의 공통점은 무엇일까? 모두 플랫폼형 비즈니스 모델을 구축한 기업이다. 기차역이 승객과 기차를 연결해

주듯이, 플랫폼형 기업은 사람들과 그들이 원하는 것을 연결하는 매개체 노릇을 한다.

플랫폼 비즈니스에는 공유경제도 있다. 공유경제는 자신이 소유한 기술 또는 재산을 다른 사람과 공유함으로써 새로운 가치를 창출하는 '협력적 소비'를 기반으로 한다. 관련 기업으로는 자신의 방, 집, 별장 등을 임대할 수 있게 연결해주는 숙박 공유 업체 에어비앤비 (Airbnb)와 카셰어링 업체 우버(Uber) 등이 있다. 이러한 공유경제 플랫폼은 코로나19로 어려움에 처했지만, 여전히 플랫폼이라는 더 큰 생태계에서 전 세계 소비자와 생산자를 대상으로 영업을 하고 있다.

코로나19처럼 우리가 맞닥뜨린 중요 사건은 과거 우리가 문제를 풀었던 방식으로 해결되지 않는다. 이제 우리는 한 기업이나 한 산업에서 문제를 볼 것이 아니라, 공통된 문제를 해결하려는 지구촌 이해 당사자들의 모임인 생태계가 문제를 해결할 만큼 복잡한 세상에 살고 있다. 여기서 생태계는 디지털 경제를 진전시키기 위한 다양한 이해 관계자의 공동체로 정의할 수 있겠다. 2020년대는 초연결성을 특징으로 하는 생태계 경제를 주도하는 시스템에 모든 기업과 가계가 완전히 종속된다는 이야기다. 생태계 경제에서는 더는 물리적 국경의 의미가 없어진다.

플랫폼 비즈니스는 2010년부터 본격화하며 전통적인 시장을 대체했다. 그 결과 가치사슬 단계가 줄어들었고, 진입장벽은 기업의 대규모 투자가 아니라 다양한 소비자 네트워크의 힘으로 전환되었다.

이제 세계 시장은 빠르게 하나로 통합되고 있으며, 경제의 패러다임도 네트워크 경제(Economy of Network)에서 생태계 경제(Economy of Ecosystem)로 변화하고 있다. 지금의 경제와 환경에서 기업의 경쟁은 개별 기업 간 경쟁이 아닌 협력사를 포함한 기업 생태계(Business Ecosystem) 간 경쟁으로 펼쳐지고 있는 데 주목해야 한다. 기업과 협력사와 협업 경쟁력이 중요한 화두로 대두되고 있는 것이다. 기업을 둘러싼 협력사와의 생태계 경쟁력이 기업의 경쟁력이 되고 있다.

플랫폼 비즈니스의 권력 판도도 지속적으로 바뀌고 있다. 미국 기술주를 대표하던 FAANG(페이스북, 아마존, 애플, 넷플릭스, 구글 알파벳)과 다양한 수익원으로 생태계 경제를 조성하고 있는 MAGA(MS, 아마존, 구글 알파벳, 애플)는 이제 FANGMAN(페이스북, 아마존, 넷플릭스, 구글 알파벳, MS, 엔비디아)+T(테슬라)로 진화하고 있다.

이들은 모두 지미디의 생태계로 투자기들의 눈길을 끌고 있다. 구글을 보면 유튜브 안에서도 유튜브 광고, 유튜브 프리미엄, 유튜브

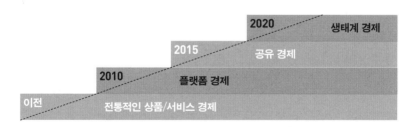

전통적인 상품/서비스 경제에서 생태계 경제까지

TV 등으로 수익원이 다양하며 성장성이 굳건한데, 이는 생태계 경제 덕분이다. 구글은 클라우드 사업에 진출하고 자율주행 시장에 뛰어드는 등 미래 수익원도 확대하겠다는 의지가 확고하다. MS 역시 전통적 비즈니스였던 소프트웨어 외에 클라우드로 성장성에 대한 기대를 한 몸에 받고 있다. 전자상거래 기업으로 알려진 아마존 역시 사업 부문이 골고루 분산되어 있다. 아마존의 사업 부문별 매출 비중을 보면 온라인 매장, 오프라인 매장, 제3자 판매 서비스, 구독 서비스, 아마존웹서비스(AWS) 등 다양하다. 애플은 애플TV+를 비롯해 비디오 스트리밍 서비스 시장에 진출했다. 기존 위성방송과 케이블TV를 제공하고 넷플릭스처럼 유명 감독과 배우를 앞세운 자체 제작 오리지널 시리즈를 제작한다. 여기에 아케이드(게임), 애플 신용카드, 오리지널 포스트(뉴스 구독 서비스) 등 다양한 사업에 투자를 아끼지 않고 있다. 전기차의 역사를 쓰고 있는 테슬라는 빅데이터를 기반으로 신재생에너지와 스마트그리드, 우주 산업에도 진출하며 모빌리티 전환과 그린에너지 시장에서 독자적 생태계를 구축하고 있다. 우리는 이들 기업이 협력 기업과 생태계 경제를 강화하는 모습에 주목해야 한다. 더 많은 시너지를 창출하기 위한 국경을 넘는 경쟁의 장이 눈앞에 펼쳐지고 있다.

앱스토어는 우리가 살아가는 방식을 근본적으로 바꿨고, 수천만 개의 새로운 일자리를 탄생시켰다. 이제 스타트업이라면 '앱'을 만들지 않고서는 사업을 시작하지 못할 정도다. 종전까지 애플의 소프트웨어와 하드웨어 통합 전략은 하드웨어 아이폰 판매를 확대하기 위한 전략이었다. 혹자는 이 같은 전략이 이제 한계에 부딪혔다고 말한다. 그래서 애플은 거대한 규모로 성장한 스트리밍 서비스 분야로 눈을 돌리고 있다. 미국 최대의 콘텐츠 기업 디즈니는 물론 2018년 타임워너를 인수한 AT&T도 스트리밍 서비스 시장에 뛰어들었다. 스트리밍 서비스 분야에 대한 애플의 도전에 시장의 반응은 차가웠다.

애플TV+가 '넷플릭스 킬러'가 될 수 있을지에 물음표가 붙어 있다. 아직 넷플릭스가 두려워할 필요는 없어 보인다는 것이 시장의 반응이지만, 미래는 미지의 영역이다. 할리우드의 기존 콘텐츠에 대한 높은 의존도를 볼 때 애플TV+가 넷플릭스의 킬러가 되는 데는 상당한 시간이 걸릴 수도 있다. 애플이 직접 새로운 킬러앱을 만드는 시도에 전혀 망설임이나 거리낌이 없는 상황에서, 그 항로에 세계가 주목하고 있다. 생태계 경제에서 승리하려는 애플의 킬러앱 전략은 지속될 전망이다.

애플이 시리(Siri) 기반의 AI 플랫폼 구축으로 소비자와 더 가까워지고자 하는 노력에도 주목해야 한다. AI와 연계된 '음성인식' 대중화로 연동 앱이 증가했다. 아마존의 알렉사(Alexa)에 연동되는 스킬(모바일 앱에 해당) 수는 무서운 속도로 늘고 있다. 편리함과 용이함이라는 소비자 혜택 측면에서 음성인식은 터치에 비할 바가 아니다. 음성인식의 자연어 인식 정확도가 높아짐에 따라 입력 수단으로 터치의 시대가 저물고 음성인식의 시대가 올 것을 부정하는 이는 거의 없다. 음성 입력이 대중화되면 연동된 킬러앱의 탄생이 증가할 것은 분명하다.

AI 음성 비서의 명칭은 우연히도 모두 여자 이름이다. 애플의 시리는 노르웨이어로 '당신을 승리로 이끌 아름다운 여성'을 뜻한다. MS의 코타나(Cortana)는 비디오게임 헤일로(Halo)의 여성 캐릭터 이름에서 따왔고, 아마존의 알렉사 역시 영어식 여성 이름이다. '아마존 에코'는 AI 비서 서비스인 알렉사를 탑재해 사용자의 음성에 답하도록 한 디바이스다. 알렉사는 개인 일정을 알려주며 알람을 울린다. 뉴스와 교통 상황, 날씨를 검색해 알려준다. 중요한 메일을 표시하고 읽어주며 스팸을 삭제한다. 음악과 영화, 전자책을 추천하고 재생하는 것은 물론 원하는 상품을 주문하기도 한다. 취침과 아침 기상, 외출에 따라 집안 온도를 조절한다.

3만 년에서 5만 년 전에 호모 사피엔스가 등장했다. 그들이 문자를 사용하기 시작한 것은 불과 6,000년 전의 일이다. 그 이전에는 말로 모든 것이 이루어졌다. 사실 일상생활에서 말이 소통의 바탕을 이루는 것은 엄연한 사실이고 불변의 진리다. 우리는 자신의 생각이나 느낌을 제대로 표현하고 전달하기 위해 말을 사용한다. AI와 음성인식 기술은 '말'이 인류의 가장 오래된 소통 도구로, 문자와 텍스트의 세계를 넘어 인류가 영원히 함께할 것이라는 사실을 새삼 깨닫게 한다.

2011년 10월 애플은 아이폰4S와 함께 시리를 선보였다. 시리는 iOS에서 작동하는 자연어 처리 음성인식 개인 비서 프로그램이다. 질문에 답변하고, '사랑해'라고 말하면 '쑥스러워요'라고 말할 정도의 간단한 대화가 가능하다. 애플의 음성인식 기술은 미국 국방부의 AI 프로그램 개발 프로젝트를 통해 개발되어 SRI인터내셔널이 사업화한 것을 2010년 애플이 인수하면서 시작된다. 애플은 시리 지능화를 통한 사용성 강화와 제휴 서비스 확대로 AI 기반 생태계 구축에 사활을 걸고 있다. 비록 음성인식 기반의 AI 서비스를 선도적으로 출시했지만, 아마존과 구글 같은 경쟁사에 비해 부족한 혁신성과 연동되는 서비스의 제약 때문에 시리를 중심으로 한 생태계 구축에는 크게 성공하지 못했다.

애플은 시리에 새로운 기술을 탑재하기보다 기존 시리에 진보된 AI 기술을 접목해 기능을 고도화하고 사용자의 일상 패턴을 학습하는 기능을 강화했다. 사용자가 실행할 것 같은 스마트폰의 기능과 앱을 예측해 사용자 대신 실행하거나 추천해준다. 예를 들어 매일 아침 카푸치노를 주문하는 사용자의 생활 패턴을 학습하여 대신 카푸치노를 주문하거나, 특정장소에서 스마트폰 모드를 진동으로 변경하기도 한다. 여러 명령을 한 번에 실행 가능하도록 하는 시리 숏컷(Siri Shortcut) 기능을 제공하여, 사용자의 번거로운 앱 실행 과정을 편리하게 변화시킨다. 비록 구글의 혁신 기술에 비해 난이도가 높지는 않지만 사용자 경험 측면에서 완성도 높은 기술을 구현했다는 평가다.

터치 기반인 스마트 기기의 사용자 경험이 음성 기반으로 바뀌고 있다. 더는 스마트폰을 터치하지 않고, 사용자가 스마트폰을 들고 말하는 방식으로 변화한다. 사용자가 앱을 일일이 내려받지 않고 AI 비서가 알아서 검색해 기능을 실행하기 때문에 앱 시장도 대대적인 변화를 맞을 것이다. 이를 두고 과거에는 인터넷이, 이후에는 앱이 기술혁명을 일으켰다면, 이제는 AI 플랫폼이 그 역할을 할 것이라 한다. 간식이 먹고 싶어진다. 스마트폰에서 AI 비서를 구동시킨다. '양념치킨이랑 콜라' 주문 소리를 들은 비서가 내 목소리를 인식하고 주문을 완료한다. 이렇게 보면 AI 어시스턴트는 단일 서비스가 아니라 다른 서비스나 소프트웨어, 하드웨어를 연결해 사용할 수 있도록 해주는 종합적 킬러앱이다. 잡스는 그의 우상인 밥 딜런과 동일한 위치에 서기 위해 14세 연상인 딜런의 옛 여자친구 존 바에즈와 연애를 했다는 소문이 있다. 시리가 그녀를 닮은 것은 아닐까 생각해보며, AI 스피커 플랫폼과 연동되는 많은 킬러앱을 상상해본다.

한편, 많은 사람들이 사용하는 AR 관련 킬러앱 구축을 위한 노력에도 주목할 필요가 있다. 증강현실은 가상의 콘텐츠가 마치 실제로 존재하는 것처럼 화면상에 보여주는 기법이다. 오감을 통해 실제와 유사한 체험을 제공하는 기술인 VR이 실제 환경을 볼 수 없는 반면, 실제 환경에 가상 정보를 섞는 증강현실은 더욱 심화된 현실감과

부가 정보를 제공하는 기술이다. 스마트폰으로 거리를 비추면 인근 상점이나 건물의 전화번호 같은 정보가 영상에 비치거나, 상품 바코드를 스마트폰으로 스캔하면 가격 정보가 나타나는 것이 그 예라 하겠다.

애플은 수년간 AR 헤드셋을 연구해왔다. 그러나 AR 글래스 생산에 필요한 시야 확보나 디스플레이 크기와 품질 등의 기술적 어려움에 직면했다. 일부 업체가 3D 글래스 도입을 시도할 가능성이 있었지만, 애플이나 많은 사용자들이 즐길 만한 경험을 제공하지는 못했다. 애플은 프로젝트를 명시적으로 확인해주진 않았지만 AR 하드웨어 관련 인력 채용, 다수의 AR 특허 등록, AR 신생 기업 인수, AR 마케팅 디렉터 지명, ARKit 소프트웨어 보급을 넘어 AR 글래스, 헤드셋 관련 프로젝트를 진행했다. 애플 글래스는 출시가 2023년으로 예상되고 있는 가운데, 〈블룸버그〉는 애플이 AR 헤드셋을 2022년쯤에 출시할 것으로 보도했다. 헤드셋도 애플 워치와 비슷한 아이폰 액세서리가 될 것이라는 예상이 돌고 있다. 제3의 개발자는 완전히 새로운 AR 관련 플랫폼에 대한 심층적 연구를 하지 않아도 된다. 헤드셋의 작동 방법과 기존 아이폰 응용프로그램에서의 지원 기능을 추가하는 방법만 익히면 된다. 애플의 팀 쿡은 〈인디펜던트〉와의 인터뷰에서 이렇게 말한다.

"스마트폰은 지금보다 더욱 사람들에게 없어서는 안 될 존재

가 될 것이며, 증강현실 기술은 앱스토어만큼이나 중요해질
것입니다."

AR 기술은 관행적인 기술의 사용 방식을 영원히 바꿔놓을 변화
일까? 2008년 앱스토어 출범 당시 나온 초기 앱들을 두고 사람들
은 '아무것도 아니다'라고 폄하하면서 '모바일 앱은 성공하지 못할
것'이라고 부정적인 반응을 보였다. 시간이 흘러 지금 우리는 다양
한 목적으로 앱을 사용하고 있다. 팀 쿡의 말처럼 AR도 마찬가지가
아닐까? 수억 명의 고객이 처음으로 AR을 사용한다는 점에서 대단
한 일이다. 애플은 AR을 주류 기술로 밀고 있다. 소기업, 소비자, 게
이밍과 엔터프라이즈 사용자를 위한 AR 솔루션의 등장은 그 자체로
가슴을 설레게 한다. AR의 영향을 받지 않을 부분은 없을 테고, 모든
사람이 사용하는 기술로서 나아갈 것이다. 패션쇼는 AR의 대단한
응용 분야인데, 런웨이에서 선보이는 옷을 앞면만이 아닌 사방에서
다 보는 것을 누구든 원하기 때문이다. 버버리(Burberry)의 iOS 앱에
AR 기능이 제공되는 이유다. 팀 쿡은 AR이 적재적소에 중요한 정보
를 제공하는 열쇠가 될 것이라고 예측한다. 중요한 것은 모든 개발
자가 다양한 앱을 개발하는 데 열중하도록 AR을 발전시키는 것이
다. 애플의 AR 개발은 개발자가 훌륭한 아이디어를 직접 개발할 수
있도록 플랫폼을 만드는 어려운 작업이다. 애플은 이미 플랫폼에 존
재하는 개발자의 힘을 빌려 훌륭한 아이디어들이 도래할 것을 기대

하고 있다.

아이폰과 아이패드에 AR 지원을 내장하기로 한 배경에는 물론 기술 요건도 있지만, 애플이 AR 시장에 출범할 때 개발자들에게 동기부여를 할 만한 규모를 확보하려는 뜻이 있었다.

애플의 고급 스마트폰은 경쟁사 제품보다 많이 팔린다. 게다가 경쟁사는 AR키트 같은 것을 가능하게 하는 하드웨어와 소프트웨어의 결합을 제공하지 못한다. 애플은 모든 사람이 AR을 사용할 수 있기를 바란다. 앱을 개발할 때 일반적으로 수반되는 복잡함을 없애고 개발된 앱이 모두 AR 경험으로 간단하게 전환될 수 있도록 하는 것이 애플의 목표다.

그동안 AR 분야에서 애플은 사용자 확대보다 콘텐츠와 서비스 확보를 우선으로 했다. 애플은 더욱 많은 개발자들이 AR 콘텐츠와 서비스 구현에 참여하고 이를 기반으로 사용자를 확보해 생태계를 구축하기 위한 노력을 기울여왔다. 이를 위해 게임에 국한된 AR 콘텐츠를 다양한 분야에서 매우 쉽게 구현할 수 있도록 개발 환경을 구축했다. 기존에는 다양하고 복잡한 선행 기술들 때문에 콘텐츠 개발자들이 자체적으로 개발하는 데 매우 큰 부담을 느꼈었다. 그래서 애플은 2019년 개발자들이 AR 콘텐츠 개발에 집중할 수 있도록 개발 툴 키트(ARKit3)를 공표했다. 이런 노력은 기존 앱스토어 기반의 모바일 생태계를 성공적으로 구축한 전략을 AR 생태계에도 적용하려는 것으로 보인다. 이와 동시에 애플은 AR 생태계를 활성화시키기 위해 직접 콘텐츠를 만들고 확보하고자 했다. AR 콘텐츠를 개발하려면 카메라를 통해 입력되는 현실 세계의 영상을 정교하게 인식하고 가상의 콘텐츠를 현실 환경에 이질감 없이 융합해내는 것이 핵심이다. 이를 위해서는 물체 인식/추적(object detection/ tracking), 현실감 있는 이미지 부여(realistic image rendering), 공유된 경험(shared experience) 같은 매우 다양하고 복잡한 욕구를 충족시키는 기술이 선행되어야 한다. 공유된 경험은 여러 명의 사용자가 각자의 시점에서 같은 가상 환경 경험을 하는 것을 말한다.

ARKit가 출시되자 카메라로 사물의 크기를 재는 앱이 쏟아져 나왔다. 길이, 부피, 방 크기 등 다양한 물체의 치수를 잴 수 있다는 특징이 있다. 애플도 측정(Measure)이라는 자체 앱을 내놓고 경쟁에 참여했다. 측정은 시중에 출시된 AR 치수 측정 앱의 단순하고 정확한 버전이다. 3D 물체의 선형 측정을 통해 빠르게 부피를 잴 수 있고, 직사각형 물체를 자동으로 감지해 포스터나 사진뿐 아니라 사각 테이블을 대상으로 몇 번 두드리면 전체 치수를 알 수 있다. 또한, 고령화 시대 건강앱을 위한 생태계 구축 노력도 꾸준히 진행될 것이다.

그 대표주자가 스마트워치다. 애플이 애플 워치(Apple Watch)를 내놓자 세상은 놀랍다는 반응을 보였다. 애플 워치는 2015년 출시 첫날부터 선풍적인 인기를 끌었다. 중국에서는 2,000만 원이 넘는 최고가 모델이 한 시간도 안 되어 품절되면서, 중국이 애플 워치의 최대 시장이 될 것이라는 예측이 이어졌다.

애플 워치는 애플이 이제껏 만든 제품 가운데 가장 개인적인 기기다. 당초 애플 워치는 스위스 명품 시계 업체의 강력한 경쟁자가 될 것으로 예측되는 등 산업계에 커다란 변혁을 불러올 것으로 기대되었다. 미디어 역시 애플 워치를 뉴스 유통 플랫폼으로 주목했다. 예컨대 〈뉴욕타임스〉는 2015년 3월 애플 워치에서 빠르게 뉴스를 읽을 수 있는 새로운 형태의 스토리텔링을 개발했다면서 비즈니스, 정치, 과학 등 많은 섹션에 있는 뉴스를 한눈에 볼 수 있는 서비스를 제공하겠다고 발표했다. 〈파이낸셜타임스〉, CNN, 영국의 BBC는 물론이고, '플립보드'나 '야후 뉴스 다이제스트' 같은 뉴스 모음 서비스도 저마다 애플 워치에 최적화된 앱을 앞다퉈 제공했다. 우리나라에서는 〈한국경제〉가 언론사 최초로 애플 워치가 출시된 2015년 6월 26일에 맞춰 애플 워치에 탑재 가능한 전용 뉴스 앱을 내놓았다.

스마트폰의 차세대 킬러앱으로 헬스 관련 앱이 거론된 지도 오래다. 혈당측정기와 심박계 같은 휴대용 헬스케어 상품은 건강 상태를 수시로 확인하고자 하는 사람들의 욕구를 반영한다. 무선 기술과 각종 센서가 만나면서 휴대용 헬스케어 상품은 첨단 기기로 변모하고 있다. 스마트폰에 다양한 센서가 접목되면 헬스케어 기기로서의 활용성이 확장된다. 스마트폰 헬스케어는 철저히 사용자 개인을 중심으로 이루어진다. 사용자와 사용자 주변 환경을 대상으로 센서가 작동하면서 그에 특화된 콘텐츠가 제공된다. 개인의 모든 헬스케어 정보가 기록되면서 히스토리로 존재한다. 이 과정을 통해 소비자들은 이전의 건강 앱을 이용할 때보다 더 큰 만족을 느끼게 된다.

애플은 아이들의 천식 증상을 앱으로 모니터링할 수 있는 솔루션을 개발한 스타트업 투에오 헬스(Tueo Health)를 인수했다. 투에오 헬스는 모바일 앱과 호흡 센서를 연동해 천식 증세를 실시간으로 확인할 수 있는 건강관리 앱이다. 밤에 자녀의 호흡이 불규칙해지면 앱이 부모에게 경고를 보낸다. 애플은 그동안 애플 워치에 건강 기능을 계속 추가해왔다. 애플 워치로 심초음파 검사(초음파를 활용한 심장 검사)가 가능하고, 관련 수치의 변동을 감지할 수도 있다. 그동안 구글, 애플, MS 등 주요 ICT 기업은 스마트 헬스케어 분야에 적극 투자하면서 새로운 강자로 부각되고 있다. 스마트 헬스케어 분야는 IBM, 인텔, 버라이즌, 퀄컴 같은 전통적 ICT 기업은 물론, 보쉬와 허니웰 등의 글로벌 기업도 적극 진출하는 등 미래 성장 산업으로 떠오르고 있다.

스마트 헬스케어는 통신과 센서 기술이 주도하던 초기 단계를 넘어 데이터와 콘텐츠가 주도하는 단계로 진입했다. 원격의료 프로그램은 환자들로 하여금 만성질환에 효과적으로 대응할 수 있게 해줄 것으로 평가받고 있다. 그 이유는 환자들이 IT 기기로 본인의 상태를 꾸준히 기록하고, 데이터 유출 우려 없이 병원과 공유할 수 있기 때문이다. 특히 혈압, 혈당, 체중 등의 원격 모니터링 데이터는 의료진이 환자 상태에 대해 수시로 검진하고 실시간으로 파악할 수 있어 맞춤 의료를 진행할 수 있다는 것이 가장 큰 장점이다. 애플의 캐어키트(CareKit)는 환자, 가족, 간병인, 의사, 간호사가 치료 계획을 공유하고 약을 복용하는 상황을 모니터링해 환자를 효과적으로 치료하는 것을 돕는 소프트웨어다. 애플은 애플 워치를 통해 헬스케어/피트니스 분야로의 생태계 구축을 지속적으로 강화하고 있다.

예컨대 사용자의 생체 정보 수집, 운동 과정과 연계된 생활 건강, 대학 내 출결 인증 서비스에 애플 워치를 사용하려는 노력을 해왔다. 애플 워치에는 다양한 건강 앱이 있어 본인에게 적당한 운동을 선택할 수 있다. 애플 워치나 아이폰에 내장된 센서로 환자의 상태를 측정하고 치료 상황을 시각화해 보여주는 시스템도 있다. 애플이 그간 가장 중점적으로 논의한 사항은 애플 워치 사용자 건강 정보의 공유 범위와 비용 문제였다. 애플 워치로 수집한 건강 정보를 외부 업체와도 공유할 수 있는가, 애플 워치에 기록되는 심박 수니 기타 생체 신호 등을 추출해서 개인 건강 기록으로 저장할 수 있는가 하는 문제였다. 애플은 민감한 건강 정보가 악용되는 경우를 우려했고, 이용자의 승인 범위에서만 그 정보를 공유할 수 있다고 생각했다. 애플은 2018년부터 미국 주요 병원과 손잡고 헬스케어 플랫폼을 고도화하고 있다. 미국 주요 병원에 속하는 클리블랜드 클리닉과도 건강 기록을 헬스 레코드(Health Record)와 연동하는 데 합의했다. 애플 건강 기록용 API를 공개해 앱 개발자들이 환자의 건강 기록 데이터를 이용해 진료, 의약품, 영양 상태 등을 관리할 수 있는 앱을 만들 수 있도록 지원하고 있다. 애플 워치에 긴급경보 시스템을 탑재하여, 손목 등의 궤적과 충격 가속도 등을 분석해 움직임이 없으면 자동으로 신고하는 기능도 선보였다. 그러나 애플 워치의 비싼 가격은 여전히 문턱으로 작용하고 있다.

세계적 기업들이 스마트워치 시장 공략에 공을 들이는 것은 최근 5G 상용화와 함께 IoT 기기와 연계하거나 헬스케어 시장까지 사업 저변을 넓힐 수 있기 때문이다. 실제 최근 스마트워치에는 심박 수와 심전도 등 다양한 건강 진단 기능까지 탑재되면서 IT 주변 기기에서 건강 기기로 탈바꿈하고 있다. 스마트워치가 웨어러블 시장에서 차지하는 비중은 지속적으로 확대될 전망이다. 스마트워치는 스마트폰과 연계돼 건강 기기로서 주목을 받고 있다. 5G 통신망을 활용해 스마트홈이나 스마트카 제어 기능도 미래 스마트워치의 유망 분야가 될 것이다.

애플은 이제 모바일 기기를 중심으로 한 하드웨어 제조업체에서 라이프스타일 자체를 파는 기업으로 변화할 전망이다. 사람들이 기꺼이 손목에 착용하고 싶어 하는 유일한 기기인 스위스 시계처럼 애플 워치를 자리매김하겠다는 것이 애플의 주요한 목표 중 하나다. 2014년 애플은 버버리의 전 CEO 안젤라 아렌츠(Angela Ahrendts)에게 소매 유통 부문을 맡겼다. 당시에는 '애플 워치 에디션을 별도 매장을 꾸려 여느 사치품처럼 판매한다 해도 이상하지 않다'는 인식이 시장에 깔려 있었다. 웨어러블 기기 분야에서 협업이 크게 늘어나리라는 것도 애플의 변신을 점치게 하는 또 다른 요인이다. 건강관리 분야에서의 협업은 기기와 서비스를 포괄한 일종의 인프라스트럭처 기업으로 애플의 위상을 변모시킬 가능성이 높다. 서비스가 활성화될 경우 전자상거래 플랫폼 분야에서도 영향력을 갖게 된다. IoT의 활성화는 이러한 비즈니스의 다양화와 복합화를 촉진하는 요인으로 꼽힌다.

마지막으로, 애플이 2024년 자율주행 전기차 출시를 목표로 개발 중이라는 소식이 들려온다. 애플은 2014년부터 '프로젝트 타이탄'이라는 이름으로 전기차 계획을 추진해왔으며, 테슬라처럼 배터리 가격을 크게 낮춰 전기차 가격을 가솔린 차량보다 낮게 책정하려고 시도할 것이다. 특히 '모노셀(Monocell)'이라 불리는 단일 배터리 제조 기술이 상용화된다면 차량 제조원가를 크게 낮출 것이다. 높은 완성도의 광범위한 서비스 생태계의 이점으로 경쟁사보다 우위를 확보할 것으로 예상되며, 자율주행차 시장에 큰 파급효과를 불러올 것이다. 그러나 이러한 주장이 과도하게 낙관적이라는 주장도 제기된다. 자율주행 관련 AI, 빅데이터 축적과 모노셀 기술의 신뢰성을 들어 2028년까지 상용화하기 어렵다는 전망이 그것이다. 하지만 그간 애플의 행보로 보았을 때 애플카 출시 여부에 전기차업계가 긴장하고 있는 것만큼은 분명해 보인다.

05

'검색왕' 구글의
킬러앱 전략

커피 한잔을 마시고, 구글의 '산소 같은 리더'와 '아리스토텔레스 같은 리더' 이야기를 떠올려본다. 제대로 된 리더를 만나야 생산성이 오른다. 자신의 잠재력을 한껏 발휘할 수 있게 해주는 공감형 리더를 만나는 것도 복이다. 그 리더는 시대적 사명감을 가지고 연구진을 비롯한 직원의 사기를 높이는 데 자신의 시간을 아낌없이 바쳐야 하지 않을까?

구글의 이야기를 검색으로 시작해야 한다고 생각할지 모르겠으나, AI 이야기로 시작하는 것도 좋아 보인다. 구글은 세상을 좀 더 밝은 곳으로 만들기 위해 의료 서비스 접근 기회를 넓히는 거대 실험을 시작했다. 당뇨병을 앓는 수백만 명이 실명으로 이어지는 아픔을 막는 데 도움을 줄 수 있는 프로젝트였다. 구글 연구진은 당뇨병 관련 눈 이상 징후를 대략적으로 감지할 수 있는 영상인식 알고리즘을 개발했다. 이 소프트웨어는 환자의 망막 사진을 조사하여, 당뇨망막병증의 초기 단계를 나타내는 작은 동맥류를 발견하는 것이다. 당뇨망막병증은 치료하지 않을 경우 실명을 일으키는 질환이다. 실명을 예방하려면 사람들이 검진을 받을 수 있도록 해야 하는데, 절반은 발견되기 전에 시력 감퇴를 겪는다. 구글이 이런 분야에 사명을 걸고 일한다면 세상은 좀 더 밝아지지 않을까?

누군가는 이 기술이 환자에게 좋을지 모르지만, 의사에게는 일자리 감소를 의미할 수 있다고 할지 모르겠다. 구글의 알고리즘이 기술 부족으로 수행되지 않는 작업을 선별하는 동시에 의사에게 더 중요한 업무를 맡길 수 있다고 말하는 편이 오히려 사실에 가깝다고 할 수 있겠다. 구글의 AI는 망막 사진만 봐도 성별을 알 수 있다고 한다. 안과 전문의는 이를 추측만 할 수 있을 뿐, 옳고 그름을 따질 확률은 50:50이라는 견해가 상당하다. 남성 눈과 여성 눈의 해부학적 차이와 생리학적 차이점을 더 잘 이해하면 눈병에 대한 더 나은 이해로 이어질 테고, 결국 약물 발견에 도움이 될 것이라는 희망을 가질 수 있다고 하니, 구글이 접하는 세상과 그들이 추구하는 가치에 더 매료된다.

AI가 환자 검진을 더 많이 하고 의료진의 부담을 덜 수 있기를 바라는 것은 놀랄 일이 아니다. 가장 정확한 AI라도 자신이 작동할 임상 환경에 최적으로 놓이지 않으면 상황을 악화시킬 수 있다니, AI가 널리 보급되기 전에 의료 분야에서 어떻게 사람들에게 작동하는지를 제대로 이해해야 할 것이다. 아직은 AI가 어떤 성과를 낼지 전혀 밝혀지지 않고 있다. 피드백이 전적으로 긍정적이지만은 않다는 말이다. 개발도상국 환자들은 즉각적인 테스트 결과를 좋아하지만 인터넷은 느려서 환자가 불평을 늘어놓기 일쑤다. 이런저런 과정을 보며 더 나은 세상을 만들어가기 위한 구글 헬스 연구팀의 그간 노력에 박수를 보낸다. 그러는 사이에 구글을 만들고 이제 경영에서 물러난 이들의 이야기에 자연스럽게 관심이 간다.

검색엔진왕 구글의 탄생 비화

코로나19 확산에도 애플, 아마존, 넷플릭스의 주가는 미친 듯이 올랐다. 구글의 상승 폭은 상대적으로 저조했다. 다른 테크 주식이 오르니 따라 오르는 수준이었다. 2020년 구글 알파벳의 매출은 2004년 상장 이후 처음 감소했다. 검색광고 매출이 감소했으나, 클라우드와 유튜브 매출은 전년 대비 증가했다. 광고는 경영난을 겪는 기업이 가장 먼저 줄이는 비용이다.

2019년 말, 21년간 구글을 이끌어 온 래리 페이지와 세르게이 브린이 40대 중반 나이에 사업에서 손을 뗐다. 매일 잔소리하는 부모가 아닌, 옆에서 조용히 충고하고 보듬어주는 부모가 될 것으로 판단해서였을까? 세간에서는 구글 경영진 교체가 알파벳 실험 정신으로부터의 퇴각을 의미한다고 우려를 표명했다. 두 명의 창업자는 다른 사람들이 미쳤다고 생각하는 것을 해내는 혁신의 아이콘이었다. 자율주행차, 웨어러블 컴퓨터, 안티 에이징은 구글의 혁신적인 모습이다. 여하간 두 사람은 구글의 모회사인 알파벳 이사회에 계속 머물러 회사의 의사결정에 영향력을 행사할 것이다. 이들의 경영권 이양은 그간 구글이 지배해온 온라인 광고 시장을 아마존이 급속히 잠식해 들어오고, 미 연방정부와 주정부가 구글의 반독점 혐의에 대해 조사하고 있는 시점에서 단행되었다. 세월을 거슬러 구글의 탄생 신화를 살펴보자.

영웅은 난세에 태어난다는데, 닷컴 버블이 붕괴하기 몇 년 전에 영웅의 탄생이 예고된다. 1998년 스탠퍼드대학교 박사 과정에 있던 래리 페이지와 세르게이 브린이 구글 탄생의 주인공이다. 두 동갑내기 창업자는 웹페이지에 관한 연구를 함께 진행하며 우정을 쌓은 후, 사업 내외적으로 평생의 파트너 관계를 이어갔다.

그들은 어떻게 만났을까? 메릴랜드대학에서 컴퓨터과학과 수학을 전공하고 수석으로 졸업한 세르게이 브린. 그는 1993년 미국 국립 과학재단(National Science Foundation) 장학생으로 선발되어 스탠퍼드 대학의 컴퓨터과학대학원에 진학한 후, 활달한 성격과 천재적 두뇌로 많은 친구들에게 인정을 받는 리더로 부각했다. 1995년 미시간 대학의 또 다른 천재 래리 페이지가 스탠퍼드대학에 나타난다. 세르게이 브린은 외향적이었고, 래리 페이지는 내성적이었다. 1973년 미국 미시간주 이스트랜싱에서 태어난 래리 페이지는 컴퓨터를 전공한 교수 출신 부모 사이에서 자연스레 컴퓨터 신동으로 자랐다. 여섯 살부터 컴퓨터에 관심을 갖고 워드프로세서로 숙제를 작성해 워드프로세서를 사용한 첫 번째 학생이었다. 열두 살에 니콜라 테슬라(Nikola Tesla) 전기를 읽고, 그와 같은 혁신적 발명가가 되겠다는 꿈을 꾼다. 그가 스탠퍼드대학원에 진학해 컴퓨터과학을 연구한 것은 부모처럼 컴퓨터 교수가 되고 싶었기 때문이다.

래리 페이지와 세르게이 브린은 스탠퍼드에서 각자의 프로젝트를 수행하며, 당시 처음 등장한 월드와이드웹의 가치에 주목했다. 페이지는 모든 월드와이드웹을 백업하고 색인 만들기를 연구했다. 그는 지구상 모든 웹사이트를 서버에 긁어모으는 프로젝트를 시작했으나, 생각보다 쉽지 않았다. 인터넷의 크기가 예상보다 급속히 확장되면서, 금방 끝날 줄 알았던 프로젝트가 1년 넘게 진행되었다. 브린은 영화 평가 알고리즘 프로젝트를 진행했다.

래리 페이지는 자신의 프로젝트 이름을, 웹사이트의 링크를 역으로 추적한다는 의미의 백럽(BackRub, 등 마사지)이라고 지었다. 페이지가 프로젝트를 구현하는 과정에서 어려움을 겪을 때마다 세르게이 브린이 도움을 주면서 프로젝트에 조금씩 관여했다. 둘은 가치 있는 논문이 많이 인용되듯 웹페이지도 같은 역할을 할 수 있다고 믿었다. 특정 웹페이지가 어떤 웹페이지와 링크되어 있고, 얼마나 링크되어 있는지 횟수를 분석해 웹페이지를 평가했다. 연구를 위해 두 사람은 검색 로봇인 웹 크롤러(Web crawler)를 개발했고, 링크 데이터를 분석할 페이지랭크(PageRank) 알고리즘을 완성해 웹 검색 수준을 한 단계 끌어올렸다. 둘의 가능성은 테리 위노그래드(Terry Winograd) 교수와 라지브 모트와니(Rajeev Motwani) 교수의 지원으로 조금씩 현실화되었다. 1996년부터는 스탠퍼드대학교 네트워크를 통해 검색 서비스를 제공했고, 어느새 이 서비스는 폭발적인 인기를 얻었다.

그렇지만 대학원생 신분의 그들은 많은 비용을 들일 수 없었다. 그들은 고육지책으로 효율적인 분산 처리를 위해 CPU와 메인보드 등을 구해서 간단히 인터넷 서버를 구축하고, 운영체제도 무료인 리눅스를 선택했다. 초창기 백럽 검색엔진 기술 중에서 가장 중요한 페이지랭크 알고리즘은, 이들이 논문을 내기로 합의한 1998년 1월 이전까지 외부에 알려지지 않았다. 백럽이라는 다소 촌스러운 이름 대신에 10의 100제곱을 뜻하는 구골(GooGol)이라는 이름으로 방대한 데이터 검색을 한다는 제안이 들어왔으나, 아쉽게도 구골은 당시 도메인이 선점된 상태였다. 대신 구글(Google)이라는 이름을 사용하기로 했다. 구글은 구골보다 발음도 쉽고 창조적인 느낌이었다. 구글 서비스의 하루 접속 횟수가 1만 건을 넘자 학교 네트워크가 마비되는 문제가 생겼다. 더는 학교에서 감당할 수 없다는 것을 깨달은 두 사람은 100만 달러 정도에 이를 팔려 했다. 당시 검색엔진 부분에서 최고의 명성을 가졌던 알타비스타(altavista)와 야후도 접촉했지만, 이들이 개발한 서비스를 인수하려는 기업은 없었다.

이들은 포기하지 않고 자신들의 지도교수인 데이비드 체리턴(David Cheriton)을 찾아가 도움을 요청했고, 그는 자신의 인맥을 총동원해 자금 문제를 해결해줬다. 데이비드 체리턴이 소개한 앤디 벡톨샤임(Andy Bechtolsheim)은 한눈에 이들의 서비스가 세상을 바꾸리라는 것을 알아보고, 아직 설립도 안 된 회사인 구글에게 10만 달러짜리 수표를 즉석에서 끊어 주었다. 그의 선택은 두 사람에게 자신감을 주었고, 훗날 자신에게는 엄청난 부를 선사했다. 벡톨샤임은 썬 마이크로시스템즈를 공동 창업한 인물로, 이미 대단한 성공을 이룬 사람이었다. 10만 달러 수표를 받은 두 사람은 스탠퍼드대학 근처 차고를 사무실로 빌려 사업을 시작했다. 차고의 주인은 오늘날 유튜브의 CEO 수잔 보이치키(Susan Wojcicki)였다. 하지만 10만 달러는 이들의 사업에 턱없이 부족했고, 다른 투자자인 람 슈리람(Ram Shriram)을 만나게 된다. 그는 검색엔진을 시험한 후 야후, 인포시크, 익사이트에 매각해보겠다고 제안한다. 당시 최고로 잘나가던 인터넷 기업인 야후는 구글의 검색엔진의 성능에 감탄했지만 매수하지 않았다. 검색 성능이 너무 뛰어난 것이 문제였다. 당시 포털은 웹 페이지 광고가 주 수입원이었기 때문에, 이런 검색엔진을 채택할 경우 야후 사이트에서 너무 빨리 벗어날 수 있어서 오히려 좋지 않다는 의견이었다. 당시에는 여러 페이지를 보면서 사이트에 머물러 있는 시간이 많아야 페이지 뷰가 올라가게 되고, 이렇게 올라간 페이지 뷰가 사이트에 달린 광고단가를 올리는 데 중요한 역할을 했다. 야후의 두 창업자의 반응을 듣고서 람 슈리람은 되레 구글이 진정한 투자 가치가 있다는 확신을 가졌다. 람 슈리람은 직접 25만 달러를 투자하여 앤디 벡톨샤임에 이은 두 번째 투자자가 된다.

구글의 세 번째 투자자는 앤디 벡톨샤임을 두 창업자에게 소개한 데이비드 체리턴 교수였고, 네 번째 투자자는 아마존의 창업자 제프 베조스(Jeff Bezos)였다. 제프 베조스는 구글의 고객 중시 비전에 반해 투자를 했는데, 그의 앞을 내다보는 안목은 누구이 회자된다. 래리 페이지를 만나본 사람들은 그의 비사교적이고 과묵한 성격을 들어 혹시 자폐증이 아닌지 묻기도 하는데, 그는 의외로 수다쟁이다. 새로운 것에 대한 아이디어를 내놓을 때 그는 항상 '왜 그렇게 해야 하는데?' 하고 끊임없이 생각하고 되묻는다. 이 과정에서 래리 페이지의 기상천외한 아이디어가 샘솟는다. 그는 대학 세미나에 참여했을 때 슬로건으로 '불가능에 대한 건전한 무시'를 내세운 인물이었다. 덜 위험한 계획보다 어마어마하게 야심 찬 목표를 발전시켜 나가기가 더 쉽다고 생각한 비전 있는 사람이었다.

에릭 슈미트의 등장과 구글의 발전

페이지와 브린은 구글이 기업공개를 통해 더욱 성장할 수 있음을 확신하고 기업공개를 준비했지만, 투자자들은 CEO 역량을 의심했다. 당시만 해도 20대 최고경영자에 대해 투자자들의 편견이 심했다. 페이지와 브린도 이에 동의하고 깨끗이 물러난다. 이러한 배경에서 썬 마이크로시스템즈를 거쳐 노벨의 최고경영자를 역임한 에릭 슈미트가 적임자로 낙점된다. 에릭 슈미트는 수십 년간 IT 업계에 종사하며 경영자로서의 연륜도 충분했다. 두 사람의 비전과 통찰력에 감탄한 슈미트는 구글의 최고경영자 자리를 수락했다. 2001년 래리 페이지는 최고경영자 자리를 슈미트에게 넘겨주고 슈미트에게 경영 수업을 받았다. 그리고 10년 동안 슈미트의 지휘 아래 지속 성장을 해나가던 구글의 커튼 뒤로 페이지는 철저히 자신을 숨겼다. 아무도 그의 행적을 알지 못했고, 실패한 창업가라 부르는 사람도 있었다. 하지만 페이지는 10년간 슈미트의 그림자 아래서 구글에 열정을 쏟아부었다. 슈미트를 도와 2004년 8월 구글을 나스닥에 상장해 기업공개를 성공적으로 완수한다. 이후 구글은 앤디 루빈(Andy Rubin)의 '안드로이드 운영체제'를 5,000만 달러에 인수한다. 2011년 10년 만에 래리 페이지는 구글의 최고경영자로 복귀하고, 슈미트는 회장이 된다. 페이지, 브린, 슈미트. 세 사람은 철저하게 협력 관계를 유지했다. 세 사람이 구글을 세계 최고 기업으로 이끌었다. 페이지는 구글의 현실적인 경영을 맡고 브린은 구글 글라스, 자율주행 자동차, 프로젝트 룬(Loon), 혈당을 체크하는 소프트렌즈 등 미래 기술 개발에 집중하는 구글X 프로젝트를 담당했다. 슈미트는 구글의 얼굴이자 상징이고, 두 창업가의 영원한 경영 멘토였다. 2015년 구글은 설립자인 래리 페이지와 세르게이 브린이 설립한 지주회사 알파벳 주식회사의 자회사가 되었다.

구글의 놀라운 혁신 성장이 때로는 논란을 불러일으키기도 했다. 얼마나 많은 양의 정보를 수집하는지 사용자가 거의 모든 것을 알고 있다는 느낌을 준다. 무엇을 조회했는지, 어떤 동영상을 봤는지, 어디로 이동했는지 같은 정보를 모아 사용자를 위한 서비스를 제공하는 동시에 맞춤형 광고도 제시한다. 프라이버시 침해에 대한 논란이 불거지자, 구글은 사용자 활동 감시 정책에 대한 정보를 공개했다. 구글은 조회 수 정보에 대해 매우 비밀스럽다. 2016년 이후로 조회 수를 공개한 적이 없다. 당시 사용자들이 매년 2조 회 이상 조회하는 것으로 추정된다고 밝혔다. 매일 54억 번 넘는 조회가 이루어진다는 뜻이다.

검색 외에 구글의 킬러앱은 뭐니 뭐니 해도 유튜브다. 구글은 유튜브를 2006년 16억 달러에 인수했는데, 당시에는 어마어마한 액수였다. 시작한 지 1년밖에 안 된 사이트를 그 액수로 사는 것은 무모해 보일 수도 있다. 그러나 유튜브의 2018년 감정가는 1,000억 달러를 넘었다. 매일 수십억 시간의 유튜브 동영상이 재생되고 있다. 우리가 구글로 무언가를 조회할 때마다, 유튜브 동영상을 시청할 때마다, 구글 지도를 사용할 때마다 구글의 수익에 일조하는 셈이다.

구글에 대한 비판도 많다. 현지법에 순응해 정권에 껄끄러운 정보는 삭제한다는 것이다. 구글 차이나는 티베트와 대만의 독립운동을 지지하는 검색 결과를 제공하지 않는다. 중국에 대한 반정부 활동도 마찬가지다. 구글 스트리트(Google Street)는 개인의 사생활을 침해한다는 비판을 받고 있다. 이 서비스는 골목 구석구석까지 고화질 사진으로 보여준다. 구글 어스(Google Earth)가 제공하는 위성사진은 안보의 위험성 때문에 인도 정부로부터 비난을 받았다.

래리 페이지는 알파벳의 CEO로 취임하며 자신의 생각과 계획을 밝혔다.

> "창업 이후 우리가 한 일들을 다른 사람들이 보면 아마도 미친 일이라 할 것이다. 그 미친 일들의 결과가 지금의 구글이다. 우리는 여기서 멈추지 않을 것이다. 계속 다른 사람들이 미쳤다고 하는 일들을 시도할 것이다. 기업은 안주하려 한다. 혁신적 기술 산업에서는 안주를 불편하게 받아들여야 한다. 구글은 전통적 의미의 회사가 아니다. 우리는 그 이상을 만들고자 한다. 이번에 회사 이름을 알파벳으로 지은 것은 바로 알파벳이 인류 최고의 혁신이라 할 수 있는 언어를 상징하기 때문이다."

2017년 2월 슈미트는 구글의 지주회사인 알파벳 회장직에서 물러났고, 이후 알파벳의 기술 고문을 맡아왔으나 2020년 구글을 완전히 떠난다.

안드로이드 마켓의 탄생과 구글 앱

에릭 슈미트가 돈 되는 사업을 하면서 회사가 안정되고 성장하자, 래리 페이지는 자신의 역할은 회사의 비전을 제시하는 것이라고 생각했다. 그의 비전은 지구상 모든 사람이 휴대용 컴퓨터를 주머니에 두고 구글에 연결할 수 있게 하는 것이었다. 그는 이 비전을 실현하는 과정에서 어느 정도 자율을 인정받았다. 안드로이드 인수 때는 에릭 슈미트에게 계획을 알리지 않은 채 사들였다. 당시 안드로이드의 CEO는 애플 엔지니어 출신이기도 한 앤디 루빈이었다. 그는 2003년 직원 6명과 함께 벤처기업 안드로이드를 창업한, 안드로이드의 공동 개발자다. 안드로이드는 구글에 인수됐지만, 래리 페이지가 앤디 루빈의 재량을 인정하여 독립적인 회사로 존재할 수 있었다. 건물도 구글과 따로 쓰고 일반 사원은 출입을 금지시켰다. 안드로이드를 인수하는 데 5,000만 달러가 들었지만, 구글 입장에서 큰돈은 아니었다. 에릭 슈미트 역시 안드로이드의 존재를 묵인했다. 앤디 루빈은 3년에 걸쳐 만든 안드로이드를 2005년 구글에 매각한 뒤 9년간 안드로이드 부문 수석 부사장으로 일했고, 그사이 안드로이드 폰은 전 세계에 수십억 대가 팔렸다.

앤디 루빈은 안드로이드를 구글에 팔기 전 우리나라를 찾아, 삼성에게 전 세계 스마트폰 제조사에 무료로 운영체제를 제공해 생태계를 만들고 싶다고 제안했다. 사업 전략을 소개하면서 제휴와 투자를 요청했지만, 당시 삼성전자 임원들은 그의 제안을 뿌리쳤다. 직원 수천 명의 세계적인 회사 엔지니어가 못 하는 일을 직원 6명인 회사가 한다는 것을 믿기 어렵다는 이야기가 나왔다. 당시 우리나라가 안드로이드를 인수했다고 해서 반드시 성공했으리란 보장은 없지만, 최소한 지금처럼 구글에 종속되는 상황은 피할 수 있었다는 이야기가 나온다.

구글 부사장 앤디 루빈은 2007년 안드로이드를 발표하면서, 안드로이드는 미래에 나올 여러 새로운 휴대전화와 사용자 경험의 기본이 될 것이라고 선언한다. 역설적으로 세월이 흐른 후 안드로이드를 만든 앤디 루빈은 인터넷 세상에 대해서 경고하는 발언으로 운을 떼기도 했다. 그는 2014년 구글을 나와 에센셜 프로덕츠(Essential Products)를 설립했고, 〈블룸버그〉와의 인터뷰에서 이렇게 말한 것이다. "우리 모두는 (지금처럼) 항상 인터넷에 연결되기 전에 더 행복하게 살았습니다." 그의 발언을 들으니 씁쓸해지기도 한다. 전 세계 스마트폰 운영체제(OS)의 4분의 3을 차지하는 안드로이드는 세계를 하나로 연결하는 힘을 갖고 있다. 안드로이드폰으로 우리의 삶을 인터넷과 연결한 주인공인 그가 왜 그렇게 말했을까? 그가 포노 사피엔스의 운명을 비판한 것은 모순되게 들릴 수 있겠다. 앤디 루빈 당시 구글 모바일 플랫폼 담당 수석 이사는, 오픈소스는 모두에게 평등한 접근권을 제공해 보다 훌륭한 제품을 만들 수 있는 아이디어와 혁신을 가능하게 한다고 강조했다. 당시 코드 공개가 기업에 경제적 기회를 창출하는 동시에 고객에게 보다 나은 모바일 경험을 제공할 수 있으리라 판단한 것이다.

이제는 구글의 앱 시장과 전략에 대해 좀 더 자세히 알아보기로 하자. 구글은 2008년 8월 29일 애플의 앱스토어와 상응한 모바일 애플리케이션 장터를 공개했다. 애플이 앱스토어를 발표한 지 2개월 후의 일로, 이름은 '안드로이드 마켓'이다. 앱스토어에는 경쟁사이지만, 애플리케이션을 자유롭게 거래할 수 있다는 면에서 개발자들에게는 좋은 환경이 마련된 것이다. 경쟁이라는 건강한 생태계가 조성되고, 앱 시장이 확대됨으로써 다양한 개발자가 참여하고 판매할 채널이 다양해지는 효과를 누리게 된다. 구글 안드로이드는 휴대전화 제조사나 특정 업체에서 자사의 안드로이드 마켓을 나름대로 구축할 수 있게 된다. 애플이 운영하는 앱스토어는 애플에서만 판매되지만, 안드로이드는 인터넷처럼 개방적인 형식이기에 어떤 기업이라도 안드로이드 마켓을 만들어서 운영할 수 있다. 이는 앱과 앱스토어를 모두 구축할 수 있는 효과를 가진다. 모바일 비즈니스 세계에서 경직되었던 참여의 부분을 애플이 약간 해소했다면, 구글 안드로이드가 개방과 자유라는 이름으로 애플과 무한 경쟁을 시작한 사건이 발생했다. 단점이라면 앱을 개발하기 위해서는 스펙이나 해상도가 조금씩 다른 단말기를 확인하고 검증해야 해서 작업이 번거로워지므로 개발자의 참여를 위축시킬 수 있다는 점이 거론된다.

구글은 개발자의 혁신임을 자처하면서, 개발자들이 더욱 쉽게 좋은 앱을 만들 수 있는 환경을 제공해 안드로이드 마켓에서 더욱 획기적인 혁신이 빠르게 일어날 것이라고 믿었다. 개방적이고 자유로운 것은 처음 시작할 때는 방향성이 없고 혼란스러울 수 있다. 애플은 모든 시스템을 준비하고 앱스토어, 결제 시스템, 마케팅을 애플의 틀에 맞추기만 하면 비즈니스가 된다. 안드로이드는 참여자가 자유롭게 행동할 수 있는 반면에 자원이 나뉘고, 일정한 규칙이 없기에 때로는 무모한 도전으로 여겨질 수 있다. 그러므로 목표와 전략이 확실한 소규모 팀에게는 대단히 매력적인 시장이다. 애플은 경작할 수 있는 땅을 마련해, 앱 개발자는 자신이 예쁘다고 생각하는 씨를 뿌리고 좋아하는 작물을 길러서 판매한다. 안드로이드는 황무지에 들어가서 땅을 갈고 개척해야 해서 애플보다 앱 개발 여정이 힘들 수 있지만, 어느 정도 성과를 내면 자유와 가능성이 무한한 영역으로 발돋움할 수 있다.

물론 안드로이드용 앱을 개발할 때 간과하지 말아야 할 부분이 있다. 안드로이드폰을 출시할 때 새로운 앱이 실제 스마트폰에서 구동되는지 확인하고 검증하는 비용과 노력을 무시할 수 없다. 스마트폰마다 스펙이 모두 달라서 출시되는 신제품 폰에 맞춰야 하는 작업을 되풀이할 수 있다. 아이폰에서 개발된 앱은 어떤 스펙의 아이폰에서나 모두 돌아가는 것과 다른 점이다. 표준 안드로이드 단말기에 구동되도록 앱을 개발하고, 필요에 따라서 보수를 하는 것이 좋다. 안드로이드의 특성상 소비자들이 이해할 수 있도록 공지하는 글을 올리는 것도 방법이다.

구글 안드로이드폰의 매력으로 꼽히는 것은 음성 서비스, 알림 바, 위젯, 웹브라우저, 구글 보이스 등으로 안드로이드폰 확산에 중요한 역할을 했다. 안드로이드폰의 OS 버전 명칭도 화제를 몰고 다녔다. 알파벳순으로 디저트 이름이 붙는다는 사실이 알려지자, 구글 내외부에서 다음 버전의 명칭에 대한 예상이 쏟아지기 시작했다. 구글은 OS 버전 테마로 디저트를 선택한 이유에 대해, 새로운 버전이 나올 때마다 벌이는 축하 파티에서 사용 가능한 주제를 모색했기 때문이라고 설명한다.

각 버전에 붙는 디저트 명칭은 안드로이드 개발자, 구글 직원과 가족, 구글 요리사 등 다양한 사람들에게 제안을 받는다. 디저트 종류로 별도 애칭을 붙이는 이유는 사용자에게 친근감을 주고 휴대전화와 플랫폼을 잘 모르는 사람들도 쉽게 기억할 수 있게 하기 위해서다. 출시된 버전에는 컵케이크, 도넛, 에클레어, 프로요(프로즌 요구르트), 진저브레드, 허니콤, 아이스크림샌드위치 등의 이름이 붙었다. 1.0버전에는 별다른 코드네임이 쓰이지 않았다. 1.0버전을 알파(alpha), 1.1버전을 베타(beta)라 부르기도 하고, 애플파이(Applepie) 또는 바나나브레드(Banana bread)라 표현하기도 한다. 아마도 다음 1.5버전이 알파벳 'C'로 시작하기 때문에 명명된 것으로 보인다. 본격적인 명명은 1.5버전부터다. 1.5버전의 코드네임은 '컵케이크(Cupcake)'다. 2009년 4월에 공개됐다. 유저 인터페이스 및 통화 품질을 개선했다. 앱 구동 속도도 한층 올라갔다. 5개월 후인 2009년 9월, 안드로이드는 1.6버전 '도넛(Donut)'으로 업데이트됐다. 앱 장터인 안드로이드 마켓의 기능이 더욱 강화됐다. G1이 출시된 지 3년, 구글은 신제품 '갤럭시 넥서스'로 안드로이드폰의 신화를 잇겠다는 계획을 발표한다. 갤럭시 넥서스는 구글과 삼성전자가 손잡고 안드로이드 4.0(아이스크림샌드위치)을 탑재했다. 앤디 루빈 구글 부사장은 당시 이렇게 말한다.

"아이스크림샌드위치는 폰과 태블릿에 작동되는 혁신적인 안드로이드 플랫폼입니다. 안드로이드 빔 같은 특징은 우리의 혁신성을 보여주고, 갤럭시 넥서스는 아이스크림샌드위치의 능력을 돋보이게 해줍니다."

구글은 휴대전화 제조업자에게 안드로이드를 무료로 배포했다. 제조업체의 단말기에 안드로이드를 자유롭게 넣어 만들 수 있다는 것이 애플과의 차이점이었다. 구글은 안드로이드 플랫폼 개발비를 부담해 제조사의 개발비 부담을 줄여주고, 구글 플레이 운영비를 부담하며 제3의 개발자(서드파티)의 마케팅 비용을 줄여준다. 서비스 비즈니스를 위해, 제조사와 서드파티에게 그들의 생태계에 참여하도록 안드로이드 플랫폼으로 보조금을 지원하는 것이다. 안드로이드에서 '구글 안드로이드' 비중은 절대적이다. 물론 안드로이드 오픈 소스 프로젝트(Android Open Source Project, AOSP)로 자체 개발된 플랫폼의 비중도 증가하는 추세다. 이러한 추세가 강화될수록 구글과 안드로이드의 브랜드 이미지는 하락할 수 있다. 모바일 트래픽이 증가하는 상황에서 구글 안드로이드의 사용 감소는 구글 이용을 줄일 수 있고 검색 광고 수익에도 영향을 미친다. 구글의 입장에서 장기적으로 바람직하지 않을 수 있다.

구글 안드로이드의 생태계는 분명히 큰 장점이 있지만, 구글을 벗어나려고 시도하는 기업들의 움직임에서 알 수 있듯, AOSP의 점유율은 점점 높아질 전망이다. 어느 정도 시장에 안착한 아마존과 노키아, 중국 내수 시장의 예는 시작에 불과할지 모른다. 모바일 제조업체 샤오미가 중국 내수용으로 출시한 스마트폰 역시 자체 안드로이드 플랫폼을 사용한다. AOSP 커스터마이징의 새로운 예이다. 아마존은 자체 안드로이드 에코시스템을 구축하여 구글 안드로이드와 대항하는 대표적 기업이다. 아마존이 AOSP를 맞춤형으로 개발한 '파이어 OS' 플랫폼으로 자체 하드웨어를 제작한 것도 구글에는 위협이다. 강력한 콘텐츠를 보유한 아마존은 '아마존 앱스토어'를 구축하여 구글의 '플레이 스토어'를 대체했다. 앱스토어는 사실상 많은 제조사들이 구글 안드로이드를 벗어나지 못하는 가장 핵심 기능인데, 아마존이 이러한 한계를 뛰어넘은 것이다. 아마존은 구글의 배타적 서비스를 제외한 안드로이드용 애플리케이션을 모두 자사 플랫폼에서 구동할 수 있다. 여기에 아마존의 콘텐츠가 합쳐져 강력하고 새로운 앱스토어가 탄생한 것이다. 아마존은 구글의 도움을 받지 않고, 모바일 에코시스템을 제공하며 모바일 시장의 한 영역을 차지하고 있다. 아마존이 개발한 모바일 플랫폼이 성공할 수 있었던 또한 가지 이유는 태블릿 PC인 '킨들 파이어'의 낮은 가격 덕분이다. '파이어폰'의 성공 여부에 따라 AOSP의 성공 모델과 탈(脫) 구글 성공 모델이 양립할 수 있다.

구글이 자사의 브랜드 파워를 높이기 위해 더 많은 요구 사항을 제시할수록 구글의 영향력에서 벗어나려는 움직임은 더 커질 수 있다. 구글 안드로이드의 가장 큰 경쟁자는 애플의 'iOS'가 아니라 AOSP를 통한 탈 구글화이다. 모바일 플랫폼의 후발 주자에 불과했던 안드로이드를 성장시켜온 구글은 이러한 변화에 민감할 수밖에 없다. 2010년 당시 구글의 M&A 책임자 데이비드 로위(David Lawee)는 구글이 2005년에 안드로이드를 인수한 것이 '사상 최고의 거래'라고 말했다. 우리는 우연의 거래가 필연의 성공으로 이어지는 경우를 발견한다. 기업에도 운명이란 게 있나 보다. 안드로이드의 운명이 그러했다. 안드로이드는 검색에 이어 구글을 성공하게 한 진정한 왕 중의 왕 킬러앱이다.

안드로이드 마켓의 공격과 모토로라 인수

2011년 8월 15일, 구글이 모토로라를 125억 달러에 인수한다고 발표하면서 세상을 발칵 뒤집어놓았다. 세계에서 현금을 가장 많이 보유한 기업으로 알려진 구글이지만, 서비스로 시작한 기업이 세계적인 휴대전화 제조사까지 인수할 정도로 성장했다는 사실이 놀랍기도 했다. 하지만 무엇보다 구글의 모토로라 인수가 안드로이드 생태계에 어떤 영향을 미치게 될지에 전 세계의 관심이 쏠렸다.

실적 개선에 어려움을 겪어온 모토로라는 당시 판매 부진으로 다시 적자로 돌아섰다. 자체적인 실적 개선이 이뤄지지 않는 상태가 지속되어 모토로라는 누군가에 인수될 수밖에 없는 상황이었다. 그런 와중에 스마트폰 시장에 특허 전쟁이 번짐으로써 모토로라가 소유한 특허 가치가 치솟아 최고 몸값으로 팔렸다. 모토로라 입장에서도 좋은 거래였다. 당시 안드로이드 생태계에 만족한 구글의 입장에서는 모토로라의 제조 영역 인수보다는 특허만을 사들이는 것이 더 나은 선택이었지만, 모토로라 입장에서는 독자 생존이 어려운 상황에서 회사 전체를 매각하는 것이 이익이었다. 실제로 모토로라는 MS와도 회사 매각을 논의했지만 MS가 특허에만 관심을 보이면서 성사되지 않았다.

구글은 모토로라를 인수하면서 모토로라의 1만 7,000개나 되는 양질의 특허를 확보하게 되었다. 그 결과 안드로이드 생태계에서 긍정적 측면과 부정적 측면이 동시에 논의되었다. 안드로이드 생태계 확산의 걸림돌을 제거했다는 점이 긍정적 측면이었다. 반면 부정적 측면이라면 안드로이드 플랫폼 공급자로서 제조업에 직접 진출하여 기존 협력 관계였던 제조사들과 경쟁 관계가 되어 안드로이드 진영에 악영향을 끼칠 수 있다는 점이었다. 구글이 모토로라를 통해 구글 폰을 대량으로 생산하게 된다면 구글 프리미엄이 붙을 수밖에 없기 때문에 안드로이드 OS를 탑재한 다른 스마트폰에게는 위협이 될 수 있었다. 특히 모토로라 스마트폰에 최적화된 형태로 안드로이드 OS가 업데이트되기 시작한다면, 스마트폰 시장에서 모토로라의 경쟁력은 엄청나게 향상될 것임은 자명한 일이었다. 구글은 컨퍼런스콜에서 특허라는 말을 20번 이상 사용하면서 모토롤라 인수가 특허 확보에 목적이 있었음을 강조했다. 당시 구글이 모토로라를 이용해 직접적으로 스마트폰 제조 시장에 뛰어들거나 모토로라에 최적화된 형태로 안드로이드 OS를 업데이트하지는 않을 전망이었다. 이는 플랫폼 기업임을 자처하고 있는 구글 스스로가 플랫폼 중립성(Platform Neutrality)을 해치는 일이었기 때문이다.

구글 플레이의 탄생

2012년 안드로이드 마켓이 구글 플레이로 바뀐다. 이는 새로운 플랫폼의 시작이란 평가를 받는다. 이전에 구입한 애플리케이션, 도서, 음악, 영화 등의 모든 콘텐츠는 구글 플레이에서 지속적으로 이용할 수 있었다. 구글 플레이는 단순히 안드로이드 마켓을 바꾼 것이 아니라 애플리케이션, 음원 서비스, 비디오 서비스, 전자책을 통합하는 하나의 플랫폼화를 도모한 것이다. 이전에 구글은 통합된 플랫폼화가 아닌 각 서비스를 분리하는 형식으로 서비스를 진행했다. 앱 다운로드는 마켓, 음원 서비스는 뮤직으로 이용할 수 있었다.

  구글이 이렇게 플랫폼화를 시도한 이유는 무엇일까? 구글 플레이의 라이벌은 애플의 아이튠즈였다. 아이튠즈는 음원, 영상, 앱 등 다양한 콘텐츠를 소비자가 쉽게 이용할 수 있게 했다. 아이튠즈는 성공적이었으며, 구글의 입장에서는 이러한 서비스가 상당히 매력적이었다. 하지만 단기간에 이 같은 서비스를 따라 하기에는 부담스러웠기에, 필요한 요소 하나하나를 별도로 개시해놓고 이를 통합하자는 것이 구글의 생각이었다. 당시 구글 플레이는 아이튠즈에 비해 규모 면에서 부족한 점이 많았다. 플랫폼이 담고 있는 각 콘텐츠의 가짓수가 적었다. 특히 당시 우리나라에서는 구글 뮤직, 구글 무비, 구글 북스가 정식으로 서비스화되어 있지도 않았다. 실령 이런 서비스를 모두 공급한다 해도 아마존에 필적할 애플의 아이튠즈를 단기간에 역전하기는 어려웠다. 구글은 이를 알고 확장성에 대한 희망을 품은 채 구글 플레이를 론칭한 것이다.

안드로이드 OS가 꾸준히 증가 중이어서 구글 플레이는 잠재 고객을 염두에 두었다. 구글에서 서비스하는 부분이 모두 구글 플레이에 포함되지는 않았기에 구글 플레이가 발전할 가능성은 높았다. 구글에서 서비스하고 있는 지메일과 문서 등이 구글 플레이처럼 플랫폼화되지 않았다. 이들이 구글 플레이와 연결될 수도, 다른 형태의 플랫폼으로 나뉠 수도 있지만 결국 구글 플레이와의 연동은 필연적이었다. 클라우드 서비스를 구글 플레이어와 연동시킨다면 PC와 스마트폰의 격차는 애플의 아이클라우드처럼 크게 줄어들 수 있는 상황이었다. 2012년 2/4분기 전 세계를 기준으로 스마트폰 시장 점유율은 안드로이드폰 67%, 아이폰 17%였다. 분명 하드웨어 점유율은 안드로이드폰이 아이폰보다 4배 가까이 높았다. 하지만 이런 점유율과는 반대로 앱의 개수와 다운로드 수는 애플의 앱스토어가 월등히 높았다. 구글 플레이에서 즐길 수 있는 콘텐츠 양은 앱스토어보다 4분의 1 이상 적었지만, 구글 플레이의 앱 다운로드 증가율은 가히 폭발적이었다. 구글 플레이는 앱 마켓을 통해 책과 영화에서 볼 수 있는 서비스를 시작했는데, 애플 앱스토어에서는 보기 힘든 서비스였다.

구글과 애플을 좋아하는 사람들은 서로의 입장을 대변하고 있었다. 구글 플레이는 다양성을 존중한다는 측면에서 최고의 환경이다. 애플 앱스토어는 앱을 등록하는 데 심사 기준이 까다롭고 요구 사항도 많다. 이런 부분에서 어려움을 겪는 개발자들에게는 구글 플레이가 매력적이다. 최대한 개발자의 자유를 존중하면서 앱 심사 기간을 단축해 개발자들의 역량을 마음껏 펼칠 기회를 제공하기 때문이다. 무료 앱 개발을 유도해 사용자가 양질의 앱을 무료로 이용할 수 있게 해준다. 물론 애플 옹호자는 반대 입장을 늘어놓을 수 있겠다. 그들은 무료 앱의 개발을 유도한 것이 아니고, 그럴 수밖에 없는 상황으로 몰고 갔을 뿐이라고 항변할 수 있다. 유료 앱을 개발해서 구글 플레이에 출시하면 하루도 지나지 않아 불법 APK(Android Application Package, 안드로이드 응용프로그램 패키지) 파일이 인터넷을 통해 유통될 수 있다. 중소 개발업체와 대기업이 골고루 공존하여 블루오션의 길로 들어서고 있는지 반문할 수도 있다. 앱 개발자의 대부분이 앱스토어에 있다면 구글 플레이의 단점이 많아 보일 수 있다. 애플과 구글을 바라보는 저마다의 시각은 다를 수 있다. 하지만 앱의 숫자나 다운로드 규모가 크게 증가하고 있음은 주지의 사실이다.

　게임의 세계를 들여다보자. 스마트폰 세상 속 앱은 게임계의 대표 주자 닌텐도와 플레이스테이션을 흔들었다. 이제 하나의 기업이 아닌 다양한 개개인 혹은 소규모 사람들이 직접 콘텐츠를 만들어 모두와 공유할 수 있게 된 것이다. 이로써 독주하던 게임계의 대표 주자와 경쟁할 수 있는 생태계를 만든 것이다. 스마트폰의 위대함은 접근성에 있다. 스마트폰 속 다양한 게임을 접할 수 있는 가장 쉬운 방법은 보고 느끼며 직접 하게끔 유도하는 광고로, 이는 구글의 가장 기본인 킬러앱이다. 구글 플레이 광고는 자신들의 로고인 삼각형 안에 다양한 게임을 2~5초 동안 홍보하여 소비자들에게 알리고, 게임을 다운받으려는 행위를 이끌어냈다. 구글 플레이의 가장 큰 목표는 자신들이 홍보한 게임을 다운받게 하는 것이었지만, 구글 플레이 서비스가 다른 앱과 어떤 차별점이 있는지, 왜 이 앱을 써야 하는지 그 이유를 소비자들이 인식하게 하는 것도 중요했다.

구글은 게임에만 적용되던 인앱 결제 수수료 30%를 2021년부터 모든 디지털 콘텐츠 앱으로 확대해 부과한다는 방침을 결정해서 논란이 되었다. 구글의 플레이스토어를 통해 멜론이나 웨이브 등 콘텐츠 앱을 설치하고 이용료를 결제하면 30%는 구글의 몫으로 돌아가게 되어 구글의 원래 생태계와 다르게 되었다는 비난을 받았다. 애플이 2011년부터 콘텐츠 앱을 대상으로 30% 수수료 기반 인앱 결제를 시행(2021년 1월 15%로 인하)했는데, 10년이 지나 구글도 같은 정책을 시행하게 된 것이다. 국내에서 구글의 시장 지배력이 애플에 비해 크게 앞서고 구글이 애플에 비해 개방적 생태계를 유지한 것도 한몫했다. 코로나19를 기회로 구글이 수익 감소에 적극 대처하며 새로운 수익 창출에 나서고 있다는 비판이 나왔다.

구글의 킬러앱과 주요 비즈니스 전략

첫째, 구글의 공격적 인수·합병(M&A)과 제휴 전략을 통한 킬러앱 확보 전략을 들 수 있다.

구글의 핵심 비즈니스 모델은 검색 광고다. 광고 없는 구글은 '팥 없는 찐빵'이라 하겠다. 구글의 검색엔진을 이용하는 사람들은 'to google'이란 신조어를 만들어냈다. '기존에 잘 모르던 정보를 인터넷을 통해 미리 찾아보다' 혹은 '곧 만나게 될 새로운 사람에 대해 미리 조사하다'라는 뜻의 이 말은 말 그대로 구글에서 유래했다. 구글은 광고 기반의 파격적 혁신과 모바일 광고 시장으로의 진출을 통해 인터넷 서비스(검색엔진, 동영상, 전자우편, 지도, SNS, e북, 결제, 헬스케어 등)는 물론 스마트폰(넥서스 폰) 시장과 스마트TV(구글TV) 시장으로 사업 영역을 확대하고 있다. 다양한 킬러앱 전략이 구사되었다. 특히 안드로이드를 내세워 모바일 시장으로 진출했는데, 이는 모바일 광고 시장을 장악하기 위해서다. 광고로 소통할 수 있는 모든 단말기로 영역을 확장하는데 웹 기반 PC와 가입자 기반의 휴대전화, TV가 자사의 광고 채널 네트워크 대상이다. 구글은 개방형 기반의 파괴적 혁신으로 서비스 무료화를 추진하면서 그 결과 얻어지는 검색과 트래픽에 의해 광고 수익을 창출하고 있다. 인터넷 간 통합을 넘어 OS, 브라우저, 단말기를 넘나드는 각종 콘텐츠와 서비스를 융합해 새로운 웹서비스를 만드는 '매시업(Mash up)' 전략이 구글의 최대 강점이다.

　구글은 초기 검색 서비스의 강자로 떠오르더니 여러 인수·합병 사례를 통해 전 세계를 떠들썩하게 만들었다. 2006년 1월, 스위스 다보스에서 세계경제포럼(다보스 포럼)이 열렸다. 해마다 전 세계 기업인, 정치가, 학자 등이 참여해 현상을 진단하고 미래를 예측하는 이 포럼에서, 당시 클라우스 슈밥(Klaus Schwab) 회장은 의미심장한 발언을 했다. "전 세계는 이제 글로벌라이제이션에서 구글라이제이션으로 움직이고 있다." 전 세계인이 구글을 통해 정보를 이용하는 것이 현실이며, 이것이 바로 세상을 바꿔가고 있다는 의미였다. 그 배경에 인수·합병이 있다. 구글은 항공서비스 업체 ITA소프트웨어를 7억 달러에 인수했다. 당시 미 법무부는 여행 관련 소프트웨어를 계속 개발해 다른 여행 검색 웹사이트들에 상업적으로 합리적인 조건으로 제공할 것을 지시했다. 구글은 고객에게 항공기 여행과 운임 관련 정보를 더욱 잘 제공하기 위해서라고 인수 이유를 설명했다. 구글은 ITA소프트웨어 인수를 통해 항공권 정보를 서비스에 활용했지만, 직접 항공 요금을 결정하거나 항공권을 판매하는 일은 없을 것이라고 밝혔다. 앞서 애플 편에서도 이야기했지만, 세계적인 모바일 광고업체 애드몹 인수는 애드센스라는 광고 플랫폼을 보완하는 것으로, 갈수록 치열해지는 모바일 광고 시장에서 경쟁력을 높이기 위해 모바일에 대한 투자를 높인 사례다. 구글의 애드몹 인수는 애플의 모바일 광고 진입을 알린 아이애드를 견제하기 위한 것이라는 이야기도 물론 틀리지 않으나, 더 나아가 애드몹을 인수하여 모바일 광고에도 디스플레이 광고를 추가해 경쟁력을 제대로 확보하려는 전략이었다.

대중의 피부에 가장 와 닿는 인수·합병 사례는 바로 동영상 공유 사이트 유튜브다. 2000년대 중반까지만 해도 동영상 공유 사이트가 전 세계에 네트워크를 형성하고 말 그대로 전 세계의 동영상을 한 번에 볼 수 있는 기적 같은 일이 가능하리라곤 미처 생각하지 못했다. 유튜브는 구글 검색은 물론 모바일 시장의 확대와 맞물려, 전 세계의 모든 동영상은 유튜브에 있다는 말이 빈말이 아님을 입증해 보이고 있다. 구글은 2006년 16억 5,000만 달러에 유튜브를 인수했다. 유튜브는 당시 설립한 지 2년도 채 안 된 신생 업체였지만, 하루 1억 개 이상의 동영상이 올라오는 글로벌 웹사이트로 주목을 받았다. 에릭 슈미트는 구글의 유튜브 인수에 대해 새롭게 부상하고 있는 인터넷 동영상 시장에 대한 구글의 광범위한 전략의 일환임을 강조했다.

구글이 본격적으로 광고 시장의 주도권을 가지게 된 것은 더블클릭(DoubleClick) 인수·합병이 결정적이었다. 구글은 2007년 더블클릭과 31억 달러 규모의 인수에 합의하고, 11개월 만에 유럽연합(EU)이 구글의 더블클릭 인수를 최종 승인한다. MS와 야후 등의 경쟁 업체들은 구글의 더블클릭 인수를 막기 위해 온라인 광고 시장 독점 우려를 제기하며 필사적으로 막았고, EU도 정밀 조사를 벌인 바 있다. 1996년 인터넷 광고 업체로 설립된 더블클릭은 MS, 코카콜라,

모토로라 등 세계적 기업의 광고를 개발하고 제공해왔지만, 시장 변화에 대응하지 못해 야후 등 경쟁 업체들에 밀리기 시작했고 결국 구글에 인수됐다. 구글이 더블클릭을 인수했다는 것은 더블클릭의 비즈니스 관계와 광고 기술까지 모두 구글이 확보했다는 의미다.

구글은 비밀 연구소인 구글X를 중심으로 육·해·공 자체 망 구축 프로젝트를 추진했다. 구글 파이버(Google Fiber, 2012년 9월 서비스 개시), 슈퍼 와이파이(Super WiFi, 2013년 초 남아공 서비스 개시), 해저 케이블(2012년 6월 아시아 국가 간을 연결하는 8,900km 해저 광케이블 개통), 룬 프로젝트(Loon Project, 2013년 6월 공개, 대형 풍선을 이용한 무선 인터넷 통신망), O3b 위성통신(2013년 6월 구글 후원 벤처 O3b네트웍스에서 통신 위성 4대 발사) 등의 다양한 프로젝트를 추진했다. 구글이 인수한 기업들은 IoT, 클라우드 서비스, 로봇, 동영상 광고, 게임 등 전혀 상호 연관성이 없는 산업처럼 보이지만, 모두 인터넷을 기반으로 한 서비스 업체라는 공통점이 있다. 여기서 우리는 다양한 서비스를 제공하는 구글의 킬러앱 전략을 간파할 수 있다.

구글은 M&A를 통해 검색과 플랫폼 제공 업체를 벗어나 스마트홈, 커머스, 멀티미디어 등 다양한 산업 분야로 확장하고 있다. 특히 최근 들어 네트워크 구축 사업에 공을 들이는 이유는 콘텐츠부터 네트워크까지 C(콘텐츠)-P(플랫폼)-N(네트워크)-D(디바이스) 가치사슬을 수직화하여 IoT로 변화되는 네트워크 패러다임에서도 패권을 유지하겠다는 전략으로 보인다. 구글이 펼치는 M&A의 핵심은 고객에게 구글 서비스에 대한 사용 빈도를 높이는 것이고, 우리의 생활에서 구글 없이는 생각할 수 없는 세상을 만들어가는 것이다.

2014년 11월 27일, 유럽 의회는 구글 분할 권고안을 통과시켰다. 이 안은 구글의 사업을 분리하도록 하는 것이다. 물론 법적 효력보다는 상징적 조치로 구글에 대한 공포를 나타낸 셈이 되었다. 이처럼 유럽이 '구글포비아(googlephobia)'를 갖게 된 것은 높은 구글 의존도 때문이다. 2013년 에드워드 스노든(Edward Snowden)이 미국 국가안보국(NSA)의 사찰 프로그램을 폭로하며, 구글의 검색과 지메일을 통해 미국이 유럽의 모든 정보를 들여다볼 수 있다고 밝힌 것에 대한 우려다.

우리는 구글을 단순한 검색엔진으로 알고 있지만 지금 이 순간에도 구글은 우리 생활, 특히 디지털 커뮤니케이션 분야에 막강한 영향력을 행사하고 있다. 구글의 식욕은 상상 이상이다. 구글의 인수·합병은 현재도 진행 중이다. 그간 구글은 인수·합병을 통해 무인자동차와 무인항공기 드론을 개발하고 있을 뿐 아니라 암 진단 알약, 당뇨병 환자 혈당 분석용 콘텐츠, 손 떨림 증상 환자를 위한 숟가락 등 기존의 틀을 깨는 사업을 개척하며 이 과정에서 많은 킬러앱을 탄생시켰다. 구글은 인수·합병으로 성장과 혁신이 가능했다. 구글은 칫솔처럼 누구나 매일 여러 번 쓰고 간단하지만 인간에게 없어서는 안 될 제품이나 소프트웨어를 만드는 회사를 찾고 있다. 그것이 구글에게 더할 나위 없이 중요한 킬러앱으로 작용할 것으로 믿기 때문이다. 구글은 일상생활에서 구글 서비스에 대한 사용 빈도를 높여 구글 없이는 생각할 수 없는 세상을 만들어가는 한편, 특허와 인프라 측면에서 네트워크 패러다임 변화에 적극 대처하고 이를 주도해 미래 네트워크 환경을 선도하려 한다. 구글은 이러한 인수·합병을 통해서 많은 앱의 탄생을 목격해왔다. 2020년 1월, 구글 클라우드는 앱시트(AppSheet) 인수를 발표했다. 미국 시애틀 기반의 앱시트는 코드 없는 소프트웨어를 전문으로 하기 때문에, 고객은 코드 작성 방법을 몰라도 간단한 비즈니스 애플리케이션을 구축할 수 있다.

구글의 대표적 인수 사례는 다음과 같다.

1. 모토로라(125억 달러, 2012년)는 현재까지 구글의 최대 인수 대상이었으나, 인수 가격의 4분의 1도 안 되는 가격으로 레노버에 매각되었다(약 29억 달러, 2014년 10월).

2. 네스트랩스(Nest Labs, 32억 달러, 2014년)를 인수함으로써 구글은 가정용 생활용품 시장을 늘리는 동시에 안드로이드 생태계를 위한 확장 기회를 제공할 수 있었다.

3. 광고 서비스 회사 더블클릭(31억 달러, 2007년) 인수는 구글의 기존 광고 사업을 보완하기 위한 것으로, 구글이 프로그램 광고를 쉽게 할 수 있게 했다.

4. 캘리포니아에 본사를 둔 비즈니스 인텔리전스 플랫폼 루커(Looker, 26억 달러, 2019년) 인수로 구글은 자사 클라우드

제품 개발에 집중하게 되었다.

5. 대표적인 동영상 공유 플랫폼 유튜브(17억 달러, 2006년)는 구글의 첫 10억 달러+ 인수였다. 구글은 이 인수를 통해 TV 같은 전통적 미디어에서 온라인 시청으로 전환되는 동시에 트래픽도 늘리고 광고 사업도 성장시킬 것으로 기대했다.

6. 이스라엘에 본사를 둔 지도 서비스 스타트업 웨이즈(Waze, 11억 5,000만 달러, 2013년)는 구글이 여행 시간을 정확히 예측하고 항로 제시 등 구글 지도 기능을 개선하는 데 도움을 주었다.

7. 모바일 광고의 대규모 확산을 예상, 2006년 설립된 모바일 광고 회사 애드몹(7억 5,000만 달러, 2009년)을 구글이 인수했다.

8. 딥마인드(DeepMind, 4억 달러, 2014년)는 구글이 AI에 본격적으로 뛰어든 사업이다.

둘째, 위치 기반 서비스의 확대와 함께 킬러앱으로서 구글 지도의 미래에 주목해야 한다.

바야흐로 지도의 대중화 시대다. 지도와 연결되어 많은 킬러앱이 탄생했다. 불과 10여 년 전만 해도 지도는 일부 사람만이 이용하는 매체였다. 군인이나 경찰, 아니면 측량 기사 같은 특정인만 지도를 이용했을 뿐 일반인은 지도를 사용할 이유가 별로 없었다. 일반인은 그나마 모르는 초행길을 갈 때 지도를 챙겨 보는 정도였다. 하지만

GPS가 상용화되고 내비게이션과 스마트폰이 일상의 필수품이 되자 지도도 일상 속으로 들어왔다. 이제는 GPS 시스템에 의해 안내되는 내비게이션과 스마트폰의 지도 서비스 없이 살기가 어려워지고 있다.

GPS의 대중화처럼 위치 정보의 발전은 삶에 미치는 영향이 무척 크다. 기존 지도가 정적 형태의 고정된 정보에 가까웠다면, 내 위치, 내 위치에서 다른 지점의 위치, 그리고 그것을 연결하는 선으로서의 길 정보는 동적인 것으로, 일반 지도로는 해결하지 못하는 일을 가능하게 한다. '지금, 여기, 우리'라는 콘셉트가 도입되면서 현재 내 주변에 있는 나에게 필요한 정보가 다가오도록 만들 수도 있고, 사물들이 지도를 읽기 시작하면서 스스로 위치를 파악하고 상황을 인지하여 판단하기도 한다. 로봇청소기가 빈틈없이 거실을 청소하는 것도, 자율주행 자동차가 스스로 주행하는 것도 지도가 위치 정보와 더불어 확대되면서 가능해진 일들이다. 길을 몰라서 못 찾아가겠다는 말은 이제 옛말이 된 것처럼, 머잖은 미래에는 운전이 서툴러서 못 찾아가겠다는 말이 통하지 않을 것 같다.

지도의 특정 지역을 선택하면 해당 영역에 대한 '식사', '이벤트', '활동' 등이 표시된다. 레스토랑 정보를 누르면 사용자가 자신의 위치를 얼마나 즐길 수 있을지 백분율로 표시된다. 왜 그렇게 즐길 수 있는지 설명하는 글도 나타난다. 이것은 기계 학습을 이용하여 레스토랑 등에 대해 지금까지보다 상세하게 아는 것이 가능해져 '더 진화한 추천 기능'이다. 과거에 구글 지도에서 찾은 적 있거나 실제로 방문한 레스토랑 정보와 레스토랑에 대한 사용자의 기호가 변화함에 따라 평가 기준도 변화해 언제든지 사용자의 취향에 맞는 추천 점포를 소개할 수 있다. 여러 사람이 식사하는 경우에는 모든 일정을 조정하는 최적의 새로운 기능도 작동한다. 관심 있는 장소를 길게 누르는 것으로 친구나 가족 등과 공유 가능한 후보 목록 작성이 가능하며, 전원 의견이 일치하면 그대로 구글 지도에서 식당을 예약할 수 있다. 'For you'라는 탭이 추가되어, 사용자의 취향에 따라 산출한 추천 장소가 표시된다. 구글 지도에 AR 탐색 기능을 사용하면, 스마트폰 카메라로 거리를 비추었을 때 화면상에 여러 진행 방향이 표시된다. 지도에 표시된 파란색 점선에 의지하던 지금까지의 내비게이션 기능과 달리, 언제 어디서 어떤 방향으로 진행해야 할지 잘 알 수 있다. AR 탐색 기능을 사용하는 동안에는 도로에 건물 정보가 표시된다. 사용자를 목적지까지 안내해주는 동물 도우미도 있다. 사용자의 스마트폰 카메라로부터 얻은 영상에서 정확히 단말의 위치와 방향을 추정하기 위한 시스템도 사용한다.

구글 지도는 누구든 쉽게 전 세계의 지도에 접근해 다양한 매시업이 가능하게 만든 혁신적 프로젝트로, 그 원형은 오스트레일리아의 웨어2(Where2)라는 회사에서 라르스 라스무센(Lars Rasmussen)과 옌스 라스무센(Jens Rasmussen) 형제가 개발하던 소프트웨어 애플리케이션 형태였다. 그들의 소프트웨어 기술을 눈여겨본 구글은 2004년 기업공개 후 확보한 현금을 바탕으로 2004년 10월 이 회사를 합병

한다. 그리고 웹 애플리케이션의 형태로 변형하게 되는데, 이것이 구글 지도의 시작이었다. 구글로 합병된 이후 이 프로젝트는 브렛 테일러(Bret Taylor)가 맡아서 진행한다. 2005년 2월 8일 서비스를 시작한 데 이어 2005년 6월 구글 맵스 API를 오픈하면서, 지도를 일종의 공공 플랫폼으로 이용하는 역사적인 시도를 한다. 2006년 1월 실제로 지도 주변의 모습들을 보여주는 파격적인 시도를 하고, 같은 해 3월에는 화성 지도까지 보여주기 시작한다. 구글 지도 서비스는 그 이후에도 끊임없는 혁신을 통해 3차원으로 전체 지구를 보여주는 구글 지구 프로젝트와 함께 로컬 서비스와 융합하고 관련 생태계를 키워가면서 구글의 미래를 끌어갈 가장 중요한 자산이 된다. 구글 지도 관련 앱은 교통과 지리에 관한 거의 모든 정보를 융합한 앱으로, 이미 글로벌 소비자들에게 하루라도 없어서는 안 될 필수 앱이 되었으며, 여기에 다양한 서비스들을 더하는 각종 앱들이 파생되고 있다. 몇 년 전 유행한 '포켓몬 고'도 그중 하나다. 구글 지도 앱을 활용하지 않고는 글로벌로 통하는 위치 기반의 킬러 콘텐츠가 생산될 수 없다고 말해도 과언이 아니다. 구글이 애플보다 단연 앞서는 분야는 '지도'다. 구글 지도는 대중교통 방향을 비롯해 더 자세하고 풍부한 데이터를 제공한다. 구글은 이스라엘의 공간정보 서비스 기업 웨이즈를 인수하며 애플을 한 발 더 앞서가게 된다.

검색 사업은 아직도 수익성이 매우 높고 급성장 중이다. 하지만 아마존의 쇼핑 검색이 구글의 입지를 위협하고 있어 새로운 영역으로 광고 사업을 확장할 필요성이 제기되고 있다. 구글 지도 서비스는 구글 광고 시스템의 새로운 성장 동력이 될 수 있다. 지도 서비스는 유럽이 미국 거대 IT 기업들을 대상으로 규제의 강도를 높여가는 상황에서 이를 우회할 수 있는 통로 역할을 할 수 있다. 구글 지도는 구글의 다른 서비스와 달리 로컬 사업자를 견제하지 않고 프라이버시 보호와 데이터 수집 등에 신중을 기하고 있다.

구글은 미국에서 배달 앱 없이도 음식을 주문할 수 있게 하는 서비스를 제공한다. 검색과 지도, 그리고 AI 음성 비서인 구글 어시스턴트를 통해 고객들로 하여금 직접 음식 선택과 배달 주문 서비스를 받도록 지원하고 있다. 주문 거래 때 지불은 전적으로 구글 인터페이스와 구글 페이를 통해 이뤄지도록 하는 비즈니스 모델이다. 이 기능은 도어대시(DoorDash)와 차우나우(ChowNow) 같은 기존 음식 배달 회사와 파트너십을 맺어 작동한다. 추가 앱을 다운로드하거나 음식 배달 회사 웹사이트를 방문하지 않고도 음식을 주문할 수 있게 해준다. 구글 검색과 구글 지도에서의 이 서비스 기능은 고객이 서비스 지원 식당을 검색할 때 나타나는 새로운 '온라인 주문' 버튼을 통해 작동한다. 여기서 고객은 '픽업(직접 가져가기)'과 '배달' 가운데 선택을 할 수 있다. 아이폰과 안드로이드폰의 구글 어시스턴트 구현도 비슷한 방식으로 이뤄진다. 고객은 구글에 특정 음식점 음식 주문을 요청하는 과정을 시작할 수 있으며, 구글 인터페이스를 통해 배달 서비스를 선택할 수 있다. 무엇을 주문할지 고민하기 싫다면 구글 어시스턴트에게 이전처럼 주문하도록 요청할 수도 있다.

셋째, 뉴미디어 시대의 킬러앱을 늘리고 있는 구글의 노력이다.

2010년 초반까지만 해도 온라인 동영상 플랫폼과의 '접속'은 주로 안정된 유선 인터넷 환경에서 이뤄졌다. 2012년 이후 무선 인터넷의 속도가 날로 빨라지고 언제 어디서나 영상을 볼 수 있는 고성능 스마트폰 보급이 확대되면서 영상 콘텐츠의 소비 양상이 달라지기 시작한다. 모바일과 초고속 무선 인터넷 시대는 온라인 영상 콘텐츠 소비를 폭발적으로 성장시켰다.

특히 영상 문화에 익숙하고, 소비자이자 생산자인 프로슈머(Prosumer)로서의 재능이 탁월한 10~20대는 자신들만의 문화를 온라인 영상 콘텐츠에 담아내기 시작했다. 그들 가운데 1인 미디어를 만드는 1인 제작자가 등장한다. 열정과 끼 그리고 아이디어가 있는 그들은 전문 제작자라기보다 방송 자체가 즐거운 아마추어 창작자다. 그들은 기존 방송 프로그램을 모방하는 데 그치지 않고 자신만의 영역을 개척했다. 결국 1인 미디어는 모바일 시대를 맞아 꽃을 피우기 시작했다. 흔히 '개인 방송'이라고 불리는 1인 미디어가 아프리카TV나 유튜브 등을 터전으로 조금씩 그 세를 넓혀 나가고 네이버와 다음 등 대형 포털이 온라인 영상에 대한 투자를 늘리면서, 온라인 전용 채널에 대한 트래픽은 폭발적으로 늘어나기 시작했다. 온라인 동영상에 대한 트래픽이 증가하자 광고주가 가장 발빠르게 주목했다. 광고주 입장에서는 이제 비싼 TV 광고 시간을 구매하지 않고도 수백만 명을 대상으로 TV보다 훨씬 저렴한 노출 단가로 영상 광고를 내보낼 수 있게 됐다. 특히 TV를 멀리하고 인터넷에 더 친숙한 이른바 '탈TV' 양상을 보이는 10~20대의 젊은 층에는 오히려 온라인 동영상 플랫폼이 효과적 홍보 매체로 자리 잡아가면서 온라인 영상 광고는 선택이 아닌 필수가 됐다.

이런 상황에서 등장한 것이 '1인 콘텐츠 미디어 플랫폼', '1인 콘텐츠 창작자 플랫폼', '다중 채널 네트워크(Multi Channel Network, MCN)' 등 다양한 이름으로 불리는 새로운 형태의 미디어다. 그중에서 MCN은 여러 개의 유튜브 채널과 제휴한 조직으로, 유튜브 파트너들의 연합 채널이라 할 수 있다. 각각의 MCN은 유튜브 내의 1인 제작자를 위해 스튜디오, 녹음 시설, 촬영 기자재 등 각종 시스템을 제공하고, 1인 제작자와 콘텐츠 공급 계약을 맺는다. 1인 제작자는 제작을 위한 각종 지원을 MCN에서 받는 대신 광고 수익을 MCN과 나눠 갖는다. 가수, 탤런트, 배우가 연예기획사와 계약을 맺는 것과 유사하다고 할 수 있다. 이 시스템을 두고 업계에서는 '제작자 매니지먼트' 시대가 열렸다고도 말한다.

유튜브를 운영하는 구글이 MCN에 힘을 기울이는 이유는 단순하지만 명확하다. 첫 번째 노림수는 수익이다. 구글은 기존 유튜브 제작자들이 체계적이고 비즈니스적인 조직을 통해 자체 수익 모델을 창출하기를 원한다. 유튜브는 해당 MCN에서 발생하는 광고 수익의 45%

를 플랫폼 사용비로 가져간다. MCN이 확대될수록 구글의 수익이 커지는 것이다. 두 번째는 콘텐츠 경쟁력 확보다. 구글은 1인 제작자의 한계를 MCN이 극복해 기존 미디어와 좋은 승부를 벌일 수 있는 고급 콘텐츠가 나오기를 기대한다. 세 번째 노림수는 비즈니스적 전략이다. '유튜브 스타'라 불리는 1인 제작자 콘텐츠는 온라인에서 큰 인기를 끌고 있다. 이들이 아마추어에 그치지 않고 비즈니스적으로 한 단계 더 진화한 콘텐츠를 제작한다면 트래픽 유입 확대로 이어지게 된다. 기존의 1인 제작자는 아무리 많은 구독자를 확보해도 수익으로 연결하는 데 한계가 있었다. 예를 들어 구독자 수가 100만 명인 1인 제작자 10명을 확보한 MCN은 단순 계산만으로 1,000만 명의 트래픽을 확보한 거대한 네트워크가 된다. 온라인 광고의 기본 과금 단위가 페이지뷰나 사용자 클릭 수인 것을 감안할 때, 사용자의 트래픽을 한곳으로 모아 시너지 효과를 낸다는 것은 더 다양한 광고주를 끌어들일 수 있다는 의미다. 콘텐츠가 좋은 MCN 채널 하나가 웬만한 TV 네트워크의 광고 수주액을 넘어서는 것도 가능하다는 이야기다. 구글의 MCN 전략에는 이처럼 온라인 미디어의 절대자로 장기 집권하기 위한 전략이 숨어 있다고 할 수 있다.

유튜브는 구글 검색 및 광고 플랫폼과의 결합을 강화해 구글의 성장을 위한 원동력이 되었다. 동영상에서 발생된 데이터를 이용해 검색력을 확장했다. 영상 패턴과 메타데이터를 제대로 활용하여 유튜브 서비스에 적합한 광고 모델 개발에 적용했다. 유튜브는 지구에서 가장 큰 방송국이다. 미국 내 웹 비디오 스트림 비중을 보면 동영상 트래픽에서 유튜브를 넘어설 경쟁자가 없다. 우리나라에서도 유튜브 이용 시간이 카카오톡이나 네이버 이용 시간을 넘어선 것으로 나타났다. 유튜브가 동영상은 물론 SNS, 검색, 음원 스트리밍 등 다양한 기능을 제공하기 때문이라는 분석이 나온다.

넷째, 데이터 기반 기술의 발전에 따른 AI로의 대전환을 서두르고 있는 모습에 주목해야 한다. 이를 통해 더 나은 킬러앱이 탄생할 수 있다.

2011년 경영의 최전선으로 돌아온 래리 페이지는 미래 전략에 몰두했다. 그는 AI에 집중했다. 데미스 하사비스(Demis Hassabis)가 설립한 딥마인드와 AI 핵심 기술을 가진 DNN 리서치를 인수하고, '구글=AI 기술 선두'라는 등식을 업계에 전파했다. 딥마인드는 이세돌과 세기의 바둑 대결을 펼친 알파고의 산실이다. 2016년 래리 페이지는 앞으로 모바일 퍼스트 시대가 가고 향후 10년은 AI 퍼스트 시대가 될 것이라고 공언했다. 미래 산업에 있어 AI에 전력을 쏟아부을 것임을 암시한 것이다.

2018년 구글은 자사의 모든 역량의 중심을 AI로 전환하겠다고 선언하고, 구글 내 선행 기술 개발 연구 조직인 '구글 리서치(Google Research)'를 '구글 AI'로 개편했다. 구글이 상용화를 목표로 발표한 기술들은 대부분 불과 2~3년 전 학계에서 논문으로 발표된 선행 연구들이다. 일반적으로 학계의 연구들이 산업계에 채택되고 상용 기술로 구현되는 데에는 기술 검증 과정 등의 이유로 상당한 시간이 소요된다. 또한 상용화 단계를 거치며 다양한 현실적 제약이 따르기 때문에 제품과 서비스로 구현되는 경우는 극히 일부다. 하지만 구글은 기술의 선행 개발 단계부터 학계의 연구 기관들과 함께하고 있으며, 자신들의 소프트웨어 개발 역량을 접목해 선행 기술들을 매우 빠르게 제품과 서비스에 적용하고 있다. 게다가 구글이 구축한 독보적인 컴퓨팅 인프라는 구글의 기술 상용화 속도를 더욱 가속화하고 있다. 선행 기술을 상용화 수준으로 구현하는 데에는 기술의 연구·개발 단계보다 훨씬 더 많은 컴퓨팅 리소스가 요구된다. 막대하게 요구되는 컴퓨팅 리소스에 대응하기 위해 구글은 개별 컴퓨팅 칩에서부터 클라우드에 이르기까지 다양한 혁신 기술을 개발하고 있는데, AI 구현에 최적화된 자체 하드웨어 개발이 그 핵심에 있다. 구글의 CEO 순다르 피차이(Sundar Pichai)는 미국 캘리포니아주 마운틴 뷰에서 열린 구글 개발자회의에서, 구글 어시스턴트를 비롯해 진화한 AI 플랫폼을 대거 공개하며 이같이 말했다.

"구글의 미션은 전 세계의 정보를 체계화하여 모두가 접근할 수 있고, 유용하게 만드는 것입니다. 구글이 더는 단순히 답을 찾는 것만 도와주는 회사가 아닙니다. 오늘날의 구글 제품들은 적절한 답변을 작성해주는 지메일의 스마트 컴포즈(Smart

Compose), 집으로 가는 가장 빠른 길을 찾아주는 구글 지도와 같이 사용자가 일상적인 일을 처리하는 것 역시 돕고 있습니다."

구글은 지메일의 스마트 컴포즈로 맥락을 이해함으로써 사용자가 빠르고 효율적으로 메일을 작성할 수 있도록 문장을 제안한다. AI를 통해 지구인의 문제를 해결하며 다양한 분야를 변화시킬 가능성이 있다는 그의 말에 고개가 끄덕여진다. 그러면서 구글에 어떤 AI 지원 기술들이 있는지 궁금해진다.

AI가 중요한 문제를 해결하려면 음성 인식의 정확도가 중요하다. 오디오와 비디오 데이터를 적절히 구사하여 말하는 사람의 음성과 자막을 분리하는 기술을 'Looking to Listen(보는 것을 통해 듣는 기술)'이라고 부른다. 순다르 피차이는 이 기술이 모든 사람을 위해 자막을 개선할 수 있는 잠재력을 가지고 있다고 강조했다. 'Looking to Listen'은 비디오/오디오 인식 기반의 음성 분리 기술로 특정인의 목소리만 들어도 영상 내에 자막을 정확히 생성하는 기능을 향상할 수 있다. 두 사람의 음성이 섞여 알아들을 수 없을 경우 입 모양을 기반으로 유추해내기도 한다. 구글 듀플렉스(Google Duplex)도 중요한데 이는 대화형 AI의 상위 버전이다. AI가 사람처럼 언어를 구사하며 미용실과 식당 등에 전화를 걸어 사용자 대신 예약을 진행한다. 전화를 받은 상대방은 통화자가 AI라는 사실을 눈치채지 못한다. 이렇게 인간과 자연스러운 대화가 가능한 듀플렉스 기술의 핵심은 바로 딥러닝에 있다. 듀플렉스 기반을 근거로 AI 콜센터(Hold for Me)도 등장했다. 안드로이드 파이 9(Android Pie 9)는 2018년 3월 처음 출시되었는데, 이는 알파고를 개발한 딥마인드와 협력하여 AI를 통해 사용자가 가장 많이 사용하는 앱의 우선순위를 파악해 배터리 수명을 연장하는 기술을 구현했다. 기계 학습을 기반으로 한 안드로이드 파이는 사용자의 휴대전화 사용 패턴을 학습해 스마트폰이 개별 사용자가 맞춤형으로 이용하는 데 도움을 준다. 순다르 피차이는 이러한 과정을 "사용자로부터 배우고, 사용자에 맞춰간다(Learn from users, and then adapt to users)"라고 설명했다. 초기 상태의 안드로이드가 모두 동일한 기능과 설정으로 배포될지라도 사용자의 이용 패턴에 따라 서로 다른 형태의 안드로이드로 지능화되는 것이다. '온 디바이스 기계 학습(On-device Machine Learning)'으로 대변되는 이러한 방식의 기계 학습을 통해 구글은 사용자의 의도를 예측해 기능을 추천하거나, CPU 사용을 최적화해 배터리를 절감하고, 개인별로 최적화된 화면 밝기를 설정해주는 등의 다양한 지능형 서비스들을 구현해 안드로이드 파이에 탑재했다. 또한 구글은 이미지 인식 기반의 서비스인 구글 렌즈(Lens)에 진화된 AI 기술을 접목해 안드로이드 파이에 적용했다.

자율주행차가 AI와 밀접한 관련이 있는 것은 이제 누구나 아는 사실이다. 웨이모는 자율주행 자동차 회사로, 구글의 모기업인 알파벳의 자회사다. 구글은 무인자동차를 통해 교통사고 예방, 자유로운 시간 활용, 탄소 배출 감축을 꾀할 것이라고 선언했다. 구글에는 이미 무인자동차로 출근하는 직원들이 있다. 이 자동차는 비디오카메라, 방향표시기, AI 소프트웨어, GPS, 여러 가지 센서 등을 기반으로 작동한다. 구글카는 운전에 필요한 다양한 정보를 수집한 후 이를 해석해 의사 결정을 내린다. GPS를 통해 현재 위치와 목적지를 끊임없이 비교하면서 원하는 방향으로 핸들을 돌린다. 목적지를 설정한 후 규정된 지점만 지나면 자동 운전되는 항공기와 같은 원리다. 여기에 레이더, 카메라, 레이저스캐너가 도로의 다양한 정보를 확보한다. GPS가 조향 장치 개념이라면 이 장비들은 사물 탐지와 충돌 방지 장치다. 이렇게 수집된 데이터는 구글 컴퓨터가 종합 분석해 방향 조작, 가·감속, 정지 등 운전에 필요한 최종 의사 결정을 내린다. 모회사인 구글의 AI 기술을 접목함으로써 웨이모의 자율주행 기술을 혁신적으로 진보시킬 수 있다. 웨이모의 연구팀과 구글의 AI 연구팀(Google Brain)의 협업으로 자율주행 기술을 매우 빠르게 발전시킬 수 있었다. 실제로 보행자 인식 기술의 경우 딥러닝 적용으로 인식 오류를 100배나 개선할 수 있다. 웨이모는 자사의 자율주행 기술을 실제 도로에서 검증하고 있다. 웨이모에 적용되고 있는 AI 기술은 단순한 장애물 인식 수준을 넘어 자동차가 상황을 예측하고 사고를 방지하기 위한 의사 결정을 스스로 실행하는 단계에까지 이르고 있다는 점에서 자율주행 기술의 완성도를 더욱 높이고 있다. 이처럼 맞춤형 AI 하드웨어 개발 전쟁이 한창 가열되는 가운데, 최적화된 컴퓨팅 칩인 텐저 프로세서 유닛(TPU, Tensor Processing Unit)에 공을 들이고 있다. 이는 구글이 자사 클라우드 서비스를 아마존의 스케일에 버금가는 플랫폼으로 성장시키길 원하며, 더 나은 머신러닝 기술을 제공하는 것을 우선 과제로 삼고 있다는 것을 말한다. 선행 기술을 상용화 수준으로 구현하는 데에는 훨씬 더 많은 컴퓨팅 자원이 필요하다. 구글은 이에 대응하기 위해 개별 컴퓨팅 칩에서부터 클라우드에 이르기까지 다양한 혁신 기술을 개발하고 있다. AI가 TPU를 통해 실행될 경우 엔비디아나 인텔 등의 범용 GPU에서 실행될 때보다 훨씬 높은 성능으로 구동된다. 게다가 구글은 이러한 고성능의 개별 TPU를 클라우드 환경에서 병렬로 연결해 TPU를 동시에 활용할 수 있는 시스템으로 구현해내고 있다.

다섯째, 인도와 신흥 시장 공략을 통해 세계를 구글 천하로 만들려는 야심에 주목해야 한다.

각 나라에 맞는 킬러앱 전략이 필요하다. 각 나라의 인터넷 수준, 수용성, 확장성에 맞는 킬러 콘텐츠가 제대로 정착해야 구글라이제이션이 가능하기 때문이다. 세계 최고의 IT 기업 명성에 맞게 구글은 인터넷 생태계 장악력을 한층 더 강화하기 위해 신흥 시장 공략에 공을 들이고 있다.

그 중심에 인도 시장이 있다. 인도는 영어권 국가인 데다, 외국 기업들에게 규제가 강한 편이기는 하지만 중국과 비교하면 새 발의 피다. 특히 2014년 취임한 나렌드라 모디 총리는 개방형 경제 정책을 통해 외국계 기업들에 대한 규제를 철폐했다. 중국은 이미 텐센트, 알리바바, 화웨이, 레노버 등 자국 기업을 강하게 키워주는 정책을 펼치고 있다. 이들이 중국 인터넷 시장을 평정한 상태라 구글이 진출하기에는 한계가 있다. 중국이 미국 다음으로 중요한 시장이기는 하지만, 미국에 기반을 둔 글로벌 IT 기업이 공략하기가 쉽지 않다. 중국 시장에서 부진한 애플의 팀 쿡이 인도를 방문해 모디 총리에게 구애를 펼친 것도 같은 이유다.

그 배경에는 인도 스마트폰 시장의 성장 전망이 있다. 인도 시장을 차지하기 위한 글로벌 IT 기업들의 구애가 치열하다. 인도는 스마트폰 보급과 함께 통신비 지출이 확대되고 인터넷 시장 규모 또한 자연스럽게 커지고 있는 상황이다. 구글은 인도 뉴델리에서 '구글 포 인디아' 행사를 열고, 인도 시장을 위한 새 제품과 프로그램 등을 발표했다. 당시 데이터 통신 비용을 대폭 절감할 수 있는 스마트폰 동영상 서비스 앱 '유튜브 고(YouTube Go)'는 킬러앱으로 큰 주목을 받았다. 구글은 유튜브 고를 다른 나라보다 인도에서 먼저 서비스를 시작하겠다고 밝혔다. 텍스트의 시대에서 이미지-영상 시대로 흘러가는 세상에서 유튜브는 구글의 인터넷 핵심 사업이라 할 수 있다. 인도에서 가장 먼저 서비스를 시작한다는 것은 인도가 구글의 지속적인 성장 동력을 위한 핵심 축으로 자리 잡았다는 것으로 이해할 수 있다.

Next

블록체인과 킬러앱

킬러는 어둠을 헤치고 새롭게 태어난다

Killer
App

비트코인이 블록체인의 킬러앱이라고 할 수 있는지 의문을 제기할 수도 있다. 비트코인으로 소비자가 체감할 만한 편익이 있었던가? 생산자가 비트코인 기반 블록체인을 활용하여 비용 절감을 느낄 정도의 기술이라고 의지할 수 있었던가? 이를 차치하고 비트코인이 대중 깊숙이 파고드는 상황에 이르렀던가? 분명 블록체인과 암호화폐를 볼 때 사람들이 일상에서 빈번히 사용하는 앱이 마땅히 없다. 그렇다면 블록체인이라는 인프라가 구축된 상황에서 이를 일반인에게 친근히 다가가게 만드는 전략은 무엇일까?

06

새로운 블록체인 시대의 서막

페이스북의 CEO 마크 저커버그(Mark Zuckerberg)는 딸들에 대한 애정에서 미래 세대에 대한 배려를 보였다. 그러나 그는 명성과 함께 사용자 데이터 보호에 대한 비난을 접했다. 2019년 그는 인스타그램과 왓츠앱 등 소셜 플랫폼 포트폴리오에 있어 일련의 변화된 소회를 밝혔다. 자사 앱의 새로운 디자인과 기능은 회사가 사용자 데이터를 최대한 보호하는 방법으로 이루어질 것이라면서, 프라이버시를 최우선으로 신뢰를 회복하기 위해 할 일이 많다는 것을 인정했다. 기업의 미래는 사적 영역을 최대한 보호해야 하며, 페이스북은 사생활 보호 관점에서 많은 비판을 받고 논란이 되는 기업임을 인정한 것이다. 하긴 2019년 개인정보 유출 이후 북미와 유럽 내 이용자 증가율이 크게 둔화되어 주가가 하락했다. 그런 점에서 페이스북이 회사의 전체 인프라에 걸쳐 프라이버시를 암호화하는 방법을 찾는 데 초점을 맞추는 것은 바람직하다. 그에게도 하루아침에 프라이버시를 완벽히 보호하는 확실한 모든 해답은 없는 것 같다. 프라이버시 보호를 위한 지속적 대화를 대중과 간단없이 할 것이란 그의 의사에서, 데이터의 중앙화와 분산화에 대해 생각해본다. 마크 저커버그는 어떤 생각을 솔직히 갖고 있나?

> "완전히 분산된 시스템이라면 개인이 강력한 권한을 갖게 될 것이다. 하지만 어떤 측면에서는 책임감 있는 대기업이 데이터를 관리하고 보유하는 게 훨씬 쉬울 수 있다. 매우 흥미로운 사회적 문제라고 본다."

저커버그의 말에서 블록체인이 갖고 있는 효용성과 한계가 오버랩된다. 어쩌면 그는 데이터 경제에서의 명과 암을 제대로 알고 있는 CEO란 생각이 든다. 개인이 자기 정보를 소유하고 탈중앙화 시스템에 저장하며, 중개자를 거치지 않고 로그인할 수 있는 옵션을 가지는 것이 바람직할 수 있다. 그러나 이것이 항상 효율적이고 문제가 없을까? IBM, 네슬레, 폭스콘, 허니웰, 월마트, 아마존, BMW, 마스터카드 같은 글로벌 대기업은 부품이나 상품의 데이터를 추적하는 데 주로 블록체인 기술을 사용한다. 대기업들이 블록체인을 활용하는 두 번째 분야는 지불-결제 시스템이다. 전 세계 소셜 미디어의 대표 주자인 페이스북이 블록체인 기술을 적용한 가상 자산 발행에 다시 속도를 내고 있다. 두 차례의 청문회를 거치며 창업자인 마크 저커버그가 정치권의 뭇매를 맞고도 페이스북에서 가상 자산을 포기하지 못하는 이유는 뭘까?

페이스북 입장에서는 회사의 성장을 담보하기 위해 반전 카드가 절실하다. 페이스북의 미국 내 광고 시장 점유율은 크게 반전될 것이라고 생각되지 않는다. 기존 이용자를 확실히 다잡고, 인도를 비롯한 신규 시장을 개척하기에 적합한 카드는 무엇일까? 이런저런 생각을 하면, 개인정보 보호뿐 아니라 성장 신화에 지속적으로 불을 지필 수 있는 회심의 카드에 대한 대표의 고민은 깊어갈 수밖에 없을 것이다. 문득 이런 이야기가 그의 진심을 파고드는 것이 아닐까? 그래서 페이스북 주가도 상승 곡선을 그릴 수 있는 것 아닐까? 인터넷 기업은 기존 은행 등 금융업체 대비 비용 측면에서 우위에 있다. 이용자 데이터를 독점해 다양한 비즈니스 영역에서 활용할 수 있다. 미국 소비자의 상당수가 1년에 주거래은행을 바꾸고 있어, 인터넷 기업이 금융시장에 진출하면 파장이 적지 않다. 그런 생각을 하며 블록체인과 암호화폐에 대한 이야기를 시작해보기로 한다.

블록체인에 대한 오해와 편견

블록체인이란 모든 거래 당사자가 거래 장부를 나눠 보관하여 거래의 투명성을 확보하는 분산형 데이터베이스 관리 시스템을 말한다. 거래에 참여한 모든 거래 당사자는 동일 내용의 거래 장부를 나눠 가지는데, 이는 자본주의가 고도화되기 전까지 일견 당연한 일이었다.

자본주의가 발전하고 거래에 참여하는 인원이 늘어남에 따라 모든 당사자가 거래 장부를 함께 보관하는 것은 불가능해졌다. 은행 같은 금융기관이 등장해 거래 당사자가 장부에 자본 거래 내역을 보관하고, 거래가 있을 때마다 장부 내용을 변경하고 자본 출납을 관리하여 대규모 거래를 처리하는 게 보편화되었다. 은행 등 금융기관은 거래 장부를 보관하기 위해 대규모 인력, 인프라, 중앙집권형 데이터베이스 관리 시스템을 갖춰야 했다.

지금까지 널리 이용되고 있는 중앙집권형 데이터베이스 관리 시스템은 두 가지 단점이 있다. 하나는 거래를 진행하기 위해 중간에 은행 같은 신용 있는 거래 당사자가 데이터베이스를 보관하는 대규모 인프라를 갖춰야 한다는 점이다. 다른 하나는 거래 장부가 한곳에 보관되기 때문에 거래의 위조와 변조가 쉽다는 점이다. 이로써 대규모 인프라를 갖추지 못한 자잘한 거래 장부는 도무지 믿을 수가 없었다. 심지어 신용 있는 당사자인 은행에서도 내부자나 외부인이

횡령을 저지르거나 해커가 침입하여 거래 장부를 위조 또는 변조하는 일이 발생했다.

블록체인은 이러한 중앙집권형 데이터베이스 관리 시스템의 문제를 해결해준다. 블록체인이란 이름은 거래내역(Block)을 연결(Chain)했다는 뜻으로 거래내용을 분산한(분산원장) 데이터베이스이자 플랫폼이다. 대규모 인프라와 신용 있는 거래 당사자가 없어도 믿고 거래할 수 있는 시스템을 만들어준다. 블록체인의 장점을 가장 잘 드러낸 대상이 바로 암호화폐(가상자산)다. 물론 암호화폐는 화폐가 아니라 투기 수단으로 변질되었다는 혹평을 받기도 한다. 그러나 암호화폐 시스템은 적어도 중앙의 대규모 인프라 없이도 잘 운영되고 있

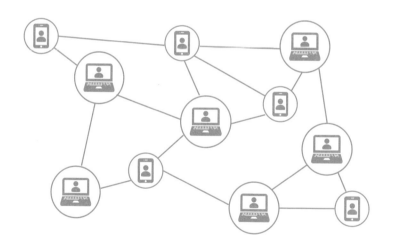

블록체인은 거래에 참여한 모든 거래 당사자가 동일한 거래 장부를 나눠 보관해 거래의 위조 및 변조를 막는 기술이다.

고, 모두가 거래 장부를 나눠 보관한 후 그 내용이 일치해야만 거래를 승인하기 때문에 거래 시스템이 해킹당하는 일도 없다. 수많은 곳에 흩어져 있는 거래 장부를 해커가 동시에 해킹한다는 것은 현실적으로 불가능하다.

이러한 장점 덕분에 블록체인은 기존의 거래 방식을 바꿀 새로운 수단으로 주목되고 있다. 기술의 발전 덕분에 거래 당사자가 거래 장부를 나눠 가진 후 이를 바탕으로 거래를 진행할 수 있는 세상이 열린 것이다. 블록체인과 이를 기반으로 한 암호화폐 '비트코인'의 개념은 2009년 사토시 나카모토(Satoshi Nakamoto)라는 정체불명의 개발자가 처음 선보였다. 사토시 나카모토는 이를 '신뢰에 의존하지 않는 전자거래용 시스템'이라고 표현했다. 이후 많은 개발자와 기업이 블록체인의 가능성을 높게 보고 블록체인 시스템 개량에 나섰다.

러시아 출신의 캐나다 개발자 비탈릭 부테린(Vitalik Buterin)은 블록체인에 거래 장부뿐만 아니라 스마트 계약(Smart Contract)을 첨부해 블록체인 기반의 거래 시스템을 만들 수 있는 '이더리움'을 고안했다. 스마트 계약은 디지털 명령어로 계약을 작성해 조건에 따라 계약 내용이 자동으로 이행되는 소프트웨어 프로그램 계약을 말한다. 이더리움 블록체인은 거래 장부뿐만 아니라 SNS, 이메일, 전자투표 같은 계약에 다양한 내용을 담을 수 있다. 중국의 개발자인 패트릭 다이(Patrick Dai, 슈아이 츄)는 블록체인 위에서 앱을 실행할 수 있는 기술을 개발하고 '퀀텀(Qtum)'이라는 이름으로 상용화에 나섰는데, 이는 거래 장부보다 분산형 데이터베이스 관리 시스템이라는 속성을 눈여겨본 아이디어다.

이러한 개별 개발자들뿐만 아니라 기업들도 컨소시엄을 구성하고 블록체인 연구와 상용화에 나섰다. 대표적인 블록체인 컨소시엄이 '하이퍼레저(Hyperledger)'와 'R3CEV'다. 하이퍼레저는 리눅스재단과 IBM, MS 등 IT 기업을 중심으로, R3CEV는 골드만삭스, JP모건, 바클레이즈(Barclays) 등 은행과 금융기관을 중심으로 구성된 컨소시엄이다.

현재 시중에 등장한 암호화폐 가운데 상당수는 암호화폐 배포 자체가 목적이 아니며, 비트코인의 낡은 블록체인 시스템을 개량하기 위해 개발된 경우가 많다. 블록체인 기술 발전을 목적으로 등장한 암호화폐의 대표적 사례로는 이더리움, 리플, 라이트코인 등을 들 수 있다.

블록체인은 누구나 거래 당사자로 참여할 수 있는 퍼블릭 블록체인(Permissionless)과 권한 있는 사람과 기업만이 거래 당사자로 참여할 수 있는 프라이빗 블록체인(Permissioned)으로 나눌 수 있다. 퍼블릭 블록체인은 현재 암호화폐 시스템을 지탱하고 있는 핵심 축이다. 암호화폐만 구매하면 누구나 퍼블릭 블록체인에 거래 당사자로 참여할 수 있다. 퍼블릭 블록체인은 신용 있는 거래 당사자와 대규모 인프라 없이도 거래가 가능함을 보여주었다. 비트코인이나 이더리움 등의 암호화폐가 대표적으로 퍼블릭 블록체인에서 구동된다.

하지만 한 가지 치명적인 문제가 있다. 블록체인 속 전체 데이터가 동기화되는 데 매우 오랜 시간이 걸린다. 모든 거래 장부가 일치해야 거래를 진행할 수 있는데, 수많은 곳에 흩어져 있는 거래 장부를 빠른 시간에 일치시키기란 현실적으로 어렵다. 사토시 나카모토도 이 사실을 잘 알고 있었기에, 전체 동기화 대신 거래 당사자 근처에 있는 일부 거래 장부만 일치해도 거래가 진행되도록 시스템을 구축했다.

이러한 고육지책에도 불구하고 퍼블릭 블록체인은 여전히 거래 속도가 느리고, 느린 거래 속도 때문에 많은 거래가 바로 진행되지 못하고 대기 상태에 머무르는 시간이 길다. 퍼블릭 블록체인에 참여하는 거래 당사자가 증가할수록 거래 속도는 더욱 느려질 수밖에 없다. 많은 개발자들이 이러한 퍼블릭 블록체인의 느린 데이터 동기화 속도를 개선하기 위해 신기술을 개발하고 있다. 이들의 목표는 실시간 데이터 동기화는 어렵더라도 최소한 거래 당사자들이 납득하고 기다릴 수 있는 시간 안에 거래가 승인되도록 하는 데 있다.

프라이빗 블록체인은 권한 있는 거래 당사자만으로 블록체인을 구축함으로써 블록체인의 단점이었던 느린 데이터 동기화 속도를 개선한 기술이다. 권한 있는 거래 당사자란 개인보다는 블록체인용 인프라를 제공할 수 있는 기업이나 관공서를 의미한다. 참여한 당사자 수가 적고 블록체인용 인프라의 질도 뛰어나서 거의 실시간으로 전체 거래 장부를 동기화할 수 있다. 누구나 참여할 수 있다는 당초의 블록체인 정신은 조금 퇴색되었지만, 거래 장부의 위·변조가 불가능하다는 속성은 그대로 유지된다. 클라우드 컴퓨팅에서 블록체인용 인프라를 사용하여 시스템 구축과 서비스 개발 기간도 조금이나마 앞당길 수 있다.

　대부분의 기업은 퍼블릭 블록체인보다 프라이빗 블록체인 개발에 더 집중하고 있다. 기업은 보안성을 중시하여 위·변조가 불가능한 거래 장부를 신뢰한다. 누구나 참여할 수 있는 인프라는 꼭 필요하지 않을 수도 있다. 프라이빗 블록체인도 거래 장부와 데이터를 나눠서 보관하기 때문에 데이터베이스의 규모를 확대하는 것이 어렵다. 블록체인 컨소시엄에 소속된 기업과 은행은 데이터를 분산하여 보관하면서도 프라이빗 블록체인의 전체 데이터베이스 규모를 확대하는 데 개발 역량을 집중하고 있다. 시간이 지나면서 초기와 달리 블록체인이 만능이란 오해는 사라졌고, 블록체인이 비트코인과 대비되어 블록체인은 선이고 비트코인은 악이란 편견도 많이 줄어들었다.

블록체인 혁명 가운데 우리는 어디에 있나

1962년 에버렛 로저스(Everett Rogers)는 혁신 확산 이론(Innovation

Diffusion Theory)을 통해 기술혁신이 대중과 사회 전반으로 확산되어 수용되는 과정을 이론화했다. 그가 말한 '기술 수용 주기 곡선(Diffusion of Innovation Curve)'을 살펴보자.

이 이론에 따르면, 혁신과 첨단 기술을 수용하는 과정에 5개 그룹이 있다. 어떤 기술은 갑자기 수용될 수 있지만, 일반적으로 사회 구성원이 새로운 기술을 받아들이는 과정에는 상당한 시간이 걸린다. 아래 그림에서 '혁신 수용자'는 새로운 기술을 선호하며 첨단 기술에 거부감이 없는 자를 말한다. 블록체인 기술은 아마도 이 2.5%의 지점을 지나 13.5%에 해당하는 '선각 수용자' 단계에 있다고 생각

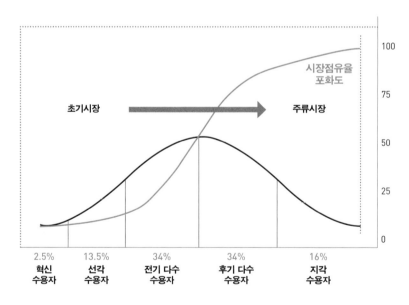

에버렛 로저스의 기술 수용 주기 곡선

한다. 선각 수용자는 기술 수용에 진보적 성향이 뚜렷하고 첨단 기술에 호의적이다. 실용적인 블록체인 기술 성과가 별달리 없는 상황에서 실용주의자인 '전기 다수 수용자'는 성과를 기다리고 있다. 기술이 발전해도 이를 수용하는 데 보수적인 집단도, 회의적인 집단도 있다. 이들은 각각 '후기 다수 수용자'와 '지각 수용자'로 명명된다.

혁신 수용자를 지나 선각 수용자의 길에 진입한 블록체인은 블록체인 가치를 입증해야 하는 실험대에 놓여 있다. 기술력의 가치가 입증되어야 대다수 세계인이 블록체인을 신뢰할 만한 기술로 인정할 수 있다. 그래야 블록체인 수용을 주저하는 현재의 대다수가 점진적으로 받아들이게 될 것이다. 현재 시장은 기술에 대한 믿음이 확고하지 못한 상태에서 대중의 믿음을 사는 전략을 펴야 하는 시기다.

기술혁신의 수용 과정에서 단절된 시장의 모습을 이론화한 학자가 있다. 비즈니스 컨설턴트이자 첨단 기술 분야의 마케팅 전문가인 제프리 무어(Geoffrey Moore)다. 그의 캐즘 이론(Chasm Theory)은 블록체인이 처한 현재의 상황을 가장 잘 설명해주고 있다. 캐즘은 절벽 또는 단층을 의미한다. 이 거대한 단절을 넘어서려면 결국 블록체인이 유용하다는 것을 보여주어야 한다. 반드시 뛰어넘어야 할 가장 큰 캐즘은 무엇일까? 처리 속도를 비롯한 성능, 사용처, 합의 알고리즘, 법률과 규제는 대중화로 가는 길의 주요 걸림돌이라고 할 수 있다. 기술적 걸림돌을 해결하기 위하여 초기 혁신가들이 다양한 노력을 기울이고 있다. 그러한 노력이 성과를 보려면 어느 정도의 시간이 걸릴 것이다. 캐즘을 반드시 넘고 말겠다는 의지를 보이는 블록체인 스타트업들의 방에는 밤에도 불이 꺼지지 않을 것 같다.

블록체인과 킬러앱의 향방

흔히 블록체인을 인터넷에 비유한다. 1990년대 인터넷이 등장해 전 세계를 연결한 것처럼 블록체인을 통해 다시 한 번 대혁신이 일어날 것이라는 기대가 반영돼 있다. 기업과 여러 기관이 블록체인 프로젝트에 착수하고, 지자체는 자체 암호화폐를 발행하고, 회사 데이터베이스를 블록체인으로 교체한다는 소식을 듣는 일도 이제 새롭지 않다. 누군가는 블록체인이 지금까지 크게 보여준 것이 없다고 비난한다. 아무도 사용하지 않는 기술은 의미가 없다. 쓸모없는 기술이 과장되면 버블이 생기기 마련이다. 2000년대 초 IT 회사들이 닷컴 버블을 일으키고 그 투자의 후유증으로 사회적으로 문제가 심각한 수준에 이르렀다. 그 결과 전 세계적으로 닷컴 기업에 대한 불신이 팽배했다. 이후 2017년부터 닷컴 버블을 능가하는 암호화폐 버블이 2018년 초까지 진행되다가 꺼졌다. 당시 암호화폐 기반 기술인 블록체인은 만병통치약 같은 기술로 통했다. 이제 냉정하게 블록체인 기술을 바라볼 때다.

인터넷을 처음 접했을 때 밤새는 사람들이 늘어났다. 재미있고 신기한 장난감이었던 인터넷은 문서들이 하이퍼링크되어 있는 웹이라는 정보의 바다였다. 인터넷 서핑을 하면서 신대륙을 감상했고, 정보를 여기저기 퍼 나르면서 지구 반대편에 있는 낯선 사람들과 실시간으로 메일과 메시지를 주고받을 수 있었다. 지구인은 인터넷의 마법에 빠졌고, 그로부터 20여 년 동안 세상은 크게 변모했다. 모든 와해성 기술은 탄생해서 성숙 단계를 거치기까지 상당한 시간이 걸린다. 인터넷이 대중화되기까지 10년이 걸렸고, AI는 더 오랜 인고의 세월을 보내야 했다. 포스트 인터넷이라고 하는 블록체인에 사람들은 인터넷만큼 열광하지 않는 것 같다. 그 이유는 비트코인 후 일상에서 우리 인식에 와 닿는 신천지를 아직 보여주지 못했기 때문이다. 그래도 블록체인은 가능성이 많은 기술로, 그 잠재 가능성을 현실화하는 것이 인류의 과제다. 미국만 보더라두 블록체인에 대한 기업 투자액이 계속 증가하고 있다. 금융업에서 블록체인 투자 지출이 가장 높아 전자 결제와 P2P(Peer to Peer) 대출이 유망하지만, 금융업에만 국한하지 않는다. 유통 전 과정을 추적하는 물류서비스업을 비롯하여 디지털 인증, 예술품의 진품 감정, 위조화폐 방지, 전자투표, 전자시민권 발급, 차량 공유, 부동산등기부, 병원 간 의료 기록 관리 공유, 저작권 보호처럼 신뢰성이 요구되는 다양한 분야에 활용할 수 있다.

누군가는 블록체인에서도 킬러앱이 나올 때가 되었다고 한다. 그

의미는 무엇일까? 초인플레이션으로 자국 통화가치가 급락한 베네수엘라에서는 암호화폐 거래가 급증했다. 세계적 붐을 일으킨 암호화폐 자체가 킬러앱이므로 이를 양성화해야 한다는 주장도 나온다. 비트코인은 거의 제로에서 2017년 말 2,000만 원을 호가했고 2020년에 다시 급반등했다. 누군가는 버블을 논했고, 누군가는 흙수저 젊은이들이 팔자를 고치자고 나서자 그들을 '코인충'이라며 비하했다. 비트코인으로 블록체인이 알려졌기에 비트코인이 블록체인의 킬러앱이라고 할 수 있는지 의문을 제기할 수도 있다. 비트코인으로 소비자가 체감할 만한 편익이 있었던가? 생산자가 비트코인 기반 블록체인을 활용하여 비용 절감을 느낄 정도의 기술이라고 의지할 수 있었던가? 이를 차치하고 비트코인이 대중 깊숙이 파고드는 상황(mass adoption)에 이르지는 않았다. 그러니 비트코인을 킬러앱으로 보는 것 자체는 킬러앱의 정의로 보건대 무리가 있다는 견해도 경청할 만하다.

비트코인과 이더리움 이후에는 이더리움처럼 플랫폼을 먼저 선점하기 위하여 네오(NEO), 퀀텀(QTUM), 아이콘(ICON), 에이다(ADA), 이오스(EOS) 등 수많은 플랫폼 지향 블록체인이 탄생했다. 플랫폼 위에 올리는 댑(dApp, decentralized Application, 탈중앙화와 응용프로그램의 합성어)보다 플랫폼 자체에 더 많은 가치가 모일 것이라는 믿음 때문에 일어난 현상이었다. 인터넷과 모바일 시대를 경험하면서 사람들은 플랫폼의 가치를 알게 되었다. 블록체인이 생기면서 블록체인 플랫폼을 차지하기 위한 경쟁이 일어나고 있다.

플랫폼 경쟁의 한가운데서 블록체인 활성화를 위해 플랫폼 위에서 작동하는 킬러댑(Killer dApp)에 대해서도 생각해본다. 플랫폼 블록체인은 플랫폼을 활성화하려고 다양한 댑을 발굴하고 배양(인큐베이션)하여 투자를 유도하고 있다. 문제는 댑 사용자가 지나치게 적다는 점이다. 인터넷이나 모바일 이용자와 비교할 때 터무니없는 숫자다. 그래서 댑이 대중에게 널리 퍼져 일반적으로 사용(mass adoption)되는 수준으로 킬러앱이 되는 것이 굉장히 어려워 보인다. 일부에서는 킬러앱보다 만능이라 믿었던 블록체인의 기술을 새로이 인식하는 것이 선행되어야 한다고 생각하는데, 둘 다 중요한 문제로 보는 것이 바람직하다.

우리는 서두에서, 새로운 기술이 나오면 인프라가 먼저 만들어지는 것이 아니라 사람들이 많이 사용하는 킬러앱이 먼저 나오고 이를 쉽게 사용하도록 하는 인프라가 만들어지는 방식을 이해했다. 그런데 블록체인에는 이 방식이 적용되지 않는다는 의견이 제기된다. 블록체인과 암호화폐를 볼 때 사람들이 일상에서 빈번히 사용하는 앱이 마땅히 없다. 블록체인이라는 인프라가 구축된 상황에서 이를 일반인에게 친근히 다가가게 만드는 전략은 무엇일까? 현재의 인프라를 바탕으로 새로운 앱이 나오고, 이런 식으로 '앱→인프라→앱→인프라' 같은 선순환 사이클을 형성하는 것이 바람직한 전략이라고 생각한다. 블록체인 기술이 대중화하려면, 모바일 시대를 주름잡은 카카오톡처럼 시장을 재편할 수 있는 정도의 킬러앱이 블록체인 분야에서도 나와야 한다는 지적은 그래서 꼭 틀린 이야기는 아닐 것이다.

다만 이미 인프라가 있는 상태에서 그 인프라가 제대로 된 것인지 점검할 필요는 있다. 성공 사례를 기반으로 다양하고 새로운 시도가 이어지면서 제2, 제3의 킬러앱이 등장하면 암호화폐를 통한 자본 흐름도 활발해지면서 블록체인 생태계가 제대로 성장할 수 있다. 현재까지 시도된 다양한 블록체인 기반 앱들은 대부분 반드시 블록체인 기술이 도입되지 않아도 기능할 수 있는 것들이다. 그런데 블록체인 기반 앱들은 쉽게 이용하거나 즐기기가 어렵다는 인식이 퍼져 있다. 블록체인 기반 게임을 하려면 암호화폐 거래소에서 인증 절차를 거쳐 코인을 사고 지갑을 산 뒤에야 게임을 시작할 수 있었다. 이용할 때 발생하는 수수료가 높아 문제를 겪기도 한다. 그래서 우리는 불안전한 블록체인 인프라를 제대로 개선하고 괜찮은 킬러앱을 탄생시키는 과업을 동시에 추구해야 한다.

앱→인프라→앱→인프라의 선순환을 고대하면서 블록체인 혁명을 생각하니, 블록체인의 기술적 한계가 언젠가 극복될 것으로 기대된다. 사용자에게 중요한 것은 기술의 유용성이다. 기술이 좋다는 데 이론이 없을 때 킬러앱이 탄생한다. 사용자의 관점에서 블록체인 기술 사용 여부를 전혀 모르는 상태에서 킬러앱이 될 수도 있다. 그 기술이 탈중앙화를 어느 정도 포기하고 상당히 중앙화한 블록체인 기술일 수도 있고, 지금은 상상할 수 없는 전혀 새로운 형태의 블록체인 기술일 수도 있다. 결국은 PC가 나올 때 스프레드시트 프로그램처럼, 인터넷이 나올 때 이메일처럼, 모바일이 나올 때 카카오톡처럼 고객이 느끼기에 기존의 것보다 10배, 100배 이상 좋은 느낌의 블록체인 기반 앱이 나올 때 킬러의 조건을 갖추게 되는 것이다.

블록체인의 경우 더 나은 인프라를 위해 블록체인이 가진 기술의 딜레마를 이해하고 킬러앱을 함께 구상해야 대중화에 성공할 수 있을 것 같다. 블록체인 기반 게임 중 가장 성공적인 사례로 평가받은 크립토키티(CryptoKitties)나 글 쓰고 돈 버는 스팀잇(Steemit)은 부진을 겪고 있는 사례로 전환됐다. 이들 모두 암호화폐와 블록체인 생태계 전반이 부진한 영향을 받은 것이 사실이지만, 이용 구조와 비즈니스 모델 자체가 견고하지 못하다는 지적도 받았다. 크립토키티는 게임에서 이뤄지는 모든 활동을 이더리움에 기록하면서 네트워크 과부하로 전송 수수료가 급등했고, 스팀잇은 이용자들이 돈을 버는 구조로 인기를 끌었지만 운영진이 가져가는 몫이 거의 없다시피한 탓에 오히려 위기를 맞았다는 분석이다. 그래서 인프라와 앱 간의 선순환이 무엇보다 중요하다.

2019년 6월 미국의 경제 전문지 〈포브스〉는 '블록체인과 암호화폐에 대한 5가지 미래 예측'이라는 보고서를 통해, "금융, 에너지, AI 등 여러 산업군에서 블록체인 활용 방안을 적극적으로 모색하고 있다"며 "향후 기업들의 블록체인 접근 속도는 더욱 빨라질 것"이라 내다봤다. 보고서는 2018년 지속된 암호화폐 시장의 붕괴가 오히려 블록체인 산업의 진정한 혁신과 제품 개발에 집중할 수 있는 환경을 만들었다고 긍정적으로 평가했다. 즉 블록체인 기술이 오직 암호화폐 생성을 위한 용도로만 쓰이는 시대는 지났다는 것이다. 그리고 블록체인은 업계 주요 게임 체인저를 위한 인프라적 기술이기 때문에 한 분야에 국한된 킬러앱으로 성장할 수 없다고 주장했다. 현재 산업 곳곳에 산재한 비효율성을 탐구해 그 성능과 잠재력을 향상시키는 데 블록체인 기술이 쓰여야 한다는 의미다. 그러면서 "블록체인은 하나의 킬러앱으로 제한해버리기에는 너무 다양하고, 많은 분야에서 이를 필요하기 때문"이라 설명했다.

블록체인 기술을 활용한 혁신의 주요 사례로는 게임을 꼽았다. 게임 회사들과 게이머들이 이미 수년간 비표준 디지털 통화에 익숙해졌기 때문에, 게임에서 암호화와 블록체인 역시 자연스러운 진화로 받아들여진다는 것이다. 또한 e스포츠의 합법성이 인정되고 인기가 높아짐에 따라 게임 산업이 블록체인 기술의 채택을 주도해 나갈 것으로 내다봤다. 보고서에 따르면, 이미 많은 게임 회사들이 블록체인 기술을 시험하고 있다.

또한 스테이블코인(Stablecoin, 가치 안정 화폐)이 미국 달러같이 기존 법정화폐에 가치가 연동되기 때문에 불안하고 예측 불가능한 금융시장의 신뢰를 높일 수 있다고 분석했다. 유통업체들이 스테이블코인을 통해 보다 안정적인 암호화 자산을 채택할 수 있고, 비트코인 같은 탈중앙화 화폐를 신뢰하지 않는 투자자에게 스테이블코인은 매력적인 선택지가 될 수 있다고 덧붙였다.

　보고서는 미국 규제 당국이 블록체인 산업을 섣불리 막거나 지원하는 등의 직접적 행동은 하지 않을 것이라 판단했다. "미국 의원들은 계속해서 블록체인과 적당한 거리를 유지하며 중립을 지킬 것"이라고 주장하면서, "아무도 블록체인의 다음 단계를 예상할 수 없기 때문에 혹시 모를 잘못된 행동을 미연에 방지하기 위함"이라 분석했다. 단 "미국 당국은 사기성이 짙은 암호화폐 창업 기업에 대한 단속은 계속해서 유지할 예정"이고, "오로지 몇몇 합법적인 기업들만 살아남아 추후 몇 년 동안의 여유를 향유할 수 있을 것"이라 전망했다.

크립토키티를 통해서 배운 교훈

어느 화요일, 누군가가 17만 달러에 해당하는 이더리움을 지불하고 크립토키티를 샀다. 게임 역사상 가장 비싼 가격에 팔린 고양이다. 그렇게 비싸게 살 필요가 없어 보이는 그저 그런 고양이였다. 게임 하나가 댑 산업의 포문을 열었다. 크립토키티는 가상 고양이를 수집하고 교배를 통해 번식시키는 간단한 게임이다. 교배를 통해 나만의 고양이를 갖는다는 단순한 구조로 인기를 끌었다. 다양한 세대와 종류의 고양이가 있으며, 첫 세대(Gen 0)의 가격이 가장 높고 이후 세대 간

교배를 통해 나타난 고양이들의 특징에 따라 시장가격이 책정된다.

2017년 11월 출시된 크립토키티가 주목을 끈 이유는 블록체인 프로젝트 이더리움 기반으로 만들어졌기 때문이다. 사용자들은 고양이를 사고팔 때 현금이 아닌 이더리움 토큰(token)을 사용하고, 사용자 간 계약은 스마트 계약에 의해 자동으로 설정되고 블록체인에 기록된다. 특정 업체가 거래를 중개하지 않고 시스템만 존재할 뿐이다. 분양받은 고양이는 단순한 디지털 파일 복사본이 아니고, 블록체인을 통해 고유 가치가 부여되어 유일무이한 디지털 애완동물이 된다. 그러나 크립토키티는 이더리움 트래픽을 느리게 한 장본인으로서 과거의 영광을 잃었다. 거래 건수는 2018년 12월 8만 500건을 기록한 후 지속적으로 하락했으며, 만 명을 훌쩍 넘던 일일 이용자 수도 몇백 명으로 급감했다. 한때 모든 이더리움 거래의 약 30%가 크립토키티를 통해서 일어나기도 했다. 이더리움 블록체인 사용자들은 귀여운 전자 고양이를 게임처럼 육성하면서 자연스럽게 이더리움 혹은 블록체인 기술을 잘 이해할 수 있게 되기를 기대했을지 모르겠다.

크립토키티를 위해 이더리움의 세계로 온 고객이 전통적 웹 대신 댑을 사용한 이유에 대해, 보통은 '탈중앙화' 때문이라는 답을 내놓는다. 중앙화된 웹서비스는 정부 검열의 대상이지만 댑은 안전하다는 것이다. 중앙화된 경우 서비스가 중단될 수 있으나, 댑은 이더리움이 건재하는 한 서비스를 운용할 수 있어 문제가 없다는 것이다. 그렇지만 암호화폐 지갑도 관리해야 하고 채굴도 해야 하니 힘들다. 이때 이런 상상을 해본다. 컴퓨터로 인터넷을 하고 사용하지 않을 때 켜놓기만 하면 브라우저가 암호화폐를 자동으로 채굴한다. 채굴한 암호화폐로 탈중앙화 애플리케이션을 판매하는 댑스토어 (dappstore)를 이용할 수 있고, 나중에는 다양한 서비스도 활용할 수 있다. 크립토키티는 왜 그런 곳에서 번식할 수 없었을까? 탈중앙화 화는 고양이 번식이 늘어나면 속도를 느리게 만든다. 누군가는 그래서 모두가 주인인 네트워크는 맡은 포지션 없는 동네 축구처럼 공만 쫓아다녀도 되는 네트워크여서 불안정하다고 했다. 전기 먹는 하마라고 하던 비트코인과 이 고양이가 함께 오버랩되면서 탈중앙화의 현실에 먹구름이 끼어 있음을 깨달았다. 크립토키티는 블록체인의 문제점인 탈중앙화가 현실로 구현됐을 때 효율적인 미사여구가 그리 어울리지 않는다는 것을 보여주었다. 높은 수수료를 내야 하는 문제는 크립토키티의 수명을 단축시키는 계기가 되었다.

퍼블릭 블록체인 운용체계 프로젝트인 이오스(EOS)가 이더리움에서 분리되어 나왔다. 이더리움이 독주하던 댑 운용체계 생태계에 새로운 경쟁자가 등장한 것이다. EOS는 거래 처리 속도와 시스템 운영 방식 측면에서 이더리움 한계를 넘어섰다는 평가를 받는다. 실제로 EOS 네트워크는 이더리움에 비해 빠르고 거래 비용을 큰 폭으로 절감했다. 최근 여러 퍼블릭 블록체인 프로젝트가 메인넷(Mainnet)에 성공했다는 소식이 들린다. 메인넷이란 하나의 블록체인 프로젝트가 자신만의 독립된 네트워크를 구성하고 자체 토큰을 발행하는 것을 말한다. 개발자들은 해당 네트워크 위에 댑을 만들고 토큰을 활용해 서비스를 제공할 수 있다. 누군가는 향후 댑 운용체계 시장을 장악하는 업체는 제2의 MS와 구글이 될 것이라고 한다.

조만간 고양이 교배를 넘어 실용성을 갖춘 댑이 등장하여 운용체계 표준 장악을 해서라도 블록체인 킬러앱이 탄생했으면 좋겠다. 혹자는 갬블링을 제외한 다른 분야에서 블록체인을 도입해야 할 유인이 없어 보인다고 한다. 블록체인을 도입해 얻을 수 있는 것보다 잃을 것이 더 많다는 것이다. 부족한 인프라, 불안정한 암호화폐 규제, 그리고 무엇보다 지나치게 적은 이용자 수로 인해 댑 시장 진출에 적극적일 수 없다는 것이다. 이용자 확보 실패는 투자 감소의 악순환으로 이어진다. 댑에는 서비스에 상응하는 토큰이 존재하기 때문에 스마트폰 앱보다 10배 이상 어렵게 느껴질 수 있다. 결국 왜 댑을 이용해야 하는지 사용자를 설득하는 것이 관건이다. 최소 수십만 이용자를 보유한 일명 '킬러댑'이 등장하지 않는 한 댑 시장은 절대 성장할 수 없다.

암호화폐는 악의 축인가

"피자 두 판에 비트코인 1만 개를 드리겠습니다."

2010년 5월 18일, 비트코인 포럼에 라슬로 한예크(Laszlo Hanyecz)가 올린 제안이었다. 며칠 후 이 제안에 흥미를 보인 한 사람이 피자 집에 전화해 25달러를 지불하고 한예크의 집에 파파존스피자 두 판을 배달했다. 5월 22일 라슬로 한예크는 약속대로 그에게 1만 비트코인을 지급했다. 당시 비트코인 가격이 개당 0.003달러였으므로, 피자 두 판을 30달러에 먹은 셈이다. 현재 비트코인의 가치를 생각하면 너무나 비싼 피자였다.

> "당시 비트코인은 아무런 가치가 없었다. 피자와 비트코인을
> 바꾼다는 생각은 그야말로 재미있었다. 아무도 비트코인의
> 가치가 이렇게까지 커질지 몰랐다."

2014년 한예크가 〈뉴욕타임스〉와 인터뷰한 내용이다. 이 일은 비트코인의 존재를 세상에 알린 사건으로 기억된다. 비트코인 커뮤니티는 2014년부터 5월 22일을 피자데이로 기념하기 시작했다. 비트코인과 피자라는 실물을 처음으로 맞바꾼 사건을 기념하기 위해서다.

암호화폐 붐의 절정기였던 2018년 ICO(암호화폐공개, Initial Coin Offering, IPO의 암호화폐 버전) 금액은 사상 최대를 기록했다. 크립토펀드(Cryptofund)도 중요한 자금 조달 수단으로 자리 잡았다. 하지만 투자자들의 불안은 여전했다. 정책 당국의 규제가 마련되지 않은 탓에 ICO 백서 의존도가 커졌다고 불만이었다. 암호화폐는 화폐도 상품

도 아닌 모호한 정체성으로 회계 기준도 명확히 없다. 블록체인 업계 참여자들은 명확한 회계 기준과 규제 마련을 위해 '암호화폐'에 대한 명확한 구분과 정의가 필요하다고 입을 모은다. 쓰임새에 따라 성격이 달라 일괄된 잣대를 적용하기도 어렵다. 암호화폐는 성격에 따라 지불형(Payment) 토큰, 유틸리티(Utility) 토큰, 자산형(Asset) 토큰으로 나눌 수 있다. 지불형은 재화나 용역을 구매하거나, 통화나 가치 이전 수단으로 블록체인을 이용한다. 유틸리티 토큰은 앱이나 서비스에 접근을 허용하기 위한 수단이다. 자산형 토큰은 발행자에 대한 채권 같은 자산을 표시한다. 스위스 금융시장감독청(FINMA)도 토큰의 종류를 지불형, 유틸리티형, 자산형(증권형)으로 구분하고, ICO는 증권 규제를 따르도록 했다. 중국과 우리나라에서 ICO는 공식적으로 금지된 상태인데, 암호화폐 투기 후유증이 심각한 것도 그 원인 중 하나다. STO(Security Token Offering, 증권형 토큰 공개)가 경제의 새로운 피로 회자되었다. 증권형 토큰을 생각하니 증권의 역사가 생각난다. 지금 우리 주식시장은 주주의 입장을 얼마나 반영하고 있을까?

1602년 네덜란드에서 설립된 동인도회사는 아시아와의 독점 무역을 꿈꾸며 출발했다. 무역선이 예측 불가능한 바다 날씨와 들끓는 해적을 피해 무사히 아시아까지 다녀와야만 수익을 창출할 수 있었다. '고위험 고수익'의 위험한 사업이었기에 몇몇 상인끼리 돈을 모아 배를 띄우기에는 부담이 너무 컸다. 배가 침몰하는 순간 전 재산을 날릴 수도 있었기 때문이다. 고민 끝에 투자 위험을 줄일 방법을 찾다가 고안해낸 것이 주식이다. 배가 무사히 귀환하면 수익을 나눠 갖고, 그렇지 못한다면 돈을 잃은 것으로 한다는 증표를 돈을 받고 팔았다. 주식이라는 증표를 나눠주고 일반인으로부터 자금을 조달한 것이다. 초기에는 배에 투자한 사람의 명단을 배 아래(under) 새기는(write) 식으로 표시했다. '주식 및 채권을 인수하다'라는 뜻의 'underwrite'라는 단어가 그래서 나왔다. 이때부터 시작된 주식은 현대 자본주의 사회에서 없어서는 안 될 필수 요소로 자리매김했다.

현대 주식회사의 거버넌스에서 근로자나 소액 주주는 소외되는 경우가 대부분이다. 블록체인으로 협동조합의 현대적 모델이 가능해졌다. 에어비앤비나 우버 같은 공유경제에 블록체인을 연결해보자. 우버의 생태계를 형성하는 데 운전자들이 큰 몫을 했지만, 우버는 높은 가치의 회사로 성장한 반면 운전자들은 저임금 노동자료 전락했다. 만약 우버가 우버토큰을 발행하고 운전자에게 우버토큰으로 임금을 지불한다면, 운전자 역시 우버토큰을 통해 우버라는 기업의 성장을 공유할 수 있다. 에어비앤비도 마찬가지다. 집 소유주가 멋진 장식부터 청소까지 손님을 위해 세심한 배려를 기울이며 시간과 돈을 쓴다. 집 소유주는 이러한 노동을 제공하는 데 있어 더 정당한 대우를 받아야 한다. 에어비앤비 같은 공유경제 플랫폼 기업만 배를 불릴 수는 없다. 우버와 에어비앤비 같은 비즈니스 모델에는 전통적인 기업공개(IPO)보다 STO(증권형 토큰 공개)가 의미 있다. 공유

경제에서 소유주는 제품을 대표한다. 근로자처럼 일하는 소유주는 어떠한 형태로든 주주로 등재되어 더 정당한 권리를 받아야 한다. 암호화폐 발행으로 주주권 행사를 할 수 있다면, 굉장히 고무적이다.

외국에서 진행되는 STO 대부분은 적격 투자자나 일정 숫자 이하의 투자자를 상대로 한 사모 형태다. 우리나라에서도 STO를 준비하는 기업 가운데 사모 형태를 고려하는 기업이 큰 비중을 차지한다. 동인도회사 탄생 후 400여 년이 지난 지금, 주식의 한계점을 뛰어넘을 만한 새로운 생태계로서의 토큰 경제가 우리 눈앞에 펼쳐질 수 있다. 부동산, 금융자산, 천연자원, 미디어, 엔터테인먼트 비즈니스까지 토큰 경제로 바꿀 수 있다. 시장이 더욱 커지고 자유로워지기 때문에, 개인투자자를 넘어 기관투자자까지 유입될 가능성이 커진다.

ICO보다 STO가 주목받는 이유는 무엇일까? STO는 효율성, 투명성, 회계 용이성, 유동성 차원에서 ICO보다 강점이 있어서다. 증권형 토큰은 비유동적 자산(미술품, 부동산 등)을 디지털화해 유동화(지수화 또는 증권화)가 가능하도록 한 만큼 실물자산이 존재하고 투자자가 회사의 지분을 소유할 수 있어 걸맞은 수익 분배가 가능하다. 토큰의 성격이 명확한 터라 미국, 싱가포르, 스웨덴 같은 나라는 증권법 규제 아래 적격 투자자에게만 증권형 토큰 거래를 허용하고 있다. 미국은 적격 투자자 제도에 따라서 투자자를 한정한다. 금전 손실을 감당할 능력을 갖춘 은행, 투자회사, 순자산 100만 달러 이상의 개인이 그 범주에 들어간다.

국내에서는 STO의 자금 모집 형태가 '증권형 크라우드펀딩'과 비슷하다는 점을 들어 크라우드펀딩 규제를 받아야 한다는 논의가 이뤄지고 있다. 크라우드펀딩은 불특정 다수의 대중에게 온라인 플랫폼으로 자금을 조달하는 방식으로 대출형, 기부형, 현물 보상형(리워드형), 증권형(투자형)의 네 가지 유형이 있다. 국내에서 '증권형 크라우드펀딩'이나 '대출형 크라우드펀딩'은 투자자 보호 차원에서 증권이나 다른 금융 규제를 적용한다. 증권형 크라우드 펀딩은 크게 두 가지 방식의 증권 발행이 가능하다. 주식은 보통주와 여러 종류의 주식의 발행이 가능하며, 기업 단계와 상황을 감안한다. 채권 발행은 별도 기준에 따라 이자율과 한도를 우선해서 설정한다. 증권 성격을 지닌 암호화폐는 크라우드펀딩과 유사한 방식으로 일반 투자자 자금을 공모한다.

닷컴 버블 때도 수많은 인터넷 비즈니스 기업이 나왔다. 그중 나스닥에 상장된 기업도 많았지만 대다수가 사라졌다. 그때 인터넷으로 책을 팔겠다고 등장한 아마존은 온라인 서점으로 성공했고, 책을 넘어 '세상의 모든 것'을 판매하는 초대형 인터넷 기업으로 성장했다. 이베이도 닷컴 버블 때 등장해 성공한 기업이다. 아마존이나 이베이 같은 비즈니스는 당시에 실현 가능하다고 여기지 않았지만, 버블 덕분에 시도해볼 수 있었고 결국 새로운 세상이 열렸다. 버블로 많은 돈이 낭비되기도 하지만 논리적으로는 집행될 수 없는 사업에 투자가 일어나기도 한다. 버블 때 들어온 돈을 자양분 삼아 광기 어린 도전을 하는 기업들이 싹을 틔울 수 있다. 암호화폐 생태계도 마찬가지 과정을 겪지 않을까?

블록체인 댑의 진화

사토시 나카모토는 각자 자신의 집에서 컴퓨터로 화폐를 채굴할 수 있는 평등한 P2P 네트워크 시스템을 상상했으나 사실상 컴퓨터 파워의 경쟁을 초래했다. 결국 돈을 많이 번 쪽에서 더 많은 보상을 받을 수 있다면 또 다른 금권주의가 되는 것 아닐까 하는 회의적 의견을 피력하는 사람들이 늘어난다. 사용자로 하여금 금권주의가 아닌 제대로 된 보상과 합의를 수학적 증명이 아닌 경험으로 체감하게 해야 한다.

댑 성공을 위해서는 많은 금권주의를 벗어난 사용자의 지원이 필수적이다. 수수료 무료와 손쉬운 업그레이드는 기본이고 지연이 덜 되는(low latency, 저 지연성) 상태에서 제대로 작동돼야 한다. 무엇보다도 사용자가 블록체인으로 상호 교감을 느끼도록 사용자 인터페이스와 사용자 경험을 제대로 실현해야 한다. 블록체인 서비스를 직·간접적으로 이용하며 느끼는 사용자의 총체적 경험은 기술에 대한 만족과 충성심을 증가하고 시장에서의 성공을 이끈다. 지금의 블록체인 서비스는 성능이 불안정하고, 일반 사용자가 쓰기에는 너무 불편하다.

콘텐츠가 좋아서 블록체인 기반 앱을 깔았다 해도, 프라이빗키(비밀번호)를 직접 관리하고 별도의 지갑을 설치하는 과정에서 다수 사용자가 이탈하고 있다는 게 관계자의 설명이다. 좋아지고 있다지만 크게 체감하기는 힘든 상황이 반복되고 있다. 블록체인판 기술적 캐즘에 빠진 형국이다.

블록체인 시대에만 할 수 있는, 새로운 패러다임을 만드는 앱의 탄생을 기대하는 앱 시장에서 킬러댑이 될 수 있는 서비스는 무엇일까? 현재 나오고 있는 댑은 크게 두 가지로 나뉜다. 하나는 블록체인이 아니어도 잘되었을 댑, 다른 하나는 블록체인으로만 되는 정말 새로운 형태의 댑이다. 앞서 증권형 토큰 공개에서 다루었듯 인터넷 시대의 이베이, 모바일 시대의 우버와 유사한 서비스가 블록체인 기반에서 댑으로 탄생할 수 있다.

전 세계적으로 이렇다 할 만큼 완성도를 갖추고 출시한 댑은 없는 상태다. 장기적으로 대중적 댑이 나오려면 시간이 걸릴 수도 있다. 트렌디하고 감각적인 앱을 잘 만드는 우리나라가 댑 시장을 선점하면 좋겠다. 과거 인터넷 시장을 보면 많은 웹 서버 소프트웨어가 나왔지만 결국 한두 개만 살아남았다. 마찬가지로 우리나라에서 사용자가 많은 댑들이 나오면서 댑 중심지가 되는 게 가장 바람직한 방향이다. 메인넷 위주의 경쟁이었던 블록체인 판도가 앞으로는 킬러댑을 둘러싼 싸움이 될 수 있다. 킬러댑에 가장 근접한 플랫폼에 시선이 집중되고 있다. 암호화폐 지갑 사용자의 상당수가 댑을 사용하면 그 암호화폐의 플랫폼이 킬러댑을 만들 확률이 높아진다. 암호화폐를 투자용으로 사용하기보다 서비스용으로 사용하는 게 중요하다.

블록체인 업계에서는 부실한 기업이 사라지고, 살아남은 기업은 조직을 효율화하고 비즈니스를 정교하게 가다듬는 모습이 목격되고 있다. 착실히 기술 개발에 매진해온 업체들이 하나둘 중간 결과물을 내놓고 있다. 버블 이전에 비해 확실히 기술과 서비스 측면에서 진일보가 이뤄졌다. 어떤 기업이 블록체인계의 아마존, 이베이, 구글이 될까? 결국에는 암호화폐의 내재 가치를 만드는 기업이 빅플레이어가 될 것으로 보인다. 쓸모 있는 암호화폐를 발행해 널리 사용하도록 하는 것이 블록체인 업체의 과제다. 서비스 생태계에서 코인을 획득하고 소비할 수 있는 경제 시스템이 작동해야 비로소 내재 가치가 생긴다. 사용자가 블록체인 서비스에서 보상으로 토큰을 받았는데, 받은 토큰을 거래소에서 되파는 것 말고 다른 쓸모가 없다면, 내재 가치가 없는 코인이다. 몰타는 블록체인과 암호화폐를 적극 육성하겠다는 의지로 정부와 의회, 업계가 합심해 이른바 '크립토 3법'을 통과시켜 법이 시행되고 있다. 우리도 필요한 규제와 함께 육성도 필요하다고 하겠다. 그래야 블록체인과 암호화폐의 환상과 편견이 깨질 수 있다.

블록체인에서 킬러앱의 여건

서비스형 블록체인^{BaaS}

서비스형 블록체인(Blockchain as a Service, BaaS)은 블록체인 개발 환경을 클라우드로 서비스하는 개념이다. 이러한 플랫폼은 별도의 서버 구축 없이 블록체인 서비스를 도입하려는 기업들을 위한 맞춤형 상품으로, 기업으로서는 블록체인 서비스 개발을 위한 비용과 시간을 단축할 수 있다. 산업별 특징을 고려해 기업 맞춤형 블록체인 개발 툴을 클라우드 형태로 제공하므로 상당히 편리하다. 2015년부터 마이크로소프트 애저(Microsoft Azure)와 IBM 블루믹스(Bluemix) 등 클라우드 서비스에 블록체인을 도입한 사례가 등장하기 시작했다. MS는 2015년 11월 '서비스형 이더리움 블록체인'을 개발하여, 클릭 한 번으로 클라우드 기반 블록체인 개발자 환경을 제공했다. IBM도 2016년 2월 개발자가 보안 분산 원장을 쉽게 구축할 수 있도록 BaaS를 구축했다.

이더리움과 오픈소스를 활용해 만든 개발 솔루션으로, 누구나 쉽게 블록체인 댑을 개발할 수 있도록 상당한 속도를 자랑하는 제품도 등장하고 있다. 게임 등 콘텐츠 서비스뿐만 아니라 금융과 결제를 비롯한 핀테크 영역과 기업 운영·관리 등 다양한 시장에서 운영비와 시간을 획기적으로 줄여주는 블록체인의 효용을 활용하고자 하는 기업들이 늘어나 BaaS 서비스는 더욱 확산되고 있다.

SNS와 게임 — 주요 킬러댑의 영역

SNS는 블록체인을 제대로 실험할 수 있는 대상인가? 소셜 네트워크에는 왜 블록체인 기술이 필요한가? 기존 소셜 미디어로는 해결할 수 없는 문제가 있는가? 이 물음에 대하여 콘텐츠 제작자들은 '부실한 보상'을 들며 '그렇다'고 답할 수 있겠다. 잘나가는 기업들은 사용자가 만든 콘텐츠를 바탕으로 천문학적 매출을 올리고 있으면서도 기여도가 높은 개인에게 실질적 보상을 제대로 하지 않는다. 블록체인이 개인 콘텐츠의 기여를 제대로 식별하여 보상체계를 제대로 확립할 수 있다면, 공정한 플랫폼으로 소셜 미디어가 가능을 할 수 있을 것이다.

기존의 페이스북, 유튜브, 블로그, 인스타그램에서 글, 사진, 영상 등 콘텐츠를 제작한 후 보상은 제대로 이루어지지 않았다. 이들 SNS에서는 보상을 제작자가 아닌 제공 업체가 가져가는 구조였다.

블록체인 SNS의 가장 큰 장점은 즉각적 보상 구조다. 보상으로서의 코인의 가치는 크게 상승하기도 하지만 언제 곤두박질칠지도 모르는 단점이 있다. 코인의 가치를 지켜내는 것이 매우 중요하다. 어떤 콘텐츠를 업로드했을 때 특정 화폐로 보상을 해주는 것은 가치를 부여하는 것이 의미가 있기 때문이다. 그 보상이 제대로 이루어질 때 혁신의 세계가 가능해진다.

블록체인 기반 스마트 시티

'스마트 시티'란 첨단 정보통신기술(ICT)을 이용해 실생활에서 사람들이 접하는 교통, 환경, 주거 문제의 비효율을 해결함으로써 더욱 편리하고 쾌적한 삶을 제공하는 미래 도시 모델이다. 도시 인구 밀집이 가속화되고 건물 층수가 올라가다 보니 사람들은 교통 혼잡에 더해 자원과 에너지 부족 문제를 겪게 된다. 스마트 시티와 블록체인 기술이 만나면 어떤 모습일까? 스마트 시티는 도시에서 생성하는 다양한 데이터를 활용해 서비스를 제공한다. 데이터의 민감성을 생각할 때 보안성과 인증 효율성, 비용 절감 효과로 블록체인 기술의 도입이 활발해질 것으로 보인다. 개별 기관이나 기업에 흩어져 있는 개인정보를 개인이 직접 관리하고 활용하는 마이 데이터 시대에 블록체인 기반 스마트 시티는 그 중요성이 더해지고 있다. 나의 금융 상황을 파악해 금융 상품을 추천하고 금융을 넘어 행정, 에너지, 시설물 관리 등 공공 분야로의 확대가 가속화할 것이다.

야경이 아름다운 도시를 거닐며 스마트 시티의 여러 모습을 본다. 길, 조명에 더하여 조명, 신호등이 보인다. 각종 데이터를 수집하고 사회를 효율적으로 만드는 플랫폼으로 스마트 시티가 구현되고 있다. 신호등과 교통요금 징수를 블록체인 시스템으로 연결해보자. 현재의 결제 네트워크가 자동차 사이에도 구축된다. 내가 가는 차선을 위해 앞서가는 차가 대가로 돈을 줄 수 있다. 특정 지역에서의 비용을 유동적으로 바꿔 주차 지역과 교통 흐름을 역동적으로 재배치하니 교통 흐름이 원활해진다. 자동차 간 송금·결제는 먼 미래에 가능한 이야기가 아니라, 이미 결제 시스템 인프라가 다양하게 구축된 도시에 적용이 가능하다. 시민에게서 발생한 데이터를 모아 수익화할 수도 있다. 사기업이 도시 제반의 센서 네트워크를 구축한 다음 블록체인 기술을 활용하여 수익구조로 만들 수 있다. 블록체인 기반의 스마트 시티는 중국, 사우디아라비아, 두바이에서 이미 시작되었다.

신원 정보

IoT와 5G는 블록체인을 잘 활용하기 위해 필요한 인프라다. 차량에 IoT 기능이 있으면 신원 확인 시스템이 필요한데, 보안이 우수해야 한다. 누군가 IoT 네트워크에 침투해 센서를 조작하면 안 되기 때문이다. 블록체인이 안전한 신원 확인 시스템으로서 제대로 된 역할을 할 수 있고, 다양한 정부 서비스 제공이 가능하다. 스위스 추크(Zug)주는 블록체인 시스템으로 투표를 진행했다. 두바이는 모든 정부 서비스를 블록체인 기반으로 구축한다.

집을 사본 사람은 계약하기가 얼마나 어렵고 시간이 많이 걸리는 일인지 안다. 블록체인상에 부동산 등기를 하면 집을 사고파는 것뿐 아니라 행정도 훨씬 쉬워진다. 필요한 서류 작업이 매우 적고, 신원 확인 시스템의 보안도 매우 뛰어나다. 스마트 계약을 활용하는 블록체인 부동산거래를 생각해보자. 계약 조건을 설정한 뒤 버튼을 누르면 이더리움에 전송돼 계약 조항이 이행된다. 집을 사려는 사람이 스마트 계약으로 돈을 보내면 집을 증빙하는 토큰을 받게 된다.

페이스북 계정을 통해 올리는 글과 사진은 온전히 나의 것일까? 중앙화된 인터넷 서비스에서 사용자는 고객이 되고, 서비스 운영자는 서버가 된다. 우리가 로그인하고 만드는 데이터는 페이스북에 의해 통제되는 구조다. 로그인이 일어난 후 실제 데이터는 페이스북이 통제한다. P2P 분산 시스템인 블록체인에서는 개인이 자기 데이터를 소유하고 관리할 수 있다. 탈중앙화 신원증명(Decentralized Identifier, DID)이 그 시작이다. MS는 DID 분야에 가장 적극적으로 나서고 있는 기업이다. 2017년부터 난민처럼 국적이 없는 사람에게 신원을 부여하는 'ID 2020' 프로젝트에 참여했다. DID를 이용하면 사용자는 자신의 데이터와 콘텐츠에 대한 제어 권한을 갖는다. 이는 페이스북을 비롯해 서버에 사용자 개인정보와 콘텐츠를 저장하는 대부분 인터넷 서비스에서는 불가능한 방식이다. 그런 측면에서 DID는 블록체인의 특성을 잘 활용하면서 동시에 사용자도 그 효용을 체감할 수 있는 응용 사례이다.

DID는 쉽게 말해 개인정보를 휴대전화에 보관했다가 필요한 시점에 꼭 필요한 정보만 제시할 수 있는 기술이다. 기존 신원 인증 기술과의 결정적 차이는 내 개인정보를 기업이 갖느냐, 내가 갖고 있느냐에 있다. 회원가입 때 이름, 휴대전화 번호, 집 주소를 입력해야 하는 서비스가 많다. 이런 정보는 대개 기업이 관리하는 서버에 저장된다. 주점에서 신분증을 제시해야 하는 상황을 떠올려보자. 인증

해야 할 사항은 생년월일이지만, 신분증을 건네는 순간 집 주소 같은 불필요한 정보도 함께 노출될 수 있는 구조다. DID는 이런 문제를 블록체인으로 해결한다.

블록체인 같은 유망 기술은 대개 가트너의 '하이프 사이클(Hype Cycle)'처럼 기대, 환멸, 재정비, 도약의 시기를 거쳐 성숙한다. 중요한 것은 기대치가 최저로 떨어지는 '환멸' 단계에서 이를 만회하기 위해 얼마나 가치 있는 성공 사례를 만드는가에 있다. 블록체인도 지금 그 고비에 서 있다. 형체가 불분명한 암호화폐 투기 기술로서의 블록체인이 아니라 인터넷처럼 실체가 뚜렷하고 가치 있는 인프라 기술로서의 블록체인을 육성하려면, 정부와 기업도 DID 같은 킬러앱 서비스 개발에 더욱 힘을 모아야 한다.

07

페이스북이 펼치는 '제국의 꿈'

페이스북이 자체 암호화폐 리브라(Libra)를 개발해 '왓츠앱'과 '인스타그램' 등의 자체 플랫폼에 송금과 결제 서비스를 탑재하기로 발표한 후 상당한 시간이 흘렀다. 페이스북은 2018년 6월부터 본격적으로 암호화폐 관련 프로젝트를 추진했다. 비자와 마스터카드를 비롯한 여러 금융회사와 접촉해 암호화폐 기반의 결제 시스템 구축에 박차를 가했다. 세계적으로 24억 명이 넘는 이용자를 보유하고 있는 만큼 페이스북 리브라의 파급력을 가늠하기 어려운 상황이었다. '리브라'는 '천칭자리'를 뜻한다.

천칭은 저울을 의미하기에 리브라에는 공평과 정의의 의미가 있다. 리브라는 미국 달러나 다른 국가의 법정화폐와 연동하는 방식의

'스테이블코인(stable coin)'이다. 스테이블코인은 말 그대로 안정적이어서, 일반 암호화폐와 달리 하루 사이에 가치가 폭등하거나 폭락하는 일이 없다.

리브라 생태계는 페이스북을 중심으로 초기 창립자들이 운영권을 좌우할 수 있는 지배 구조였다. 창립자들이 주도하는 회의가 이사회를 통해 집행부를 통제한다는 말이다. 페이스북은 제네바에 리브라 협회 본부를 두고 훗날 이 같은 중앙 통제를 없애겠다고 주장했지만, 세상은 믿지 않았다. 그래서 리브라가 CEO인 마크 저커버그 제국의 화폐가 될 것이란 우려는 지속되었다. 페이스북은 리브라가 성공적으로 안착하면 수십억 명이 거래 수수료 없이 돈을 보관하고 사용하며 송금할 수 있을 것이라 선전했다. 전 세계 사용자 24억여 명이 잠재 고객을 넘어 은행 계좌 없이도 QR 코드만으로 어디서든 물건을 구입할 수 있는 세상은 매우 극적이다. 전 세계 은행들의 고객이 자신의 예금을 대거 리브라로 바꾸는 경우에는 은행의 지불 능력 감소로 금융 시스템의 혼란이 야기될지도 모른다. 통화 주권과 국제 자본 이동에 대한 각국의 정책이 무력화될 수 있어 통화 당국이 우려할 만하다.

카카오톡에서 사진 파일을 보내듯 손쉽게 대출과 송금도 할 수 있으니 기존 은행권에서 두려움이 생기는 것은 당연하다. 거래 수수료를 없애 국가 간 송금 시장을 잡겠다는 목표를 정하고, 아프리카나 인도처럼 은행 보급률이 낮은 개발도상국에 금융 인프라를 제공하겠다는 계획은 상당히 매력적이었다. 대형 기관투자자들도 페이스북을 추종했는데, 가령 미국의 유명 투자은행 JP모간체이스가 'JP모간코인'이라는 암호화폐를 발행했다. 페이스북과 인스타그램, 왓츠앱, 페이스북 메신저 같은 페이스북의 패밀리앱 서비스 이용자 수는 수십억 명으로 추정된다. 평균 21억 명 이상이 매일 이 앱 서비스를 사용하는 것으로 추정되는데, 페이스북의 리브라 사업 설명은 상당히 도발적이라 하겠다.

국내 기업인 카카오의 사례를 보면, 플랫폼의 이용자 기반은 엄청난 자산이다. 카카오의 간편결제 수단인 '카카오페이'는 메신저 플랫폼 카카오톡의 영향력에 힘입어 가입자 수를 빠르게 늘려나가면서 간편결제 서비스 시장의 강자로 올라섰다. 이후 결제와 송금 같은 기본적인 간편결제 서비스에서 전문 금융 서비스로 영역을 넓혀갔다. 그래서 세계적 플랫폼인 페이스북 최초의 결제 시스템인 리브라의 의도와 향후 전망에 관심이 더 갈 수밖에 없다. 암호화폐 리브라가 출시되면 암호화폐 사용자가 2~3배 이상 증가하고, 비트코인에 대한 수요 역시 급증하지 않을까? 기존 금융 서비스에 접근하기 어려웠던 소외 계층을 포용하고, 소비자가 금융 거래에서 부담해온 불필요한 비용을 절감할 수 있는 비즈니스 모델은 엄청난 느낌으로 다가온다.

스테이블코인 리브라는 비트코인 등 기존 암호 자산과 달리 금융 자산과의 태환(兌換) 구조로 설계됐다. 보유한 금(金)이나 은(銀)만큼만 화폐를 발행한 금은본위제와 닮았다. 초기 창립자들이 낸 돈으로 발행된 후에는 기존 화폐를 주고 교환해야 한다. 페이스북은 안정적이고, 가치 변동이 최소화되며, 유동화가 용이한 자산에 분산 투자를 함으로써 리브라의 가치를 안정시키겠다고 설명했다. 가격 변동이 심하면 결제 수단으로 통용되기 어려운 점을 고려한 것이다. '1달러=1리브라' 같은 형태로 암호화폐 가치를 뒷받침하겠다고 밝혔다. 다만 단일 통화에 고정된 환율로 운영하는 것은 아니라고 선을 그었다. 달러 등 선진국 단기국채나 ETF(상장지수 펀드) 등이 리브라의 유력 투자처로 추정되었다. 은행예금이나 단기국채 같은 예비 자산이 리브라의 가치를 뒷받침하면 가격 변동성을 줄일 수 있다는 말이다. 리브라가 확산되면 태환 준비를 위해 더 많은 전통 자산이 필요할 수 있다. 선진국 단기채권이나 달러 같은 안전 자산에 투자가 집중될 수 있다는 평가도 나왔다.

화폐는 권력이다. 태환을 기초로 한 화폐는 제국 통치자의 전유물이었다. 고대 로마의 황제 아우구스투스의 순도 90% 데나리우스, 한(漢)나라 무제(武帝)의 오수전이 그랬다. 근대에도 아편으로 청나라 경제를 붕괴시킨 영국의 중앙은행은 1819년 '파운드(£)'를 금의 가치에 고정시켰다. 20세기 들어서는 미국 경제를 장악한 대기업이 연방준비제도(FRB)로 달러 발행권을 확보했다. 검은 돈 거래와 보안 위협 같은 1차적 우려를 떠나 리브라가 세계경제에 가져올 파장은 엄청나 보인다. FRB를 잇는 새로운 경제 권력이 될 수 있는 '페이스북준비제도'의 탄생이 이뤄질 것인지 세계가 주목하고 있다. 이쯤에서 페이스북이 말한 리브라의 임무에 대해 다시 생각해보자. 리브라의 임무는 전 세계에서 통용 가능한 간편한 형태의 화폐와 금융 인프라를 제공하는 것이라고 요약된다. 페이스북은 전 세계에서 은행 접근성이 떨어지는 인구를 17억 명으로 산정했다. 그중 10억 명 이상이 스마트폰을 보유하고, 5억 명 이상이 인터넷을 활용한다고 분석했다. 20년 전 유럽에서는 문자메시지 한 통을 보내는 데 200원이 들었다. 이제 무료로 문자메시지 서비스를 보내니 금융 서비스도 마찬가지라는 생각이 든다.

　페이스북은 매출의 대부분을 광고에 의존하고 있기에, 지속적으로 성장하기 위해서는 새로운 수익이 절실하다. 암호화폐 리브라 결제 시스템은 페이스북이 인스타그램 등을 비즈니스 플랫폼으로 확장해 나가는 데 긍정적 역할을 할 것이다. 페이스북은 인스타그램에서 마주한 상품을 인스타그램에서 구매할 수 있도록 하는 자체 결제 기능을 미국에서 시험한 바 있다. 마크 저커버그는 2018년 초 페이스북을 통해, 2018년 목표는 페이스북의 단점을 극복하고 시스템을 개선하는 것이라 했다. 그 한가운데 블록체인 기술이 있었다. 암호화폐 기술에 관한 연구를 진행할 것이라는 페이스북의 야망은 각국의 반대로 좌절됐다. 2019년 6월 리브라 공개 이후 각국 정부는 비난을 연거푸 쏟아냈고, 미국 도널드 트럼프 대통령은 이렇게 말했다.

"나는 비트코인과 여러 암호화폐를 좋아하지 않아요. 그건 돈도 아니고, 너무 변동성이 심한 데다 (가치의) 기반도 취약하죠."

확실히 트럼프는 암호화폐 혐오자였다. 그는 페이스북 같은 기업들이 은행이 되고 싶다면, 국내외 다른 은행과 마찬가지로 새롭게 허가를 받아야 하고 모든 금융 규제를 준수해야 한다고 강변했다. 연방준비제도이사회 의장 제롬 파월(Jerome Powell)도 트럼프와 같은 취지로 말했다.

"리브라는 개인정보 보호와 돈세탁, 소비자 보호, 금융 안전성과 관련해 심각한 우려를 낳고 있다. 이런 심각한 우려들이 해소될 때까지 리브라 프로젝트는 진행되지 못할 것이다."

프랑스의 재정경제부 장관 브뤼노 르 메르(Bruno Le Maire) 역시 리브라가 국가 주권을 위협한다고 경고했다.

여기서 동시대에 있었던 텔레그램의 행보를 상기해보자. 텔레그램은 2018년 프라이빗 토큰 세일을 진행해 17억 달러 규모의 투자금을 모집했다. 이후 미국 증권거래위원회(SEC)가 텔레그램의 토큰 세일이 미등록 증권을 판매한 행위여서 연방 증권법을 위반했다고 소송을 제기했다. 2020년 3월, 뉴욕 남부지방법원은 SEC의 주장을 받아들이고 텔레그램의 토큰 발행과 판매 계획 철회를 명령했다. 소셜망 블록체인 생태계를 꿈꾼 텔레그램의 꿈이 규제에 발목 잡힌 것이다.

텔레그램과 달리 페이스북의 리브라 프로젝트는 세계 각국의 우려를 걷어내기 위한 움직임에 열중했다. 새로운 서비스를 선보이며 출시를 위한 준비 작업을 심도 있게 진행했다. 우선 디지털 지갑 회사 칼리브라(Calibra)를 노비(Novi)로 리브랜딩했다. 노비는 새로운 방법을 의미하는 라틴어 합성어다. 노비 앱이 페이스북 메신저, 왓츠앱과 연동된다는 사실도 밝혔다. 노비 앱은 메신저에서 메시지를 보내듯 리브라를 손쉽게 송금할 수 있는 체계다. 정부가 발급한 신분증으로 신원을 확인한 후 계좌를 개설하게 함으로써 자금 세탁이나 금융 사기 같은 규제 당국의 우려를 불식시켰다. 리브라 협회는 스위스 규제 당국과 결제 면허 획득을 위한 협의를 진행하기두 했다.

전 세계적으로 거대 테크 기업의 세계적 부상을 우려하는 경향이 만연해 있다. 마크 저커버그는 암호화폐의 긍정적 측면과 부정적 측면을 연구하고 세간의 부정적 평가를 불식시키려 했다. 페이스북은 블록체인 연구에 전념하는 조직을 설치했다. 기업의 정체 상황을 타개하고 더 나은 비전으로 서비스를 확장하는 데 블록체인이 중요한 지렛대가 될 수 있다고 판단했다. 여러 가능성 중에서 전자상거래에 있어 코인 인센티브, 자체 서비스와 콘텐츠 제작자를 위한 소액결제, 은행 앱코인 거래소 설치, 신원 확인 기술이 그의 주요 관심 목록에 있다. 무엇보다 페이스북의 엄청난 회원 규모는 코인 유통에 큰 영향을 주고, 블록체인과 암호화폐의 대중화에 기여한다. 리브라의 영향력은 결제, 전자상거래, 은행 서비스로 확대될 수 있다. 이론적으로 리브라를 사용하여 구입한 모든 서비스에 할인가격을 적용할 수 있다. 리브라는 전통적인 금융 파트너의 폭리와 수수료를 줄이고, 소비자에게 저축을 늘려주는 역할을 할 수 있다.

페이스북이 은행에 데이터 협력을 요청한 점을 감안하면, 이 같은 금융 서비스 제공을 염두에 두고 있다는 포석은 가능하다. 회사의 규모와 기술적 노하우를 활용하여 지점 없는 은행을 구축하는 데 리브라를 활용할 수 있다.

고객은 신원 확인 기술을 번거로운 절차로 생각했는데, 블록체인 앱인 댑(dApp)을 활용해 로그인 기능을 구축할 수 있다. 블록체인 스타트업들이 인기 서비스를 댑으로 전환하는 것을 목표로 하고 있어, 페이스북은 온라인 신원 확인 기능을 블록체인을 통해 확장할 수도 있다. 소비자가 이러한 댑을 선택했을 때 충분히 매력적인 사용자 경험까지 제공할 수 있다. 리브라는 사용자가 페이스북 플랫폼에 참여하는 것을 장려하기 위해서도 사용할 수 있다. 해킹과 부정적 언론에 대한 영향으로 SNS 이용자는 가족사진을 업로드하거나 상태를 업데이트하는 것을 망설일 수 있다. 페이스북이 사진을 업로드하거나 업데이트하는 데 리브라를 활용하도록 사용자에게 인센티브를 제공한다고 하자. 블록체인과 암호화폐로 사용자가 페이스북이나 인스타그램에 더 많은 시간을 할애하게 할 수 있지 않을까.

페이스북은 특허 사안에 대해 많은 관심이 있다. 2007년까지 디지털화폐 관련 지식재산권(Intellectual Property, IP)을 추진했다. 소셜 네트워크를 통해 선물을 주고 자산을 나타내는 아이콘을 표시한다는 특허를 출원했는데, 그 자산은 실제 자산, 디지털 자산, 암호화폐를 포함한다. 2007년 특허는 최초의 블록체인 프로토콜인 비트코인보다도 앞선다. 페이스북이 디지털 자산 관련 기술을 구상한 경험은 리브라의 새로운 세계관 형성에 기여했다.

2020년 4월, 페이스북은 초기 리브라 모델의 문제점을 보완한 후 각국의 피드백을 반영해 종전 백서에 내용을 추가한 다음, 수정한 리브라 2.0 버전을 공개했다. 싱가포르의 국영 투자회사 테마섹(Temasek)도 리브라 협회에 참여했다. 페이팔, 마스터카드, 비자, 이베이, 보다폰 등은 리브라 협회에서 규제 불확실성을 이유로 모두 탈퇴했다. 이들 기업의 빈자리는 대부분 암호화폐 업체가 채웠다. 리브라 자체 성격도 변했다. 글로벌 단일 디지털 통화와 거래 플랫폼으로서 금융 포용성 확대를 목표로 했지만, 기축통화를 위협하고 기존 금융 시스템의 안정성을 침해하게 될 것이라는 각국 규제 당국과 금융기관의 우려를 불식시키고자 했다. 각국의 통화와 매칭된 스테이블코인 기능, 자금 세탁 방지에서의 안전성 강화, 퍼블릭 블록체인 전환 포기, 준비금 설계에서의 높은 유동성 확보, 강력한 개인정보 보호 기능 제공 같은 여러 사항이 고려됐다. 리브라USD와 리브라EUR처럼 단일 법정화폐와 직접 연동되는 복수의 스테이블코인을 발행하려는 포부는 스테이블 코인의 기능을 제대로 하기 위해서다. 개별 스테이블코인을 '통화 바스켓'에 담아 가치를 담보하는 자체 암호화폐 '리브라 코인'을 만들겠다는 새로운 계획은 이야깃거리 이상의 가치가 있다. 개별 법정화폐 연동 스테이블 코인은 향후 중앙은행 디지털화폐(Central Bank Digital Currency, CBDC)로 대체 가능하기에, CBDC를 리브라 네트워크에 포용하는 구조이다. 금융 당국과 중앙은행의 견제로 원안대로 리브라 발행이 어려워지자, CBDC를 품는 구조로 암호화폐 설계 구조를 변경했다. 리브라 협회는 자금 세탁 방지를 관할하는 금융 당국에서 승인을 받지 않은 업체가 제공하는 서비스에 대해서는 리브라를 사용하지 못하게 했다. 국제자금세탁방지기구(Financial Action Task Force, FATF)가 2019년 6월 공개한 지침에 따라 회원국은 암호화폐 사업자에 대한 면허 발급이나 등록제를 시행해야 한다. 이 규정에 따르지 않는 암호화폐 업체는 거래가 제한된다. 허가받은 업체만 네트워크 운영에 참여할 수 있는 '폐쇄형 블록체인'으로 개방형이었던 리브라 블록체인의 당초 구상과 다르다. 첫 번째 백서를 냈을 때만 해도 페이스북은 리브라 네트워크를 비트코인이나 이더리움처럼 누구나 참여할 수 있는 퍼블릭 블록체인으로 전환한다는 계획이었다. 어떤 대기업도 권력에 대한 의지와 무관하지 않다. 페이스북 최고운영자인 셰릴 샌드버그(Sheryl Sandberg)와 저커버그의 아내인 프리실라 챈(Priscilla Chan)은 자신들이 여성이라는 점에서 미국 첫 여성 부통령이자 흑인 부통령으로 선출된 카멜라 해리스(Kamala Harris)에 축하의 메시지를 남겼다. 해리스는 캘리포니아 출신 상원의원으로 실리콘 밸리 기업들과 비교적 끈끈한 친분을 쌓아 왔다. 조 바이든 시대의 페이스북의 항로는 경제팀의 친 블록체인 성향과 함께 순항할지 궁금하다. 리브라에 대한 세계적인 우려가 해소될 수 있을까? 2020년 12월 리브라는 하루를 의미하는 '디엠(Diem)'으로 이름이 바뀌었다. 리브라에 대한 세간의 부정적 이미지를 쇄신하기 위한 노력으로 보인다. 리브라 협회도 디엠 협회로 명칭이 바뀌었다. 서비스 출시에 대한 페이스북의 의지는 굳건해 보인다. 초기 페이스북 제국 건설의 야심은 각국 정부의 견제에 직면해 있지만, 그만큼 가치가 있는 작업이다.

중국의 디지털 위안화 도입과 향후 전망

리브라가 촉발한 디지털 화폐에 대한 경각은 각국의 중앙은행디지털화폐(CBDC) 개발로 이어지고 있다. 이런 배경 아래에서 중국의 국가주석 시진핑이 디지털 위안화 도입을 서두르는 이유를 생각해보자.

화폐 발행은 중앙은행의 독점적 책임이고 중국의 디지털 화폐는 '중앙집권적 관리' 아래 있기에, 화폐 발행에 대한 국가의 독점력은 확고하다. 페이스북의 '리브라'로 국가 화폐 발행권이 도전받는 상황에서, 중국 정부는 기존 화폐와 동등한 디지털 위안화를 통해 화폐 발행과 통화 정책에 대한 국가의 힘을 유지하려 한다. 중국 모바일 결제 시장을 독점하고 있는 알리페이와 위챗페이에 대한 견제구라는 시각도 있다. 막대한 모바일 결제 시장을 알리페이와 위챗페이란 두 회사가 독점하고 있는 상황을 좌시할 수 없기 때문이다. 민간 기업의 결제 플랫폼이 모바일 시장을 넘어 중국 금융 시스템 전체를 좌지우지할 수 있는 상황에 이른 때에 나 몰라라 할 수 없는 것이다. 디지털 위안화는 알리페이나 위챗페이와 거의 사용법이 같아서 두 회사에 대한 결제 의존도를 크게 낮출 수 있다. 디지털 위안화가 중국 정부의 사회 장악력을 높이기 위한 수단이 될 수 있다는 우려도 나온다. 디지털 화폐는 특성상 자금 흐름과 현재 위치를 파악할 수 있어, 정부가 마음만 먹으면 개인의 거래 현황과 자산 현황을 한눈에 알 수 있게 한다. 중국 정부는 디지털 위안화에 현금처럼 익명성을 보장하고, 탈세나 자금 세탁, 테러 등 범죄 혐의가 의심되는 경우에만 추적할 수 있도록 설계할 방침이다. 디지털 화폐 앱은 결제 송금 기능을 갖추어 위안화 국제화에 기여할 전망이다.

디지털 위안화가 장기적으로 세계 기축통화인 미국 달러화를 위협할 것이라는 전망이 나오는 이유다. 중국이 미래형 화폐인 디지털 화폐를 선점해 미국 달러화를 뛰어넘으려는 것이다. 디지털 화폐가 실물 화폐를 디지털화한 것에 불과하고 미국 역시 디지털 화폐를 연구하고 있어, 선점 효과만으로 미 달러의 위상을 뛰어넘기는 어렵다는 평가가 많다. 위안화에 대한 신뢰를 쌓고 거래를 늘리는 게 훨씬 중요하다. 그간 세계 금융사는 현금-신용카드-핀테크 순으로 발전했다. 블록체인은 핀테크와 결합된다. 중국은 신용카드 성숙화 단계를 거치지 않고 현금에서 핀테크 단계로 넘어갔다. 거지도 QR코드를 사용하고 있다는 말이 그래서 나온다. 현금 없는 사회에서 훗날 신용카드 없는 사회도 오지 않을까? 세계 양강 미국과 중국이 CBDC를 검토하고 선점해서 시행하려는 이유는 무얼까? 인프라가 다음세대로 넘어갔을 때 금융패권을 잡기 위해서이다.

블록체인이 바꾸는 인터넷 세상과 킬러댑

세계에서 비트코인 다음으로 가치가 큰 암호화폐 이더리움의 공동 창시자 조셉 루빈(Joseph Lubin)은 암호화폐와 블록체인의 미래에 대해 낙관적으로 전망한다. 비탈릭 부테린과 함께 이더리움을 설립한 그는 이더리움 기반 블록체인 소프트웨어를 만드는 컨센시스의 회장이다.

"블록체인에 2019년은 인터넷으로 치자면 1994년입니다. 인터넷은 1996년 전 세계에 급속도로 확산하면서 3차 산업혁명이라는 변화를 가져왔습니다. 이런 급진적 변화가 올지, 변화의 2년 전인 1994년만 해도 아는 이가 많지 않았다는 의미입니다. 블록체인도 2년쯤 뒤엔 인터넷이 세상을 바꿔놓은 것만큼이나 큰 변화를 가져올 것입니다."

그는 당시 암호화폐 약세 상황을 보며 이렇게 말했다.

"블록체인이 어떤 기술인지 정확히 알지도 못한 채 달려든 투기 자본들이 많았습니다. 투자 거품이 꺼지면서 가격이 약세를 띤 것이죠. 블록체인에 참여자가 급증할 때 구동이 잘 안되는 문제가 있어서 기술적 회의론도 퍼졌습니다. 구동 문제는 기술 발전으로 빠르게 개선되고 있어 암호화폐의 가격도 다시 오를 것입니다. 장기적으로 보면 (암호화폐 가격이) 상승세를 타고 있다고 할 수 있습니다."

혹자는 블록체인 기술은 중요하지만 암호화폐는 환상이라고 지적한다. 맞는 이야기일까? 그의 말을 들어보자.

"중요한 건 전 세계가 디지털 경제로 가고 있다는 점이고, 블록체인은 디지털 자산을 만들어내고 이를 원장 분산 저장을 통해 가치를 보장받는다는 점입니다."

디지털 자산이 형성되고 나면, 이를 보유한 사람들이 교환과 매매의 수단으로 사용할 수밖에 없을 것이라는 의미다. '가치를 분산해 저장하는' 블록체인이 어떻게 인터넷만큼이나 큰 변화를 가져온다는 뜻일까. 그는 먼저 인터넷 비즈니스와 블록체인 기반 비즈니스의 차이점을 이렇게 설명한다.

"인터넷망에서는 (구글, 애플, 아마존, 우버 같은) 거대 플랫폼 사업자가 탄생합니다. 개인은 이들 플랫폼에 접속해 자신의 신분 정보를 내줍니다. 기업은 이들 개개인(또는 개인정보)을 돈벌이의 수단으로 삼습니다. 그러나 블록체인은 플랫폼 사업자처럼 중앙집권화된 조직이 필요하지 않습니다. 지금의 우버 시스템에서는 회사(우버) 측이 중개 수수료로 수익금의 35%를 가져가지만, 블록체인을 기반으로 하면 개개인이 나의 브라우저가 있고 내 지갑(월릿)이 있어서 승차 서비스를 제공하는 사람과 일대일 연결이 됩니다. 수수료를 낼 필요가 없습니다. 승차 공유뿐 아니라 부동산, 기름, 신용카드 포인트, 우유, 사과, 음악 저작권 등 지금 거래하는 모든 상품과 서비스가 디지털화되면서 기존 비즈니스 체계가 새로운 형태를 띠게 될 것입니다."

그는 이런 비즈니스가 '신뢰화된 개인'이 연결되면서 가능했다고 설명했다. 이더리움은 앞서 설명한 것처럼 암호화폐의 이름인 동시에, 컨센시스가 제공하는 블록체인 기반 어플리케이션(앱) 플랫폼이다. 그는 "이더리움 기반의 신분 인증 시스템을 이미 구축했다"고 설명했다. 신뢰성이 담보된 개인이 블록체인망에 모여 개인 간 직접 비즈니스를 하게 될 기반을 갖췄다는 의미다.

그는 특정 기업의 이름을 언급하기를 꺼려했지만 "(당신 말대로라면) 구글, 애플, 아마존 같은 현재 플랫폼 강자들의 비즈니스가 블록체인이 확산되면 한순간 위기를 맞을 수 있다는 말인가"라는 질문에 "그렇다"고 답했다.

그의 주장대로 블록체인이 인터넷을 대신하고 '탈중앙화' 사회를 초래한다면, 우리는 무엇을 준비해야 할까? 규제 당국이 탈중앙화를 이해하고 기존 사회의 법과 규칙을 바꿀 준비를 해야 한다. 우리나라도 예외일 수 없다. 인터넷이 처음 도입될 때도 많은 국가들이 보안과 신뢰성을 문제 삼아 인트라넷을 쓰곤 했다. 그러나 지금은 정부 조직조차 클라우드에 자료를 보관한다. 기술은 생각보다 세상을 금세 바꾼다. '신뢰화된 개인'이 블록체인상에서 연결될 경우 상상 가능한 변화 몇 가지를 생각해본다. 루빈은 이렇게 말한다.

"빌딩을 100만 명이 함께 소유해서 매달 월 수익이 100만 분의 1씩 자동 입금될 수 있습니다. 노동시장에서는 고용주가 노동자에게 분 단위로 노동시간을 계산해 월릿(전자지갑)에 입금해주는 일도 가능해집니다. 음원 사업도 달라집니다. 지금은 (멜론, 지니뮤직, 애플뮤직 같은) 음원제공 사업자가 저작자와 음악 소비자를 연결해주고 수수료를 떼어 갑니다. 블록체인 기반에서는 중개인이 필요 없고, 음원 제공자와 소비자가 직접 (블록체인망에서) 음원을 사고팔 수 있습니다. 판매 대금도 보컬, 드러머, 기타리스트, 건반을 담당한 각 개인에게 판매와 동시에 정확하게 나뉘어 입금될 수 있습니다. 새로운 기술은 적극적으로 활용할 방법을 찾는 게 현명한 태도입니다. 멀리하려 하면 뒤처질 뿐입니다."

기술이 발전하고 우리 삶이 그 이전보다 편리함을 느낄 때, 사람들은 세상이 좋아졌다고 말한다. 더 빠르고 더 편리한 세상이 왔지만, 그것만으로 충분할까 의문이 들 수 있다. 인터넷은 기존 산업에 없던 새로운 가치를 창출하면서 큰 성장을 이루는 듯 보였지만 산업시대의 경제·사회 문제는 해결하지 못했다. 오히려 독점의 심화, 검열의 강화, 데이터 독점 등 새로운 문제를 낳았다. 인터넷은 공유·개방·참여 같은 중요한 사회적 키워드를 중시했으나, 이를 실현하기에는 역부족이었다. 인터넷의 사회적 기능과 역할에 주목했던 사람들은 실망했다.

혹자는 AI, IoT, 빅데이터 같은 4차 산업혁명의 기본이 되는 기술 발전에 두려움을 느낀다. 기술의 편리함만으로는 충분하지 않다는 말이다. 그래서 기술이 추구하는 가치를 생각해야 한다. 기술 자체는 가치중립적이지만, 해당 기술이 어떻게 사용되는지, 사회가 그 기술을 어떤 가치에 맞게 사용하는지는 매우 중요하다. 사회는 더 편리해지는데, 우리는 정말 이전보다 더 자유롭고 민주적이고 합당한 대우를 받고 살고 있는가. 블록체인이 지금 우리 시대에 사회를 변화시킬 새로운 기술로 떠오르는 것은 이 문제에 대한 해답을 줄 수 있으리라는 믿음 때문이다.

'제2의 인터넷'이라고 불리는 블록체인이 세상에 등장하면서 새로운 희망을 품는 이들이 생겼다. 20여 년 전처럼 새로운 부와 성공을 위해, 더 좋은 세상을 만들기 위해 많은 이들이 블록체인 산업에 뛰어든다. 블록체인이 진정 인터넷 산업이 이루지 못한 새로운 세상을 만들어낼 수 있을까?

블록체인은 인터넷이 근본적으로 해결하지 못한 위·변조와 이중지불 등의 기술적 난제를 어느 정도 해결했다. 한계를 극복하고 '신뢰 시스템'을 만들 수 있는 길을 열어주었다. 신뢰 시스템이 담보되면 화폐, 신용, 데이터, 거버넌스 등 기술 활용 범위는 크게 확장된다. 기존에는 없던 신뢰 플랫폼을 구축할 수 있게 된다. 신뢰 플랫폼은 신뢰 사회를 만들 수 있는 초석이 된다.

블록체인은 기술뿐 아니라 탈중앙화, 분산 경제, 토큰 경제 등을 구현할 수 있는 수단을 제공한다. 이는 새로운 경제·사회적 변화를 가능케 한다. 탈중앙화는 기존 시스템 해체가 아니다. 좀 더 합리적인 분산과 공유를 의미한다. 토큰 경제는 기존 법정화폐 기반 위에 각자의 기업이나 커뮤니티 목적에 맞게 소규모 화폐경제를 만들 수 있다. 블록체인 시대에 기업과 플랫폼은 어떻게 바뀔까? 이익의 극대화보다는 사람 및 사회적 역할이 우선시될 것이다. 운영자-이용자 구분이 없어지는 커뮤니티 중심의 개방적 운영 구조, 참여자 수익 재분배, 기업 플랫폼의 무한 책임제로 바뀔 것이다. 마케팅 판매 역할은 축소될 것이다.

수익·지출 구조도 바뀌어 생태계 참여자가 제공하는 '참여 자본'이 수익 일부를 대체하며, 지출은 공유를 통해 최소화하게 될 것이다. 사회적 모델과 사업적 모델을 결합해 공익성과 수익성 모두를 극대화할 수 있게 된다. 기존 플랫폼은 단일 목적 플랫폼으로 독점과 투자자 이익 극대화에 있었다. 하지만 새로운 플랫폼은 커뮤니티 경제 활성화, 지역 일자리 창출, 사회 교육 문화 전반의 컨버전스 플랫폼이 될 것이다. 플랫폼 성공 요인은 원가 절감, 효율성, 자본력, 고객이 아닌 낮은 원가, 관계, 우수한 인재, 참여자로 바뀔 것이다. 지속 가능한 생태계는 자발적이고, 민주적이며 다양성을 아우르는 통합된 가치사슬(Value chain)을 추구하는 개방과 공유 체제이다.

블록체인 시대의 소비자 혜택은 무엇일까? 기존 플랫폼의 장점은 구매 편리, 통합된 혜택, 소품종 대량생산 등에 있었다. 블록체인 시대는 기존 장점에 더해 중간 유통 축소, 소비자의 합리적 구매, 품질 만족, 회원 간 유대, 제공자와 이용자 간 신뢰가 극대화되는 사회를 이룰 것이다. 정치 · 경제 · 사회 각 분야에 있어 블록체인과 암호화폐는 많은 긍정적 효과를 낼 수 있다. 인터넷이 기존 산업과 융합되면서 새로운 시너지를 만들어낸 것처럼, 블록체인도 기존 시스템을 몰아내는 정복자가 아닌 모두에게 새로운 기회를 제공한다.

페이스북부터 삼성전자까지, 소셜 플랫폼부터 스마트폰 제조사까지 블록체인 플랫폼 도입에 속도를 내면서 댑 시장이 커질 전망이다. 그간 스타트업 중심 블록체인 플랫폼 시장에 대기업이 진입하면서 기존 서비스 이용자들을 중심으로 댑 접근성이 높아질 것이란 관측이다. 페이스북이 기존 주요 매출원인 광고에 암호화폐를 도입하고 앱 기반으로 보상 체계를 구축하면, 댑 시장은 활성화될 것이다. 전 세계적으로 통용되고 송금 수수료가 거의 없는 암호화폐가 탄생할 것이다. 우리나라에서도 내수 성장이 정체된 카카오가 블록체인 기술 계열사 그라운드X를 앞세워 해외 진출을 도모했다. 탈중앙화된 애플리케이션인 '댑'이 아니라 암호화폐로 보상을 받는 토큰 이코노미가 적용된 '비앱(BApp)'을 우선 도입해 상용화를 앞당기려 했다.

디지털 자산 시장의 성장세에 주목한 스마트폰 제조업계도 블록체인 플랫폼 구축에 눈을 돌리고 있다. 삼성전자는 암호화폐 지갑 기능을 적용하고 댑을 탑재했다. 애플은 개발자가 자사 운영체제(iOS)를 기반으로 암호화 작업을 돕는 프레임워크(개발 도구) '크립토키트'를 공개했다. 이들 기업은 기존 제품 및 서비스 이용자를 기반으로 높은 접근성을 확보했다. 대부분의 댑이 저조한 이용률을 보이고 있고, 구글과 애플에서 유통되는 앱과 달리 기존 사용자들은 댑 사용의 필요성을 크게 못 느끼고 있지만 세상은 변한다. 킬러댑이 부족할뿐더러 접근성이 부족하다는 것이 업계의 공통된 시각이라도, 코페르니쿠스식 전환은 부지불식간에 다가온다. 큰 규모의 기업이 댑 스토어 시장에 진출하여 댑의 실생활 상용 사례가 늘어나면, 상황은 반전되어 시장이 활성화될 것이다. 댑 스토어 운영은 검증된 파트너사와의 제휴나 자체 보안 프로그램 구동으로 안전성이 증가할 것이라, 인프라 측면에선 분명 발전이 있을 것이다. 기존 사용자를 활용해 댑 생태계가 조성되는 것도 긍정적 방향이다.

디지캐시(DigiCash)의 창시자이자 '비트코인의 아버지'라 불리는 데이비드 차움(David Chaum)은 〈블룸버그〉와의 인터뷰에서 이렇게 말했다.

"현대 사회에서 진정한 블록체인 킬러앱은 결제 기능과 메시지 기능을 결합한 애플리케이션입니다."

페이스북은 이를 알고 행동하는 것일까? 현재의 SNS는 디지털 주권을 보호하기에 불충분해 보인다. 페이스북만 하더라도 알고리즘 문제부터 데이터 유출까지 각종 구설수에 시달렸다. 겉으로는 플랫폼 중립성을 강조했지만 실제 모습은 그렇지 못했다. 페이스북은 이용자 데이터를 활용한 맞춤형 광고로 돈을 벌었다. 알고리즘 조작 시비도 끊이지 않았다. 2018년 케임브리지 애널리티카(Cambridge Analytica)란 개발자(서드파티) 앱을 통해 개인정보가 유출된 사실이 드러나면서 엄청난 충격을 주었다. 이런 상황에서 블록체인 솔루션이 SNS에서 채택돼, 블록체인 킬러앱이 그 속에서 '결제와 메시지'를 결합하여 탄생하면 상황은 상당히 달라질 것이다. 블록체인은 보안에 민감한 기술이기 때문이다. 다시 리브라는 탈중앙형 가치를 지닌 원래의 블록체인과 다른 형태라는 점을 강조한다. 리브라의 경쟁 상대는 비트코인이 아닌 법정화폐를 유통하고 발행하는 중앙은행일 수 있다. 페이스북 리브라의 성공은 암호화폐의 탈중앙화(분산화)에 종말을 고할지도 모르겠다.

"지금까지, 다른 모든 것을 흔들 만큼 중대한 앱이 (블록체인 세계에서는) 없었다"라는 비탈릭 부테린(이더리움 공동 창업자)의 말이 사라질 것인가? 페이스북의 참여와 함께 블록체인 킬러댑이 나온다면 상황은 다르다. 블록체인 기반 앱이 다양하게 나와 일상을 더 편리하고 안전하며 효율적으로 만들어가길 바란다. 이즈음에서 핀테크가 티핑 포인트에 이르러 일상이 되어, 우리 생활에 어떤 영향을 미칠까 생각해본다. 핀테크지원센터는 몇 년 안에 없어질 목록을 얘기했다. 현금, 신용카드, 현금자동입출금기(ATM)가 사라지고, 홍채·정맥 등 다양한 생체 인증 방법이 보편화되면서 비밀번호, 열쇠 등이 자취를 감출 것이라고 예언했다. 그 가운데서 블록체인이 많은 킬러앱과 함께 모종의 역할을 할 것이다. 기존 콘텐츠에 암호화폐 보상 시스템을 도입한 많은 킬러앱이 머지않아 소비자의 실생활에 녹아들 것이다. 경쟁력을 갖춘 콘텐츠에 블록체인을 접목하여 보상형 시스템으로 잠금 효과(Lock-in effect)와 데이터 수집 효과를 동시에 노릴 수 있다. 기술 대 기술의 대전이 열리는 가운데 블록체인과 암호화폐의 기술 역시 어떤 형태로든 발전하고 그 가운데에서 킬러앱이 탄생할 것이다. 인터넷이 전 세계의 컴퓨터를 연결했다면, 블록체인은 컴퓨터 안의 데이터를 연결하는 기술이다. 인터넷 혁신을 가능케 하는 두 번째 퀀텀 점프라고 할 수 있다. 국가와 국가, 기업과 기업이 서로 다른 시스템을 쓰는 상황에서, 신뢰성 있는 블록체인 원장으로 서로 연결해 거래하는 표준을 생각해본다. 2020년 그런 수요를 반영해서인지 본능을 거스르게 비트코인 가격이 야진했다. 투자는 대중의 심리와 다르게 움직이나 보다. 2020년 10월 세계 최대 글로벌 결제·송금 기업인 페이팔(PayPal)이 암호화폐 결제 허용을 선언하였으니 몇 년 전 거품 운운할 때와는 기반이 달라 보인다.

페이팔보다 비트코인 결재를 먼저 허용한 미국 핀테크 결제앱 스퀘어(Square)가 2020년 10월 비트코인에 5,000만 달러를 투자했다. 돈의 3가지 흐름인 소비, 투자, 송금 생태계를 장악해가는 스퀘어가 비트코인을 사들인 이유는 무엇일까? 미래에 어디서나 쓸 수 있는 화폐가 될 것이라는 이유에서다. 2020년 6월부터 탈중앙화 금융(디파이, DeFi, Decentralized Finance)이 본격화되었다. 한 예로 암호화폐를 담보로 걸고 일정 금액을 대출받거나, 다른 담보를 제공하고 암호화폐를 대출받는 방식을 들 수 있다. 암호화폐 대출 특별 코인이 등장해 열풍을 몰고 왔고, 그 시장은 확대될 전망이다. 이제 세상은 중앙집중화된 은행시스템이 아닌 암호화폐를 활용한 P2P 금융거래에 주목하고 있다. 전 세계적으로 탈중앙화된 앱인 댑을 활용해 이용할 수 있는 서비스가 증가하는 것이다. 하나의 토큰을 다른 토큰으로 대체하는 것이 불가능한 대체불가토큰(NFT: Non-Fungible Token, 고유한 정보 또는 특성을 가진 토큰)도 이더리움 네트워크에서 구현되고 있다. 2020년 비트코인보다 이더리움 가격 상승 폭이 더 가팔랐다. 이더리움 플랫폼의 유틸리티 토큰으로서 NFT인 샌드(SAND)를 사용하는 블록체인판 마인크래프트 게임 '더 샌드박스(The Sandbox Game)'를 실행해본다. 나만의 창작물을 만들어 사람들과 공유하며 게임을 즐기는 세상이 현실화되었다. 샌드박스 캐릭터를 제작하고 수상자에게 해당 캐릭터를 판매해 수익금으로 만들어 블록체인 게임 커뮤니티를 확장시키고 있으니 킬러댑 탄생의 염원이 현실화되는 느낌이다.

Next

5G 시대의 킬러앱

킬러의 절대 무기는 속도감 있게 최적화된 콘텐츠를 만드는 것이다

Killer

App

5G에 대한 논의에서 미처 상상하지 못한 킬러앱이 등장할 수 있다. 기술과 통신이 융합하고 혁신, 창의성, 기업가 정신이 제대로 발휘된다면 새로운 킬러앱으로 우리네 생활은 더 편리해지고 소통은 더 원활해질 수 있다. 문제는 5G를 통해 여러 기술이 더 성숙해지고 사람들이 더 많은 5G 기기를 이용하더라도, 킬러 콘텐츠를 기술 발전에 맞게 생산하지 못한다면 무엇이 바뀌었는지 체감하기 어렵다.

08

디지털 트윈과
5G 킬러앱

도시 경영은 쉽지 않다. 시민의 의견을 제대로 반영해 멋진 도시를 만드는 것은 도시 건설 게임으로 유명한 가상의 '심시티(SimCity)' 원리보다 훨씬 어렵다. 고급 일자리, 우수한 환경 여건, 원활한 교통 체계, 질 좋은 교육 시스템 등 산적한 문제를 다른 도시보다 더 훌륭하게 해결해야 한다. 코로나19 같은 재난이 발생했을 때 제대로 대처하는 것은 무엇보다 중요하겠다. 코로나19로 우리의 일상이 급격히 변하면서 산업 생태계 전반에도 변화의 바람이 불고 있다. 교육, 헬스케어, 교통, 물류, 제조 등의 각 영역에 걸쳐 코로나19가 가져올 구체적 변화상을 예측하는 과정에서 '디지털 트윈(쌍둥이)' 기술이 주목받고 있다.

우리가 접하는 물리적 현실을, 똑같이 만들어진 사이버 세계로 이식해보자. 그 가상의 세계는 디지털 트윈이란 이름 아래 기계와 장비, 사물 등의 현실을 컴퓨터 모델에서 동일하게 구현된다. 제너럴일렉트릭(GE)이 만든 개념으로, 소프트웨어로 가상의 실체를 만들어 시험하는 시뮬레이션을 통해 실제 제품을 작동시킬 때 발생할 수 있는 문제점을 도출하고 미리 해결하려는 기술이다. 롤스로이스는 디지털 트윈을 활용해 제트기 엔진의 고장을 97%가량 예측해낸다. 물리적 엔진의 축소 모형을 이용해 실제 기계의 성능을 디지털 모델로 시뮬레이션한다. 그 결과 성공적인 비행 인증을 받기 위해 거쳐야 할 엄격한 엔진 관련 시험을 통과하는 데 드는 시간과 비용이 크게 줄어들었다. 비행 중 팬 하나가 고장 났을 때 엔진 성능이 어떻게 달라질지 쉽게 알 수 있다.

디지털 트윈은 모니터링에서 시작하나 그 이상이어야 한다. 공정 관리자의 태블릿에 제어 프로그램을 심는다. 이후 생산과 소비의 전 과정에서 설치된 센서를 통해 발생하는 신호나 정보가 태블릿의 디지털 트윈에 실시간으로 반영된다. 제품이나 공정의 디지털 트윈 프로그램 공유자는 언제 어디서나 제품과 관련된 문제의 발생 여부를 실시간으로 모니터링할 수 있다. 디지털 트윈 기술의 묘미는, 현실적으로 비용이 많이 소요되고 생명이나 신체적 위험에 연계되어 실제로 하기 어려운 일을 가상의 공간에서 얼마든지 시뮬레이션해볼 수 있다는 점이다. 다만 모니터링과 시뮬레이션 단계에 머문다면 현실의 문제를 해결하는 데 한계가 있다. 디지털 트윈 기술로 현실의 세계를 평가한 후 더 유리한 결과를 얻기 위해 개선이 이뤄질 지점을 정확히 식별해야 한다. 센서에서 수집한 다양한 정보의 정교한 빅데이터 분석을 통해 예측 능력을 높임으로써 개선이 이뤄진다. 제품이나 공정을 이렇게 제작하고 관리하면 생산 오류에 의한 비용과 손실을 줄일 수 있고, 소비자의 니즈에도 한층 부합할 수 있다. 가상공간에 실제 도시와 동일한 도시를 구축하고 인구 분포, 안전, 복지, 환경, 상권, 교통 등 각종 도시 행정을 시험해 검증하는 데도 디지털 기술을 활용할 수 있다. 그런데 이 모든 상황은 5G라는 기술에서 가능하다.

혁신적인 새로운 컴퓨터 기기나 모바일 앱의 성장은 네트워크 대역폭의 범위와 속도에 의존한다. 속도의 척도는 메가비트(Mb)로, 초당 메가비트(Mbps, 1초당 100만 비트)와 초당 기가비트(Gbps, 1초당 10억 비트)가 일반적이다.

클라우드에서 점점 더 많은 애플리케이션을 사용할 수 있게 되면서 대역폭이 점점 더 중요해지고 있다. 우리는 1G에서 5G로 변화하면서 더 많은 애플리케이션이 주는 기쁨을 즐겁게 누려왔다. 디지털 트윈도 5G가 주는 기쁨이다.

1980년대 1G는 아날로그 네트워크에서 기본적인 음성이었으나 신뢰도가 높은 것은 아니었고 전송 속도는 10Kbps였다. 2G는 문자

메시지와 결합되었다. 3G는 무선 연결을 디지털 네트워크와 연결했고 휴대전화로 인터넷에 접속할 수 있는 기적이 이루어졌다. 4G는 더 빠른 속도, 더 짧은 지연 시간, 이동 중 비디오를 볼 수 있는 기능으로 한결음 더 나아갔다. 우리가 1G에서 4G까지의 변화 여정을 되돌아볼 때, 주요한 것은 속도였다. 그렇다면 5G도 속도에 초점을 두어야 할까? 5G는 강력한 속도(잠재적으로 4G보다 10배 이상)를 자랑하지만, 속도 이상의 것이다. 5G에서 우리는 놀랄 만한 용량의 발전, 높은 신뢰성, 대기 시간 감소를 혁명적으로 대할 수 있다. 나아가 IoT, AI, VR, AR 같은 여러 가지 새로운 기술의 진보를 실감 나는 콘텐츠로 즐길 수 있다. 5G를 통해 우리는 단지 더 빠른 스마트폰 이상의 훨씬 더 많은 것을 다양한 앱으로 체험할 수 있다.

- 가정에서 도로, 직장, 엔터테인먼트 및 학습의 세계에 이르기까지 다양한 기기 유형에 맞는 앱들이 출현하고 있다.
- 차량과 승객의 실시간 이동에 따라 동기화된 운송·공급 체인 시스템을 구축하기 위한 작업을 생각할 수 있다.
- 센서를 통해 정확한 지리적 데이터를 실시간으로 수집하여, 국지적인 날씨 패턴과 토양의 수분 및 상태를 파악함으로써 가축과 농작물을 더 잘 관리할 수 있다.
- 배송, 검색, 긴급 뉴스, 고품질 라이브 비디오를 제공하는 데 사용할 수 있는 드론 비행대를 구축하는 작업을 실행한다.

- 가상현실 또는 증강현실을 활용하여, 스포츠를 즐기는 사람들을 위한 차세대 실시간 경험 콘텐츠를 창출하고 원격 의료 서비스를 활성화하는 환경을 앞당길 수 있다.
- 제조망과 공급망 관리를 자동화하고 AI를 사용하여 데이터를 수집하고 처리함으로써 효율성과 생산성을 향상시킬 수 있다.

5G에 대한 논의에서 미처 상상하지 못한 킬러앱이 등장할 수 있다. 기술과 통신이 융합하고 혁신, 창의성, 기업가 정신이 제대로 발휘된다면 새로운 킬러앱으로 우리네 생활은 더 편리해지고 소통은 더 원활해질 수 있다. 문제는 5G를 통해 여러 기술이 더 성숙해지고 사람들이 더 많은 5G 기기를 이용하더라도, 킬러 콘텐츠를 기술 발전에 맞게 생산하지 못한다면 무엇이 바뀌었는지 체감하기 어렵다. 미래의 비즈니스 모델이 초연결적이고 매우 지능적이며 혁신적일 것이라는 점에 모두가 동의하지만, '공감'의 콘텐츠가 없다면 멋진 신세계를 누리지 못하는 것 아니겠나! 이전 세대에서도 무선 네트워크와 함께 여러 혁신을 경험했다. 대표적 킬러앱으로 2G는 문자메시지, 3G는 인터넷 연결, 4G는 무선 비디오가 있었다. 비디오는 이전 세대의 무선 네트워크에서 없었던 것으로, 4G의 트래픽 대부분을 차지했다. 비디오와 5G의 결합에 있어 여러 혁신의 선도자와 선도 기업은 매우 빠른 속도, 높은 대역폭, 초저지연을 결합하여 예상

치 못한 새로운 앱을 통한 서비스를 생각해낼 것이다. 1G~4G와 달리 5G는 하나의 대표적인 킬러앱에 머물지 않을 것이다. 새로운 대표 킬러앱은 더 크고 더 혁신적일 수 있다. 킬러앱이 사람들의 손에 들어가는 순간, 세계의 기술과 통신의 역할은 완전히 변화될 것이다.

빅데이터 경제를 이끄는 요인들

영화 '킹스맨'에는 아주 인상적인 장면이 나온다. 바로 킹스맨 요원들의 원탁회의 장면이다. 실제로는 각기 다른 장소에 있지만, 킹스맨 본부에 각자의 이미지를 전송해 회의를 하고 추모의 술을 마신다. 이 기술은 AR과 VR을 기반으로 한 홀로그래피인데, 이를 가능하게 하는 기반이 5G 네트워크다. 5G 네트워크가 상용화될 때 킹스맨 요원들의 원탁회의 장면은 우리 주변의 평범한 사무실에서 일상이 된다. 코로나19 시대, 물리적으로 먼 거리에 있는 동료라도 기술 덕분에 함께 회의하는 세상이 도래했다. 5G의 초고속, 초저지연, 초연결성이란 이점이 제대로 발휘되고 있는 것이다.

초고속 · 저지연 · 초연결의 5G는 3G와 4G 같은 단순 통신기술의 진화가 아니라, 상상을 현실로 실현하는 새로운 세상의 시작이다. 5G를 통해 방대한 데이터를 매우 빠르게 전송하고(초고속) 실시간으로(저지연) 모든 것을 연결하는(초연결) 게 가능하다. 5G는 기존 기술의 한계를 극복하고 자율주행 자동차나 스마트 공장 같은 혁신 서비스를 실현하고 있다. 5G는 전 산업에 걸쳐 융합되어 혁신을 창조한다. 5G 시대에는 모든 사물과 사람이 통신 장비를 중심으로 연결되고 경제·사회 전반에서 통신 인프라를 기반으로 융합과 혁신이 촉발된다.

5G 통신망이 없다면, 4차 산업혁명의 핵심 근간인 데이터 경제와 지능화로 대표되는 혁신의 실체적 구현이 불가능하다. 5G를 통해 수많은 센서와 기기가 연결되고 대용량 데이터의 실시간 수집과 전송으로 데이터의 유통과 활용이 활성화되면서 지능화와 정보화가 촉진되고 있다. 세계경제포럼에서는 5G가 사람은 물론 수십억 개 사물의 안전하고 즉각적인 연결을 통해 자동차, 의료, 제조와 유통, 응급 서비스 등 전 산업에 걸쳐 영향을 준다고 강조했다. 5G는 사회·경제 전반에 유례없는 편익을 제공하며 전기나 자동차 같은 혁신을 일으킬 마중물이다.

경제협력개발기구(OECD)도 5G 기술이 증가하는 디지털 경제 요구에 부응하는 잠재력을 보유하고 있다고 강조하며, 수많은 디바이스와 다른 서비스가 연결되는 IoT 세상을 위해 고안된 첫 번째 표준이라고 역설했다. 세계적으로 5G를 조기에 상용화해 부품·디바이스·장비·콘텐츠 같은 연관 산업 전반에서 5G 경험을 확산하는 것이 무엇보다 중요하다. 다양한 산업에 5G를 빠르게 접목·융합시켜 신 시장을 창출하고 일자리와 해외시장 진출 확대로 전·후방 파급효과를 극대화해 경제성장에 기여해야 한다. 이동통신망과 초고속 인터넷 선도 구축으로 스마트폰과 반도체 같은 산업을 연쇄적으로 발전시켜 ICT 강국으로 도약한 시기처럼, 세계 최초 5G 상용화의 역사를 쓴 것은 경제의 혁신 성장과 ICT 산업의 위기 극복을 위한 엄청난 기회를 제공한다.

5G가 산업, 노동, 생활에 끼치는 영향

5G의 '초고속·초저지연·초연결' 특성을 AI와 클라우드에 접목하여 산업 현장 데이터 활용과 생산성 향상이 가능하다. 이를 통해 산업 구조의 혁신 지원을 가속화할 수 있다. 5G로 초고속·초저지연을 해결하고 AI와 클라우드에 결합하여 제품의 고화질 영상을 5G로 전송해보자. 원격(클라우드)에 있는 AI로 품질 검사가 가능하고, 불량품 판독 속도가 크게 향상될 수 있다. 독일 자동차 3사(다임러, 아우디, BMW)가 5G자동차협회(5G Automotive Association, 5GAA)를 설립하여 통신사와 네트워크 장비 기업과 5G 기반 커넥티드카(Connected Car) 상용화 협력을 추진했다.

고용 구조에도 변화가 예상된다. 업무 자동화 영역 확대에 따른 고용 감소 우려와, 5G 융합 신산업·직업 출현에 따른 일자리 창출 기대가 공존한다. 데이터 관련 산업의 증가, 불량률 감소에 따른 생산성 증대는 일자리에도 긍정적 효과를 낳을 수 있다. 긱(Gig) 노동자(온라인 중개 플랫폼을 통해 필요에 따라 임시로 계약을 맺고 일하는 노동자) 같은 비정형 프로젝트 고용이 증가하고, 일하는 방식이 스마트하게 변화되고 있다. 국가 인프라(SOC)의 실시간 관리와 운영 효율화도 지원되고 있다. 차량·도로·보행자가 연결된 안전하고 스마트한 교통·물류 환경 조성이 가능하다. 화재 건물 안의 수많은 센서로 데이터를 실시간으로 수집하면, 피해자의 정밀 위치 파악이 가능해 대피 안내를 쉽게 할 수 있다. 그렇게 5G 기반 실시간 재난 분야와 안전 분야에서 제대로 된 대응이 가능해진다.

　다른 곳에서 5G가 선사하는 기쁨을 누릴 수 없을까. 질 높은 사회 안전망 증가와 제대로 된 원격 교육을 실현할 수 있다. 이참에 지역 교육 격차도 해소할 수 있으면 좋다. 시공간 제약이 없는 디지털 헬스케어 확산, 의료 서비스 질적 개선도 가능하다. 5G는 다양한 산업 분야와 첨단 단말과 디바이스에 적용되어 혁신을 선도한다. 자율주행차, 스마트 공장, 드론, 헬스케어 분야처럼 5G로 무장해 새로운 기회를 창출하려는 기업을 주변에서 쉽게 찾을 수 있다. 4G(LTE)의 활용 영역이 스마트폰(B2C)에 국한된 반면, 5G는 빅데이터를 필두로 하여 데이터 경제 전방에 걸쳐 첨병 역할을 톡톡히 하고 있다. 5G 킬러앱은 폭발적으로 늘어나는 데이터 용량 처리, 사물 인터넷의 발전 속도, 산업의 수요 증가를 감안하면 답이 보인다. 5G 증가 속도는 LTE 초기와 비슷했지만, 100만 명 돌파는 LTE보다 빨랐다. 이런 확산 추세를 감안한다면 5G 킬러앱도 늘어날 것이다. 5G로 사무실 문화와 원격 근무에 있어 일대 서비스 혁명이 일어난다. 재택근무가 일하는 방식의 하나로 자리 잡아 가고 있다. 가수 돌리 파튼(Dolly Parton)은 9시에서 5시까지 뺑뺑이 도는 지루한 사무실의 삶을 노래로 표현하며 더 나은 삶을 지향했다. 내 목을 조이는 상사가 없는 집은 천국일까? 재택근무는 소통이 중요한 직종에서 생산성이 떨어질 수 있다. 일터와 휴식공간의 경계가 느슨해지고, 집중력이 낮아져 일을 미루는 경향도 발생한다. 집에서 하는 근무를 제대로 하려면 교육, 소통, 회의 같은 서비스가 제대로 제공되는 앱 서비스가 필요하다. 이를 위한 협업 앱으로 줌, 구글미트, MS팀즈, 슬랙이 킬러앱을 지향하며 세계 시장을 향하고 있다. 2019년 상장한 줌은 모바일에서 고객만족도 최고점을 받았다. 줌은 B2C보다는 B2B를 위한 서비스로 화상회의와 웨비나(Webinar) 같은 이벤트를 제공한다. 유료와 무료 버전 모두 제공하며 웹과 모바일 형태로 진행할 수 있다. 카메라 각도를 바꾸고 여러 배경을 골라 멋진 회의를 하며 일대일 메시지를 하고 세션을 녹화해 본다. "비디오는 커뮤니케이션의 미래"라는 에릭 유안(Eric Yuan) CEO의 말을 새겨보며 링크를 보내 사람들을 회의에 초대하는 계획을 실현해보라. 전 세계 데이터센터를 통해 공개 화상회의를 할 수 있는 줌에 대한 수요가 늘고 있는 상황에서 서비스를 안정적으로 운영하는 역량이 그 어느 때보다 중요해지고 있다. 줌 때문에 컴퓨터와 디지털기기를 모두 교체했다는 이야기를 들으니 줌이 킬러앱으로 당당히 자리 잡고 있는 온라인 교육의 중요성도 실감한다. 〈월스트리트저널〉은 "코로나19 팬데믹으로 줌이 틈새시장 제품에서 많은 미국인이 직장 동료, 가족, 친구들과 소통하기 위해 의존하는 도구로 변모했다."라고 지적했다. 우리나라에서도 줌 사용자가 1,000만 명 수준이라니 그 비결이 궁금하다.

09

'에지 클라우드' 시대,
주목해야 할 것들

5G가 아무리 빠른 속도와 초지연성의 특징을 가졌다 해도 이를 이용하는 데 적합한 서비스가 없으면 4G(LTE)와 비교하여 경쟁력이 있을 수 없다. 5G의 성공은 그래서 킬러앱에서 판가름이 난다. 3G에서 LTE, 그리고 피처폰에서 스마트폰으로 사용자가 급격히 옮긴 이유는 뭘까. 카카오톡, 티맵(T map), 모바일 게임 같은 다양한 킬러앱이 등장했기 때문이다. 킬러앱이 진화한 배경에는 단지 LTE의 빠른 속도만 있었던 게 아니다. 피처폰에 없던 GPS, 마이크, 카메라, 지문 인증 같은 기능이 스마트폰에 공개되었고, 이들 킬러앱 서비스를 소비자가 사용할 수 있게 된 영향이 크다. 이제 5G의 킬러앱이 무엇인지에 대해 고민해보자.

사람들마다 생각이 다를 수 있겠으나, 4G에 비해 수십 배 빠르면서도 지연 속도(latency)는 평균 5밀리세컨드(ms, 1ms=1000분의 1초) 이하인 5G 시대가 본격화되면서 IoT 기반 커넥티드카, 가상/증강현실(VR/AR), 스마트 시티 시대가 열렸다. 실제 VR을 체험해본 사람이 많지 않고 이용할 콘텐츠가 적은 것은 이미 앞에서 지적한 사항이다. 아이폰이 기존 사용자 인터페이스(UI)의 틀에서 벗어나 스마트폰 UI를 장착한 것처럼, 대중화를 위해서는 VR에 맞는 UI와 OS가 개발되어야 한다. 과거 UI에서 개발하고 기존 엔진으로 구동한다면 대중화할 수 없다. IoT 기반 앱 서비스는 다양한 디바이스에서 수집되는 수많은 데이터를 빠르게 수집하고 분석하고 저장하는 기능이 전제돼야 하는데, 여기에 5G 기술이 필수다.

5G는 클라우드 컴퓨팅이나 에지 컴퓨팅과 결합해 파급력을 높인다. 5G 시대에 막대한 양의 데이터를 처리하기 위해서는 강력한 컴퓨팅 파워가 필요하기에 클라우드의 중요성이 부각된다. 초고속, 초저지연, 초연결성을 특징으로 하는 5G와 클라우드가 결합해야만 스마트 공장이나 스마트 시티가 구현된다. 기존 클라우드는 중앙에서 모든 데이터를 처리하는 방식이다. 만약 AI와 IoT에 모든 사람과 사물이 연결되면 처리할 정보량이 기하급수적으로 늘어나 문제가 생긴다. 중앙 집중형 컴퓨터 처리로 데이터 전송과 처리, 결과 수신에 대한 응답시간이 길어지면서 데이터를 저장하고 불러오는 데 병목현상이 발생할 수 있다. 에지 컴퓨팅은 이 같은 클라우드 컴퓨팅의

한계를 극복하기 위한 대안으로 떠올랐다. 데이터가 발생하는 단말에 가까운 가장자리(edge)에서 분산 처리할 수 있도록 도와준다. 네트워크 에지에서 중요한 데이터를 실시간으로 처리하거나 저장하고, 나머지는 수신된 모든 데이터를 중앙 데이터센터나 클라우드 스토리지에 저장해 효율적으로 관리한다. 데이터는 중앙 데이터센터이자 빅데이터 플랫폼인 클라우드, 지역별 인프라이자 게이트웨이인 포그(Fog), 에지(단말, 스마트 기기)의 3층 구조로 나눠 효율적으로 관리된다.

에지 컴퓨팅은 로봇이나, 커넥티드카 혹은 자율주행 자동차 같은 미래형 자동차에서 필수적이다. 자동차처럼 운전자의 안전을 담보로 하는 경우, 5G 같은 통신기술을 기반으로 차량 내에서 즉각적인 데이터 수집과 분석을 통한 의사결정이 이뤄져야 한다. 클라우드까지 보내고 결괏값을 받는 시간을 최소화하는 게 그래서 필요하다.

자율주행 자동차보다 가까운 시일 내에 5G가 효과를 거둘 기업 솔루션으로는 클라우드 PC를 꼽을 수 있다. '클라우드 기반의 데스크톱 가상화(Virtual Desktop Infrastructure, VDI)' 혹은 '클라우드 컴퓨팅 기반 데스크톱(Desktop as a Service, DaaS)'으로 불리는 클라우드 PC는 서버에 가상의 데스크톱을 구현해두고 다양한 단말기로 접속해 사용하는 서비스다. PC나 태블릿, 스마트폰 등 어떤 기기에서도 자신의 ID와 패스워드로 고유의 PC 화면에 접속해 업무가 가능하게 한다. 모든 데이터는 가상화 기술이 적용된 중앙 서버에 저장된다. 이 때문에 랜섬웨어 같은 보안 위협에서 안전하며, 재택근무나 스마트워크 등 일하는 방식 변화에 선제적으로 대응할 수 있다. 보안 패치 적용이나 OS 업데이트 등 PC 자원의 일괄적 관리도 가능해 IT 관리자 입장에서 무척 편리한 서비스다. 클라우드 PC는 5G에 대한 기대감 때문에 더욱 주목받고 있다. 5G 시대에는 성능과 지연(레이턴시) 이슈가 해소되면서 안정된 서비스 제공이 가능하다. 기존 클라우드 PC는 무거운 고성능 애플리케이션을 구동할 경우 서비스 질(Quality of Service, QoS)이 담보되지 않았다.

5G 기술로 건설 현장처럼 사람이 가기 힘든 장소의 검침이나 장애 처리 등 유지·보수를 할 수 있는 AI 로봇도 주목받고 있다. AI 로봇은 증강현실과 접목되어 사람의 지시에 따라 자유자재로 움직일 수 있다. 5G 기술로 로봇은 사람이 하는 것처럼 지연 없이 작동한다.

5G의 특징을 극대화할 수 있는 또 다른 킬러 서비스로 스마트 시티가 꼽힌다. 모든 사물이 연결되어 시민의 안전한 생활을 가능케 하는 스마트 시티는 ICT의 융·복합체나 다름없다. 도시 곳곳에 설치한 CCTV와 센서의 데이터가 AI와 결합해 지능형 세상이 구현된다. 인프라만 깔리면 지진이나 화재, 태풍 같은 자연재해 피해를 사전에 차단할 수 있다. 실시간 교통 정보 분석부터 범죄 용의자 단속, 용의 차량 추적을 통해 사회 안전도 향상할 수 있다. 5G 고속 네트워크 인프라를 기반으로 하는 도시의 디지털화는 경제를 활성화하고 많은 경제적 혜택을 준다.

도시 내 카메라, 센서와 모바일 기기에서 발생하는 대규모 영상, 이미지와 소셜 데이터를 안정적으로 수용하고 서비스할 수 있는 인프라, 도시에 분산되어 있는 다양한 데이터를 수집하기 위한 IoT 기술, 데이터 통합과 분석 능력을 극대화할 수 있는 빅데이터, AI 기술은 5G 없이는 구현이 어렵다. 앞서 말한 디지털 트윈 기술의 구현을 위해서는 이런 기술이 긴요하다. 스마트 시티 조성을 위해서도 IoT로 에너지, 교통, 의료, 건설, 인프라, 공공, 유통 자료 같은 방대한 도시 데이터를 하나의 플랫폼으로 통합하고 정확히 분석해야 한다. 도시 데이터에 대한 면밀한 분석으로 적합한 조치를 신속히 수행해야 한다.

5G의 초저지연성과 다양한 기기에 적용 가능하다는 강점은 스마트폰을 넘어 자동차와 드론, 로봇, 의료 기기, 공장 기계에 새로운 가치를 만드는 데 적합하다. 원격의료 수술이나 원격 드론 조정 때는 단 1초, 아니 0.1초의 지연이 있어서도 안 된다. 5G는 LTE를 넘어 유선망에 비할 수 없는 지연 없는 환경을 만든다. 5G와 결합된 에지 컴퓨팅에서 기존 4G 네트워크에 없던 특별한 기능이 솔루션으로 제공되어, 새로운 고성능 앱이 작용하고 있다. 클라우드와 물리적으로 멀리 떨어진 곳에 위치한 공장이나 농장, 사막의 석유 시추 시설, 산골 오지의 군사 시설, 심해의 탐사 시설 같은 특수한 상황에서 5G가 에지 컴퓨팅과 결합해 기존의 네트워크와 클라우드로 경험하지 못한 솔루션을 제공할 수 있는데, 바로 그것이 5G의 킬러앱이다.

MS 애저 키넥트(Azure Kinect)와 홀로렌즈2, 그리고 VR·AR 기기 등도 5G와 궁합이 맞는 기기다. 와이파이를 넘는 무선의 자유로움과 유선 인터넷보다 빠른 초고속을 보장하는 5G는 새로운 디스플레이 장치에 안성맞춤인 네트워크이다. 이들 기기에는 TV, PC, 스마트폰과는 전혀 다른 사용자 경험을 제공할 수 있는 수많은 콘텐츠가 있다. 게임, 교육, 영화, 음악, 만화 등의 기존 콘텐츠가 기존 경험과는 전혀 다른 형태로 재구성되어 새로운 흥미를 선사한다. 같은 내용의 만화, 영상, 이미지라도 VR이나 AR을 이용해보면 전혀 다른 경험으로 다가온다. 기존 콘텐츠의 사용자 경험이 바뀌는 것만으로도 훌륭한 킬러앱이 된다. 5G는 VR과 AR이라는 새로운 디스플레이를 통해 기존 콘텐츠를 새로운 체험으로 경험하도록 하는 데 도움을 주며, 고객 경험이 곧 킬러앱 원천이 된다. 성공적인 킬러앱이 많이 나오려면 이들 킬러앱을 소개하고 만날 수 있는 마켓 플레이스가 필요하다. 웹에서 포털과 검색, 모바일에서 앱스토어가 있었던 것처럼 5G의 각종 킬러앱을 보다 쉽게 만나고 거래할 수 있는 마켓 플레이스도 킬러앱 확장에 중요한 요소이다. 5G 킬러앱의 장터는 서비스를 제공하는 각 하드웨어별로 다르게 운영될 수 있다. 자동차를 위한 킬러앱이 중계되는 장터, VR 같은 디바이스를 위한 마켓 플레이스, 스마트 스피커를 위한 스토어처럼 기기별로 다르게 운영될 수 있다. 5G에 맞는 멋진 킬러앱의 생태계를 만들어야 한다. 5G로 통신, 콘텐츠, AI, 쇼핑 같은 사업 간 경계가 허물어진 새로운 시장이 열린다. 기업의 상호 협력이 더욱 확산되고 있다.

아마존, MS, 구글이라는 클라우드 빅3 기업에 도전장을 던지고 2020년 주식시장에 상장해 대박을 낸 기업이 있다. 그 주인공은 빅데이터 기업 스노우플레이크이다. 투자의 귀재 워런 버핏이 선택한 스노우플레이크는 기업과 협력기관에 데이터 분석 솔루션을 제공한다. 수많은 출처에서 얻은 빅데이터를 통합하고 처리해서 맞춤형으로 분석 리포트를 고객에게 선사한다. 스노우플레이크는 기업과 클라우드에 연결되는 데이터를 신속하게 저장하고 필요시에 서비스를 제공한다. 빅3 클라우드 간 서비스를 연결하는 플랫폼 역할을 하며 다양한 네트워크 효과를 창출하고 있다.

5G 시대가 불러 올 예측 불허 성장 산업

5G는 고화질 영화나 대용량 데이터를 필요로 하는 VR 게임에서 진가를 발휘한다. 기존 와이파이로 해결 가능하며, LTE와 비교했을 때 '개선'되었을 뿐이라면 새로운 킬러앱 서비스를 제공한다고 하기 어렵다. 5G의 진짜 가치는 그 이상의 혁신이 담긴 것이라야 한다. 5G 네트워크 시대에는 AR·VR 서비스가 폭발적으로 성장한다. AR·VR은 시간당 가장 높은 데이터 트래픽이 발생해, LTE에서 경험하지 못

했던 제대로 된 콘텐츠를 즐길 수 있도록 한다. 기존에 AR·VR 관련 콘텐츠 시장의 성장이 더뎠던 이유는 대용량 데이터를 전달할 수 없는 네트워크의 한계 때문이었다. 하지만 이제 5G 네트워크와 함께 360도 카메라로 찍은 현실감 있는 영상이나 다양한 각도에서 찍은 고용량 데이터를 빠르고 지연 없이 전달하게 되었다. AR과 VR은 일방적 정보 전달에서 벗어난 쌍방향이란 특성이 있어 젊은 세대에게 큰 반향을 불러일으킨다.

국내 이동통신사 입장에서도 AR과 VR은 중요한 5G 콘텐츠라, 5G에 막대한 투자를 했다. 가상세계에서 다른 사람과 동영상을 보며 대화까지 하는 것은 흥미진진한 경험이다. 5G 네트워크를 기반으로 한 AR·VR 체험 마당도 늘었다. 2G에서 3G, 3G에서 4G로 넘어오면서 '동영상 스트리밍' 같은 킬러 콘텐츠가 네트워크의 가치를 증명했다. 5G 시대에는 AR과 VR 콘텐츠가 그 중심에 있다. 5G 네트워크 기반 VR 테마파크, AR 영상통화 서비스, VR 스포츠 중계 서비스도 통신사의 수익성 다변화에 큰 역할을 한다.

AR로 TV에서 주로 보던 스타를 자신의 공간에서 보고 조작할 수 있는 경험을 제공한다니 기쁘다. 아이돌 AR 콘텐츠 한 편의 제작 과정은 크게 기획, 스튜디오 촬영, 3D 모델링, 후가공·배포의 4단계로 구분된다. 첫 번째는 어떤 스타를 섭외할 것인지를 결정하는 기획 단계다. 재미를 유발할 수 있는 스타를 물색하는 과정을 외부 콘텐츠 제작 전문가들과 협업해 AR 콘텐츠로 제작해본다. 어떤 스타로 콘텐츠를 만들지 결정해 스튜디오에서 촬영한다. 스타를 가운데 두고 카메라들이 사방에서 촬영을 진행하는데, 음악에 맞춰 춤을 추는 영상이나 팬에게 전하는 응원 메시지가 보인다. 촬영된 영상을 소비자가 보기 편하게 3D 영상으로 만드는 3D 모델링이 필요하다. 촬영된 1분 분량 동영상의 용량은 약 130기가바이트(GB)이며, 이를 압축하면 약 600메가바이트(MB)로 줄어든다. 600MB는 기존 LTE 망으로 스트리밍 서비스하기에 큰 용량이다. 대용량 데이터를 처리할 수 있는 5G망이 필요한 이유다. 3D 모델링을 통해 실사에 가상의 객체를 합성했을 때 이질감이 생기지 않도록 작업이 마무리되면, 그래픽을 넣고 하나의 파일로 만드는 후가공 과정을 거친다. 후가공까지 마무리되면 소비자가 스마트폰을 통해 보는 최종 AR 콘텐츠가 완성된다.

5G 상용화로 기존에 볼 수 없었던 영상 콘텐츠가 등장하고, PC와 스마트폰 중심 소비 행태도 달라지고 있다. 이러한 배경에서 콘텐츠 업계는 차량에서 콘텐츠를 소비하는 '인카(in-car) 엔터테인먼트' 시장에 주목하고 있다. 이를 가능하게 하는 자율주행 자동차와 커넥티드카 기술은 5G의 빠른 속도 지원이 필수다. 디즈니와 독일 차량 제조사 아우디는 자동차에서 VR 콘텐츠를 감상하는 서비스를 선보였다. VR 스타트업 홀로라이드(Holoride) 솔루션이 탑재된 아우디 전기차에서 VR 헤드셋을 착용한 승객이 디즈니 VR 콘텐츠를 감상한다. 영화 제작사 워너브라더스와 인텔은 자율주행 콘셉트카 뒷좌석에

대형 스크린을 설치해 관련 콘텐츠를 제공한다. 차창으로 영상의 배경이 된 거리 영상을 보면 몰입이 배가 된다.

5G 시대와 클라우드 서비스
MS의 돌격과 커넥티드카

실리콘밸리를 대표하는 스타트업 액셀러레이터인 와이콤비네이터(Y-Combinator)의 공동 창업자 폴 그레이엄(Paul Graham)은 2007년 자신의 인터넷 홈페이지에 'MS는 죽었다'라는 제목의 글을 올렸다. 그는 "MS가 여전히 많은 수익을 내고 있지만 더는 아무도 두려워하지 않는 기업이 됐다"라고 주장했다. 그리고 그의 말은 얼마간 사실이 되었다. MS는 2000년대 들어 인터넷 산업의 새로운 트렌드를 따라가지 못하며 계속 뒤처지는 모습을 보였다. 스마트폰, 검색엔진, SNS 등에서 거듭 뒷북을 치며 테크 산업의 대표 자리에서 밀려났다. 여전히 무시 못 할 존재이기는 했지만 세간의 화제에서 점점 멀어졌다. 그런데 다시 구글이나 아마존 등 '플랫포머'라고 불리는 거대 IT 기업을 능가할 만큼 MS의 존재감이 높아지고 있다. MS는 한동안 애플과 구글, 삼성 등에 밀려 큰 어려움을 겪었다. 윈도우 판매에만 의존하다가 모바일 시장에 적응하지 못해 실적 부진이 이어졌지만, 상황은 판이하게 달라졌다. 2018년 구글의 모기업인 알파벳의 시가총액을 3년 만에 뛰어넘으며 세상을 놀라게 했으며, 2019년에도 시가총액 2위를 유지했다. 이런 일이 어떻게 가능했을까? 그 주역은 3대 CEO 사티아 나델라(Satya Nadella)이다.

사티아 나델라는 1967년 인도 하이데라바드에서 태어났다. 크리켓 선수가 되길 꿈꾸던 소년은 열다섯 살 되던 해 부모님이 사준 컴퓨터를 조립하며 컴퓨터에 대한 열망을 품었다. 인도의 대학에서 전기공학을 전공한 그는 미국 위스콘신대학 밀워키캠퍼스로 유학을 떠난 후 시카고대학에서 MBA 과정을 마치고, 자바(JAVA)를 개발한 썬 마이크로시스템즈에서 사회생활을 시작했다. 1992년 MS에 본격적으로 합류했다. 처음에는 윈도우 NT를 제작하는 부서에서 일하다가 곧 비즈니스 솔루션 그룹의 책임자로 자리를 옮겼다. 그는 빌 게이츠를 대신해 MS를 이끈 CEO 스티브 발머의 권유로 2008년부터 MS가 만든 인터넷 검색엔진 빙(Bing) 업무를 담당하게 되었다. 당시 MS는 검색 시장에서 점유율이 낮은 문제를 해결하고자 '파워서치'를 인수해 새로운 검색엔진 빙을 론칭할 준비를 하고 있었다. 스티브 발머는 사티아에게 빙 업무를 제안하면서 "현명하게 생각하고 결정하기 바란다. 실패하면 낙하산은 던져주지 않는다"라고 살짝 겁을 줬지만, 사티아는 더 나은 기회가 될 것이라고 생각했다. 그는 빙을 시장에 안착시키면서 많은 것을 배웠다고 자평했다. MS 말고 다른 회사에서 일해본 적이 거의 없는 그에게 '외부자의 시각'을 갖는

데 도움을 줬기 때문이다. 이렇게 엔지니어로 입사해 영역을 넓히던 그가 본격적으로 두각을 드러낸 것은 엔터프라이즈(기업)서버&클라우드 사업부 부사장을 맡으면서부터다. 클라우드 서비스의 영향력을 일찍 내다본 그는 워드·엑셀·파워포인트 같은 MS오피스 문서를 인터넷으로 언제 어디서든 접속해 편집할 수 있는 클라우드 서비스 '오피스365'를 출시했다. 사티아의 안목은 정확했다. 오피스365는 히트를 쳤고, 그는 곧바로 아마존웹서비스와 구글클라우드플랫폼(GCP)과 경쟁하기 위해, 자사 윈도우 전용 클라우드인 윈도우 애저(Windows Azure)를 모든 운영체제 기반의 퍼블릭 클라우드인 애저(Azure)로 전환시켰다.

그의 결단 덕분에 애플과 구글, 아마존에 밀리던 MS는 기존 먹거리였던 윈도우 사업보다 더 많은 매출을 기록한 클라우드 서비스로 새 활기를 찾았다. 승진을 할 때마다 사티아 나델라는 새로운 시도를 했고, CEO가 된 후에도 MS에 새로운 바람을 불어넣었다. MS는 기본 소프트웨어 운영체계 '윈도우'로 PC 시장에서 패권을 쌓아왔기에 스마트폰이 등장한 이후의 환경 변화에 고전했다. 시대는 이미 PC에서 모바일로 넘어갔고, MS는 모바일에서 설 자리가 없었다. 스마트폰 시장(하드웨어)은 애플이 석권했고, 안드로이드 시장(소프트웨어)은 구글이 장악했다. 그나마 강세였던 태블릿도 애플과 삼성에 밀려난 상태였다. MS가 스티브 발머의 후임 CEO를 찾고 있을 때, 〈블룸버그〉는 공개적으로 "아무도 MS의 CEO가 되고 싶어 하지 않는다"라고 비꼬았다. MS가 사티아 나델라를 CEO로 임명하자, 외부인을 기용해야 한다고 주장하던 미국 언론들은 후퇴라는 표현을 써가며 비평했다. 하지만 모두의 우려와 혹평 가운데 CEO에 취임한 그는 놀라운 결과를 선사했다.

나델라는 MS의 모든 것을 바꾸었다. 내부 사람이었던 만큼 MS의 문제가 무엇인지 누구보다 잘 알았다. 그는 CEO 취임 직후에 미국의 유명 언론인 찰리 로즈(Charlie Rose)와 나눈 인터뷰에서, MS의 분위기가 자기만족(complacent)에 빠진 상태였다고 혹평했다. 그는 잠잠히 침몰하던 MS를 송두리째 흔들며 MS의 기업 체질을 바꾸었다. 전 CEO 스티브 발머는 윈도우 운영체제에 집착했는데, 나델라는 "클라우드 퍼스트, 모바일 퍼스트"를 외치며 클라우드와 모바일 산업에 모든 역량을 집중했다. MS 내부에서는 이미 아마존웹서비스가 선점한 클라우드 시장에 전략을 집중하는 데 회의적이었다. 그는 MS오피스 운영체제에서 사용할 수 있게 클라우드 서비스를 성공적으로 정착시킨 경험이 있었기에 단호했다. 클라우드에 첨단 기술을 도입하고 인력 조직도 클라우드 중심으로 재편한 끝에 2016년 MS는 인프라 서비스 부문에서 아마존에 이어 2위를 차지하고, 클라우드 인프라와 플랫폼, 소프트웨어를 통합한 분야에서 1위를 달성했다. 가능성이 없는 분야는 과감히 포기했다. 2016년 그는 휴대전화 분야를 접기로 결심했다. 휴대전화 시장에서는 아이폰과 안드로이드를 따라잡을 수 없다고 냉정히 인정하며, 전임자 발머가 추진하던 노키아 인수를 단념했다. 결단력 있는 인수·합병으로 현재에 안주하지 않고 끊임없이 새로운 동력을 찾았다. 2016년에는 AI 시장을 염두에 두고 세계 최대의 구인·구직 SNS 플랫폼 링크드인(LinkedIn)과 게임회사 모장(MOJANG)을 인수했다. 오픈소스 분야에서 주도권을 잡기 위해 세계 최대의 오픈소스 커뮤니티 깃허브(Github)를 인수했다. 그는 클라우드 다음 먹거리로 AI 시장을 노리고 있다.

탁월한 조직 관리로 위기에서 MS를 건진 것이다. MS의 단위 조직들이 사내 정치로 기득권을 지키는 관료 집단이 되어 혁신이 사라지고 유능한 인재는 이탈하는 상황에서 그의 지도력은 빛났다. 이때 나델라는 조직 문화 혁신을 선언했다. 그는 "MS 직원들은 마치 이권 다툼을 하는 조직폭력배처럼 서로에게 총을 겨누고 있었다"라고 회고했다. 제품 개념에서 고객 중심 서비스로의 관점 전환을 선언하고, 세 가지 핵심 가치를 제시했다. 그것은 바로 (1) 현장 중시, (2) 숙적과의 공존 전략으로 때로는 공룡의 등에 올라탈 필요가 있다는 가르침, (3) '모든 것을 안다'에서 '모든 것을 배우자'로의 사고 전환이다. 과거 MS는 윈도우 경쟁 제품을 내놓는 기업을 철천지원수 대하듯 했다. 공존이 아니라 타도와 제거의 대상으로 간주했다. 나델라는 정반대로 했다. 애플, 구글, 리눅스 등과의 경쟁을 포기하고 오히려 손을 잡았다.

MS는 인터넷상에서 제공하는 기업용 서비스 사업으로 기력을 완전히 회복했다. 5G 이동통신 시스템이 열어가고 있는 IT 시대에 공세를 강화하고 있다. 클라우드는 인터넷 이용 확대에 의한 데이터양의 증대나, 정보 시스템을 유지하거나 관리하지 않고 필요한 컴퓨터 기능만을 사용할 수 있는 편리성과 비용의 이점을 기반으로 급성장하고 있다. 이 거대한 고성장 시장의 한가운데 군림하는 아마존과 구글의 아성에 MS가 바짝 다가서고 있다. 전자상거래를 구사하며 클라우드에서 독주해온 아마존을 크게 웃도는 성장으로 점유율을 확대하고 있다. 최근 몇 년 동안 아마존과의 차이를 착실하게 좁히며 '2강 체제'의 상황을 맞이하고 있다. 아마존의 아성이 간단히 무너질 것 같지는 않지만, 윈도우 환경에서 수많은 정보 시스템을 구축해온 실적이나 시스템 사업에서의 많은 제휴 파트너는 아마존을 위협하는 MS의 최대 강점이 될 전망이다.

MS가 자율운전이나 커넥티드카 분야에서 의미 있는 발판을 마련했다는 점은 한층 주목할 만하다. 독일 폭스바겐(VW)의 CEO 헤르베르트 디스(Herbert Diess)는 MS의 CEO 사티아 나델라와 나란히 회견하는 자리에서, VW가 전기자동차 'ID 시리즈'에 MS의 클라우드 기술을 장착해 커넥티드카 서비스를 제공한다고 밝혔다. 르노, 닛산, 미쓰비시의 3개 연합도 커넥티드카의 데이터 해석을 위해 MS의 클라우드 기술을 채택하기로 결정했다. MS는 독일 BMW와의 제휴 관계를 강화하고 클라우드 기술에 의한 자동운전 수송 시스템과 차세대 스마트 공장 구축을 공동으로 하면서 영역을 넓혀 갔다.

이제 자동차 산업 이 5G와 IoT를 비롯한 디지털 변혁의 중심에서 있다. 5G는 무인 자동주행, 다양한 기기와 로봇을 네트워크화해 원격 관리하는 스마트 공장, AI를 가능하게 하는 기반 기술로 생활을 크게 바꿔가고 있다. 5G의 속도를 최대한으로 살리는 데이터 처리에는 거리가 먼 데이터센터가 아니라 이용자에 보다 가까운 네트워크의 끝, 즉 에지에서 서비스를 제공하는 에지 컴퓨팅이 필요하다. 이러한 산업 혁신과 '에지' 대응이라는 클라우드 서비스에서 앞서면 MS가 5G 시대 IT의 주역이 될 가능성이 크다. 클라우드 시장에서는 중국의 거대 전자상거래 업체 알리바바도 그 영향력을 확대하고 있다. AI 반도체 개발 업체도 신설해 시장 점유율 확대를 호시탐탐 넘보고 있다.

MS가 다시 IT의 거인으로서 GAFA(구글, 아마존, 페이스북, 애플)를 무너뜨릴 것인가? 중국 알리바바가 미국의 시장 지배에 큰 흠집을 낼 것인가? 5G 시대의 도래로 클라우드 전쟁은 새로운 국면에 접어들고 있다. MS는 2018년 12월 사상 최초로 연간 매출 1,000억 달러를 돌파하면서 16년 만에 애플·구글·아마존을 제치고 시가총액 1위를 탈환했으며, 2019년에는 애플에 이어 2위를 유지했고, 2020년에는 아마존과 치열한 2위 다툼을 했다.

원조 MS맨인 빌 게이츠는 트럼프 행정부의 코로나19 대응책 점수가 'D 마이너스'라며 작심 비판했다. 공화당과 민주당에 막대한 정치 후원금을 댄 MS는 조 바이든 캠프에 4번째로 많은 기부를 했다. MS는 바이든 시대에 조용히 정치적 스포트라이트를 피할 준비를 하고 있었는지 모르겠다. 둘 이상의 클라우드 벤더가 제공하는 2개 이상의 클라우드로 구성된 멀티 클라우드가 인기다. 폐쇄형과 개방형 클라우드를 묶어 제공하는 하이브리드와 멀티 클라우드가 확산되면서 MS의 경쟁력이 더욱 발휘될 것으로 예상된다. 폐쇄적 기업 문화를 개방적으로 바꾼 MS는 혁신적인 기존 경쟁사와의 파트너십 구축으로 더 큰 시너지를 낼 것이다. 또 다양한 사업 부문으로 확보된 고객층으로 규모의 경제를 이룩할 것이다.

클라우드 기반 게임 산업이 고려해야 할 것들

게임 산업에서도 5G 통신 기술의 영향으로 다양한 생태계가 형성되고 있다. 약 20년 전만 해도 음악을 들으려면 카세트테이프를 사서 라디오나 워크맨에 집어넣고 재생 버튼을 눌러야 했다. 통신기술 발달로 카세트나 라디오 없이도 스마트폰만 있으면 온라인 음원 사이트 서버에서 재생되는(스트리밍) 디지털 음원을 실시간으로 들을 수 있다. 게임 스트리밍도 마찬가지다. 획기적 반응 속도를 자랑하는 5G 기술 덕분에 게이머는 크고 값비싼 PC가 없더라도 스마트폰을 통해 클라우드 서버에서 실행되는 고사양 게임을 원격으로 언제 어디서나, 지루한 설치 없이 즉시 즐길 수 있게 되었다.

클라우드 기반 게임은 게임이 원격 서버에 설치되어 동작하고, 게임 영상은 스트리밍되어 사용자에게 전송되며, 사용자의 입력은 네트워크를 통해 다시 원격 서버에 전송되는 것을 말한다. 다수의 게임 이용자가 동시에 접속 가능해지면서 여러 명이 게임에 참여할 수 있고, VR과 AR 같은 다량의 데이터를 요구하는 게임 콘텐츠를 선보이고 있다. 게임기용 게임은 큰 화면에서 제작되어 사용자 인터페이스에 속한 글자가 작고, 해당 게임을 스마트폰으로 즐기면 글씨가 더 작아진다.

게임을 클라우드 서비스로 스트리밍한다는 염원이 5G 통신기술 덕분에 현실이 됐다. 게임 산업은 5G 기술로 개발, 디자인, 운영, 사업 분야에서 큰 변화를 겪고 있다. 개발 면에서 가장 큰 기회는 플랫폼 간의 교차 유통이다. PC나 콘솔, 모바일 등 다양한 플랫폼에 동시 유통되는 게임은 플랫폼마다 전담팀이 필요한데, 중소기업들은 그럴 형편이 못 된다. 클라우드 기반 게임은 제작사 입장에서 게임이 구동되는 클라우드 환경만 관리하면 되기에 개발에만 집중할 수 있다. 디자인도 다르다. 개발자는 더는 게이머의 PC나 콘솔 사양을 걱정할 필요가 없기에 더욱 정교하고 화려한 게임을 만들 수 있다. 게임 운영도 달라진다. 가장 큰 기회는 클라우드 게임에 접근할 수 있는 막대한 글로벌 사용자다. 개발자 입장에서도 게임 업데이트나 관리가 매우 쉬워질 것으로 분석된다.

물론 최근에 게임 시장을 제패했던 콘솔이 부활하고 있다. 대부분 타이틀이 온라인 게임 요소를 갖췄고, PC나 모바일 기기와 연동해 사용할 수 있다. 옛날처럼 CD를 구매할 필요 없이 온라인 스토어에서 언제든 구매해 즉시 즐길 수 있는 다운로드 가능 콘텐츠(Downloadable content, DLC) 형태가 인기다. 동작 인식 센서나 VR 같은 차세대 기술이 적용된 게임을 가장 먼저 접할 수 있는 플랫폼이 콘솔이다. 이런 이유로 구매력을 갖춘 30~40대가 유입되어 콘솔 사용자가 크게 늘고 있다. 끊임없이 결제를 유도하는 뽑기형 아이템이나 엔딩이 없는 MMORPG(대규모 다중 접속자 온라인 역할 수행 게임) 요소에 신물이 난 게이머, 직장과 육아에서 퇴근한 뒤 혼자만의 시간을 건전하게 즐기고 싶은 직장인이 대표적 사용자다. 글로벌 게임업체는 출시작을 적극적으로 한글판을 만들어 국내 시장에 진출하고 있다.

클라우드 기반 게임은 게임 시장에 새로운 성장 기회를 제공하고 있다. 5G 상용화와 맞물려 네트워크 성능이 고도화되면서 정체된 게임 시장의 촉매제가 되고 있다. 최신 고사양 하드웨어가 없어도 모바일, 태블릿, PC, TV 같은 디바이스에서 고속 인터넷만 연결된다면 누구나 게임을 즐길 수 있다. 안정적이며 고도화된 네트워크 인프라는 게임 개발업체의 시장 진입을 촉진하고, 다양하고 풍부한 콘텐츠 개발이 활기를 띠면서 수익 창조로 이어지고 있다. 구글이 게임 시장에 출사표를 던지면서 그간 시장을 장악하고 있던 MS, 소니, 닌텐도와의 경쟁은 피할 수 없게 되었다. 아마존, 월마트, 버라이즌 같은 비게임 업체까지 경쟁에 가세했다. 이러한 상황에서 아마존, 구글, MS 같은 클라우드 시장 선도 업체가 게임 플랫폼 시장에서 두각을 나타내고 있다. 구글과 아마존은 이미 구독 서비스인 유튜브 프리미엄과 아마존 프리미엄을 보유하고 있기에, 게임과 연계하여 플랫폼 경쟁력을 높이고 제대로 된 서비스를 제공하여 시너지를 창출할 수 있다. 스트리밍 게임은 이용자가 '게임 플레이'와 '게임 방송'을 자연스럽게 넘나들며 이용할 수 있는 발판이 될 수 있기에, 게임을 넘어 미디어를 동시에 소비할 수 있는 OTT 플랫폼으로 진화할 가능성이 크다.

CHAPTER 5

Next

넥스트 킬러앱의 조건

냉혹한 킬러도 인간에게 공감을 줄 수 있어야 한다

Killer

App

킬러앱을 만들려면 수성 전략과 지배 전략이 필요하다. 수성 전략은 사용자의 요구를 끊임없이 반영하여 1위를 유지하는 전략이며, 지배 전략은 지속적인 상품 개발로 상대 업체의 경쟁력을 약화시키는 전략이다. 우리는 이러한 과정에서 킬러앱을 너무 복잡하게 생각하지 말고, 많은 사람에게 필요하지만 앱 시장에 없는 것이야말로 킬러앱이라 생각하고 쉽게 접근할 필요가 있다.

내일의 '빅 플레이어'를 위한 조언

선점하고 매개하고 가입자를 늘려라. 옳은 이야기지만, 유사한 서비스는 언제든 나타나기에 차별화할 콘텐츠를 만드는 게 더 중요하다. 멋진 콘텐츠를 만들려면, 앱을 가능한 한 빨리 출시해 사용자 피드백을 반영하여 서비스를 제공하는 게 핵심이다. 하루가 다르게 변하는 고객의 입맛을 쫓아가지 못하면 도태될 수밖에 없다. 소비자가 원한다면 경쟁 기업과 전략적으로 제휴도 모색해 콘텐츠에 변화를 가미해야 한다. 모바일/웹 기반 도구와 기술 발전은 콘텐츠 확산 환경을 만들기에 앱의 확산은 콘텐츠만 좋으면 얼마든지 가능하다. 기업이 이른바 킬러앱이나 잘나가는 콘텐츠를 제작하기만 해도 고객이 알아서 소문을 내는 시대다. 기업은 잠재적 고객의 니즈를 파악하고 그에 걸맞은 콘텐츠를 제작하고 배포하는 데 사활을 걸어야 한다. 콘텐츠가 고객이 믿을 수 있는 높은 신뢰를 지닐 때 킬러앱으로서 구매를 일으킨다. 킬러앱의 가장 중요한 요소는 콘텐츠 경쟁력이다. 콘텐츠가 만들어졌을 때 고객이 알아서 찾아오면 좋겠지만, 그렇지 못한 상황에서 콘텐츠는 어디선가 의미 있게 유통되고 소비되어야 한다. 누군가는 시의성 있는 키워드나 현재 이슈가 되고 있는 키워드에 대한 콘텐츠를 만들기도 하고, 누군가는 대중이 꾸준히 관심을 가질 만한 콘텐츠에 의미를 둘 수 있다. 시장에서 어떤 상품을 팔까가 아니라 시장에서 어떤 문제를 해결할까로 접근해야 사업이 성공한다. 성공하는 앱도 마찬가지다. 시장의 가려운 곳을 긁어줄 앱을 기획해야 한다. 사람들은 이제 모바일에서 온라인 콘텐츠를 즐긴다. 네트워크가 연결된 건 TV나 PC도 마찬가지인데, 모바일의 어떤 점이 사람들을 사로잡았을까. 앞으로 모바일은 어떤 트렌드를 만들까. 유명 회사라고 하여 그 기술이 항상 주목받는 것은 아니다. 초기 스마트 워치와 구글 글래스에는 킬러의 요소가 전혀 없었다. 킬러앱은 그 자체만으로 엄청난 존재감이 있어 플랫폼을 성공으로 이끌고 수많은 사람의 이목을 끄는 네트워크 효과를 일으킨다. 그 파괴력 때문에 킬러앱 자체를 위해 제품이나 플랫폼을 사용하는 경우가 흔하다. 사람들은 카카오톡을 하기 위해 스마트폰을 구매하고, 포켓몬고를 하기 위해 속초로 떠났다. 책의 서두에서도 살펴보았듯, 모바일의 사용 특성을 볼 때에 소통(Communication), 재미(Fun), 정보

(Information)라는 세 가지 요소가 언제 어디서나 유효한 주된 킬러앱 콘텐츠의 핵심이다. 이는 넥스트 킬러앱에도 유효하다. 휴대전화는 기본적으로 누군가와 통화를 하기 위한 기기이기 때문에 대화와 메시지를 나눌 수 있는 커뮤니케이션 기능이 핵심이다. 그 외에 항상 들고 다니며 사용하므로 시간을 때우며 볼 수 있는 콘텐츠를 제공하는 것도 중요하다. 필요한 정보를 즉각적으로 검색하고 얻을 수 있는 정보형 서비스 역시 필요하다. 이것이 미래에도 여전히 중요한 핵심 내용임을 명심해야겠다.

스마트폰은 3C(Context, Connect, Contact)를 특징으로 한다. 항상 휴대하기 때문에 사용자가 움직이는 동선은 물론 사용자에 대한 기본 정보, 사용자가 통화한 내역과 주소록의 친구 리스트를 포함하고 있다. PC와 달리 항상 네트워크에 연결되어 있다는 특징도 있다. 이러한 특징은 기본으로 어떤 킬러앱이 모바일에서 주목받는지 생각해보자. 스마트폰의 킬러앱이 기존 월드와이드웹에서 즐기던 서비스와 완전히 다른 것은 아니다. 월드와이드웹은 이미 표준 플랫폼이 되어버렸다. 월드와이드웹을 연결할 수 없는 단말기와 플랫폼은 한계를 가진다. 스마트폰에서 기본적인 킬러앱은 기존 월드와이드웹이다. 월드와이드웹이 바로 킬러앱이기에 스마트폰에서 빠르고 쉽고 편리하게 인터넷에 연결할 수 있어야 한다. 모바일 콘텐츠는 계속 짧아지고 있다. 많은 사람들이 짧게 감상하는 것을 원하기 때문이다. 짧은 콘텐츠는 SNS에 공유하기도 쉽다. 짧은 콘텐츠는 '공유'

를 쉽게 해주고 '재미'를 금방 느끼게 해준다.

하나로 연결된 세상의 수많은 플랫폼에서 킬러앱을 만들거나 스타트업을 시작하려는 사람이 넘쳐난다. 실로 대단한 변혁이다. 우리는 기술이 진입 장벽을 허물고 아이디어가 그 어느 때보다 현실화되는 시대에 살고 있다. 하지만 현실은 냉혹하고 고객의 변덕은 짐작하기 어렵다. 스타트업을 하거나 앱을 개발하는 과정에서 제대로 된 조언은 중요하다. 초기 단계의 개발 과정에서 어떤 모습에 서비스를 맞춰야 할지 제대로 생각해야 한다. 이제 간과할 수 있는 잠재적 함정을 생각해보자.

첫째, 누군가 편도샘절제술을 받고 병원에서 회복 중이라 하자. 이때 의사와 간호사의 삶을 훨씬 더 단순하게 만들어줄 앱을 생각해본다. 퇴원하기 전에 그런 앱을 만들 계획을 시작했고, 개발할 준비를 한다. 문제가 있다. 의료계에 앱을 어떻게 마케팅할지 고민되고, 의료 산업을 둘러싼 요건과 규제에 대해 알고 있는지 자신이 없다. 판도를 바꾸는 아이디어를 가지고 있다고 해도, 시장과 연결할 방법을 파악하는 게 우선이다. 네트워킹을 통해 필요한 경험을 가진 사람을 찾아야 한다. 그들과 제휴하여 실제적 진로를 만들어내야 한다.

둘째, 앱 개발은 어려우면서도 성공 사례는 일부에 불과하다. 성공을 둘러싼 생태계의 다른 변수를 제대로 파악해야 한다. 일단 앱을 만들었다면 마케팅을 제대로 해야 한다. 성공적인 블로그나 유튜브 채널을 가지고 있지 않다면, 앱에 대한 고객의 제대로 된 인식을 만들어낼 방법을 찾고 그 결과를 뒷받침하고 지속적으로 강화해야 한다. 소위 팬덤이 있어야 한다. 초기 단계의 어려움을 극복하고 앱을 육성하려면 제대로 된 지원과 자본이 필요함은 물론이다.

셋째, 염두에 두고 있는 시장 규모를 추정할 수 있어야 한다. 대학을 목표로 하고 있으며, 제품이 대학 전체에 사용될 때만 가치가 있다고 상상해보자. 구글의 빠른 검색은 미국에 약 4,000개의 대학이 있다는 것을 보여준다. 놀라운 솜씨로 그중 3분의 1에게 팔 수 있다면 1,300여 개의 대학이 고객이다. 가격 모델을 월 9.99달러로 설정한다면 1,300명의 고객이 부담하는 비용은 연간 약 16만 달러다. 이때 이윤을 남길 수 있는지 생각해야 한다. 세금, 월급, 기타 간접비를 감안하면 연간 16만 달러로 회사를 계속 운영할 수 없을 수도 있다. 이제 가격 모델이 월 9.99달러로 설정되어 있다면, 1,300명의 고객이 연간 150만 달러의 비용을 부담한다면 이윤을 남길 수 있는지를 생각해야 한다. 150만 달러에서, 세금, 월급, 기타 간접비를 감안해야 할 때 회사를 계속 운영할 수 있는 돈은 많지 않을 수 있다. 물론 '작은' 시장은 공략할 가치가 없다고 말하는 것이 아니다. 확장성이 있다면 공략해야 한다. 실제 시장 규모가 수익에 대한 기대치와 일치하는지 확인해야 한다는 말이다.

넷째, 실패했다면 귀중한 교훈을 생각하라. 적절한 기술, 멋진 사용자 경험, 아마존·트위터·페이스북과의 연결 외에 꽤 인상적인 알고리즘, 빅데이터 분석 엔진을 구축했음에도 실패할 수 있다. 예를 들어 시장 출시에 너무 오랜 시간이 걸렸다면, 개발한 앱이 이미 시장에 나와 있을 수 있다. 소셜 기반 사이트의 경우, 사이트의 가치는 사이트에 있는 다른 사용자이다. 그렇다면 어떻게 모르는 도시에 거주하는 최초의 사용자에게 가치를 제공할 것인가? 앱 개발자는 이 질문에 대답할 수 있어야 한다. 필요한 종류의 마케팅을 예산에 충분히 반영해야 하는 이유다. 모든 시간을 기술에 쏟았다 해도 실제로 그 기술 제품(앱)을 사용하도록 사람들을 설득할 수 있는지 충분히 생각하지 못하면 실패로 이어질 가능성이 높다.

다섯째, 현실적으로 적당한 수익과 고객이 확보될 수 있다고 기대되는 앱에 투자한다고 생각해보자. 성공이 꼭 담보되는 것은 아니다. 프로토타입(시제품) 개발에도 생각보다 많은 시간이 소요될 가능성이 크고, 이는 비용 상승으로 이어질 수 있다. 프로토타입을 적은 예산으로 제작하거나 직접 제작할 수 있다고 해도, 프로토타입은 일반적으로 소비자용 제품과 거리가 멀다. '좋아, 효과가 있는 것 같다'와 '이 정도면 대량 소비로 이어질 수 있는 킬러앱이다' 사이에는 상당한 간극이 있음을 알아야 한다. 시제품은 양산 체제로 이어져야 한다. 지구상의 모든 인간이 온라인에 접속했을 때 어떤 새로운 앱이 존재할지는 알 수 없다. 우리는 구글이나 트위터를 전혀 예측할 수 없었다.

코로나19로 MS가 색다른 무기를 들고 나왔다. 원격 수업 앱인 '팀즈(Teams)'다. MS는 재택근무가 많아지며 원격 업무 환경의 일상화가 필요하다고 생각했다. 기존의 화상 업무 시스템인 줌과 업무용 메신저 기업 슬랙이 장악한 시장에 뛰어들었다. 슬랙 앱에서 공유한 문서를 다운로드 없이 출력하는 경험은 그야말로 스마트하다. 2016년 슬랙을 인수하려다 실패했는데, 2020년 12월 기업용 고객관리 소프트웨어 강자 세일즈포스가 슬랙을 인수했다. 혁신 앱 슬랙의 인수를 보며 여러 생각이 든다. 킬러앱은 '일회성 혁신' 외에 막강한 배포 망이 성공의 요소였다. 영업 확장성이 MS에게는 있으나 슬랙에는 없었기에 세일즈포스가 이를 채우고 기업용 소프트웨어의 미래를 만들려 한다. MS와 세일즈포스의 대결이 기대되고 있다. 클라우드와 기업에 있어 협업의 중요성이 더욱 강조되는 시점이다. 메신저 앱 따로, 프로젝트 관리 앱 따로, 시간표 앱 따로 쓰면 업무 집중도가 떨어진다. 앱을 왔다 갔다 할 때 앱 전환 비용과 피로도가 생각보다 크다. 각종 앱이 통합되어 생산성이 올라가는 데 필요한 앱에 세간이 주목하는 것은 당연하다. 줌과 슬랙, MS 팀즈라는 시대적 요구를 바라보며 킬러앱을 만들 때 요구되는 '확장성', '생산성'을 생각하게 된다.

다양성과 포용성, MS의 부활을 생각하며

지금까지 우리는 여러 각도에서 킬러앱을 살펴보았다. 어떤 시장은 경쟁 과열로 포화 상태에 이르렀고 소수의 앱만 살아남았다. 이러한 상황에서 승리할 수 있는 넥스트 킬러앱의 요건을 MS 이야기로 풀어보자. 최고경영자의 무능, 개발자 생태계의 붕괴, 윈도우 운영체제의 질적 저하, 조직의 관료화를 타개하기 위해 MS의 현 CEO가 품고 있는 생각을 들어본다.

빌 게이츠가 창업한 이래 MS의 목표는 모든 가정과 책상에 MS의 소프트웨어로 구동되는 PC를 두는 것이었다. 사티아 나델라는 이에 칼을 들이대어 목표를 변경했다.

"우리는 모든 사람과 조직이 더 많은 것을 성취하도록 돕는다. 우리 업계는 전통과 역사를 존중하지 않는다. 혁신만 존중한다. 우리의 임무는 MS가 모바일과 클라우드 세계에서 성공하는 것이다."

PC를 구동하는 소프트웨어 제품 개념에서 고객 중심 서비스로의 관점 전환을 선언했다.

MS의 재기는 망해가던 애플이 스티브 잡스의 복귀와 함께 테크 산업의 간판스타로 떠오른 것만큼이나 극적인 변화였다. 소프트웨어 기업으로는 전례가 없는 일이었다. 〈블룸버그 비즈니스위크〉는 MS의 부활을 '스타워즈' 시리즈의 한 제목인 '제국의 역습'에 비유했다. 다시 두려운 존재가 되고 있다는 의미다.

지금의 MS는 그 전과 전혀 다른 기업이다. 과거의 MS는 모든 일이 PC 운영체제인 윈도우 중심으로 돌아갔다. 스티브 발머 전 회장은 직원들을 모아놓고 연단을 펄쩍펄쩍 뛰어다니며 "윈도우! 윈도우! 윈도우!"라고 고함을 치기도 했다. 직원들이 윈도우폰 대신 애플이나 삼성의 스마트폰를 쓰는 모습을 보면 그 자리에서 휴대전화를 박살 낼 정도로 윈도우에 대한 자부심이 강했다.

2014년 2월 사티아 나델라의 CEO 취임과 함께 MS의 전신 성형수술이 단행되었다. 나델라는 취임 후 한 달여 만에 가진 첫 공식 행사에서 애플의 아이패드용 오피스 제품을 선보였다. 스티브 발머 때 개발에 착수한 제품이었지만, 나델라가 이를 들고 나온 것은 상징적 의미가 컸다. 한마디로 '윈도우 제일주의'에서 벗어나겠다는 선언이었다.

나델라는 직원들에게 보낸 장문의 첫 이메일에서도 윈도우를 전혀 거론하지 않았다. 윈도우에 대한 집착을 깨기 위해 의도적으로 언급하지 않은 것이다. 이후 윈도우폰 사업을 과감히 정리했고, 기존 클라우드 서비스 명칭인 '윈도우 애저'에서도 윈도우를 빼버렸다. 대신 클라우드 중심으로 사업과 조직 구조를 바꿔 나갔다.

2014년 나델라 취임 당시, 분기별 PC 출하량은 7,000만 대 수준인 반면 스마트폰은 3억 5,000만 대를 넘어섰다. 전임 CEO의 결정으로 PC 시장 지배력을 스마트폰으로 확장하기 위해 핀란드의 노키아 휴대폰 사업부를 72억 달러에 인수했으나, 불과 2년 만인 2016년 대만의 폭스콘에 매각하면서 총 100억 달러의 손실을 입었다. 시장과 고객이 원하는 대로 사업의 규칙을 바꾸는 대신 기존 제품을 확장하려는 시도는 참담한 실패로 마무리됐다. 나델라는 이를 교훈 삼아 조직에 팽배한 정체 마인드를 성장 마인드로 바꿔야 했다. 도전을 피하고 부정적 피드백을 무시하며 다른 사람이 성공하면 위협을 느끼는 정체적 사고관행을, 도전을 포용하고 비판을 수용하며 다른 사람의 성공에서 영감을 얻는 사고로 바꾸는 작업이었다. 새로운 목표를 추구하기 위해 나델라는 '고객 우선(Customer Obsession)', '다양성과 포용성(Diversity & Inclusion)', '원 마이크로소프트(One Microsoft)'라는 세 가지 핵심 가치를 제시했다.

첫째, 고객 우선이다. MS가 윈도우와 오피스라는 제품의 관점에 머문 동안 시장은 서비스의 개념으로 진화했다. 전자상거래의 아마존이 시작한 아마존웹서비스가 질주하는 와중에도 MS는 갈피를 못 잡고 있었다. 근본적 이유는 외부 고객의 관점에서 사업을 바라보지 않고, 내부 제품의 관점에서 고객을 설득시키려는 오만 때문이었다. MS의 내부 교육에 고객을 직접 방문하는 프로그램이 대대적으로 도입되었다. 이를 통해 시장이 클라우드 서비스 중심으로 진화하고 있는 실상을 조직에 공유하게 되었다. 나델라는 말로만 떠들던 머신러닝과 AI의 중요성을 체감할 수 있게 했다. 엔지니어와 현장 직원의 연계성 강화는 혁신의 원동력이 되었다. '현장을 우선시하는 문화'의 정착을 위해 엔지니어들의 주요 회의에는 고객을 직접 상대하는 현장 직원들이 참석하도록 권장하고, 나델라 자신도 참석했다.

그 결과 후발 주자라는 각성은 차별적 전략으로 이어졌다. MS는 클라우드 서비스인 애저로 데이터 저장 공간만 파는 방식이 아니라 윈도우와 오피스와 연계해 차별화하고 틈새를 공략했다. 웹 클라우드 시장에서 아마존웹서비스는 압도적 1위였지만, MS도 2위로 교두보를 구축한 상태였다. MS의 웹 클라우드 매출이 전체 매출에서 차지하는 비중은 지속적으로 증가하며 신성장 사업으로 부상했다. 클라우드 게임이 많이 생기면서, 사티아 나델라의 엑스클라우드(xCloud)가 킬러앱으로 등장했다. 클라우드 컴퓨팅 기술을 통해 이용자에게 실시간으로 제공하는 차세대 게임 서비스의 발전을 부정할 사람은 없다.

"어떤 기기에서든 훌륭한 게임 경험을 즐길 수 있는 클라우드 게임 서비스를 소개합니다. 이것이야말로 게이밍의 미래입니다."

이제 자신이 발굴할 킬러앱의 카테고리를 분석하고 나델라의 엑스클라우드를 생각해보며, 선택과 집중을 하는 전략을 펼쳐보자.

둘째, 다양성과 포용성을 킬러앱에 담아보려는 지속적 시도를 생각해본다. 급변하는 트렌드를 따라잡으려면 성별, 인종, 지역과 같은 인구통계적 측면뿐 아니라 사고와 관점의 스펙트럼도 넓어져야 한다. 기업 문화 차원에서 확장된 다양성과 포용성은 사업에서도 개방적 생태계로 진화하는 촉매제가 되었다. 나델라는 경쟁사와의 관계도 협력과 공존으로 전환했다. 과거 MS의 기본 시장 전략은 윈도우를 중심으로 문서 작성, 스프레드시트, 웹브라우저 사업 부문에서 경쟁사를 몰아내는 것이었다. 전임 CEO 스티브 발머는 윈도우와 경쟁하는 개방형 운영체제 리눅스를 '암'이라고 표현했다. 나델라는 2016년 'MS는 리눅스를 사랑합니다'라는 슬로건으로 오픈소스를 활용해 클라우드 시장에서 경쟁력을 높였다. 숙적인 애플 아이폰과 구글 안드로이드폰에 사용하는 오피스 앱을 개발했다. 클라우드 사업의 최대 경쟁사인 아마존과도 제휴해 AI 비서인 코타나와 아마존 알렉사의 교차 사용을 허용했다. 나아가 외부 자원과 연계한 개방적 혁신 생태계 구축의 관점에서 인수·합병이 추진되었다. 2016년 직장인 중심의 소셜미디어 링크트인을 262억 달러에 사들이고, 2018년 6월에는 오픈소스 개발자 커뮤니티인 깃허브를 75억 달러에 인수했다. 이로써 직장인 5억 명의 개인 정보와 2,800만 명에 이르는 개발자의 아이디어에 접근하게 되었다.

새로운 MS의 다양성과 포용성을 생각해보니 킬러앱을 만들려면 수성 전략과 지배 전략이 필요하다. 수성 전략은 사용자의 요구를 끊임없이 반영하여 1위를 유지하는 전략이며, 지배 전략은 지속적인 상품 개발로 상대 업체의 경쟁력을 약화시키는 전략이다. 우리는 이러한 과정에서 킬러앱을 너무 복잡하게 생각하지 말고, 많은 사람에게 필요하지만 앱 시장에 없는 것이야말로 킬러앱이라 생각하고 쉽게 접근할 필요가 있다. 킬러앱은 특정 분야에 갈증을 느끼는 사용자를 우호적 고객으로 만들고, 그들이 다시 많은 사람들에게 바이럴 마케팅으로 경험을 전파할 때 그 위상이 공고해진다.

셋째, 나델라에게서 느끼는 공감의 리더십은 킬러앱을 만드는 기본이다. 나델라는 MS의 우수한 인재와 첨단 기술이 고립되고 단절되어 디지털 시대에 적합한 가치를 만들지 못한다고 인식했다. 연결과 통합이라는 두 마리 토끼를 잡아야 했다. 글로벌 차원에서 마케팅, 재무, 법률과 판매 기능을 중앙 집중적으로 통합하되 부문 간 협력을 위한 프로그램을 수립했다. CEO가 직접 참석하는 주간 리더십 회의도 개설했다. 리더십팀은 오랜 시간의 토의 끝에 임무와 문화를 다시 정의하고 변화 목표와 책임 기준을 수립했다. 신기술의 의미와 가능성을 조직이 공감하도록 다양한 미팅과 행사를 개최했다. 핵심은 '모든 것을 안다(know-it-all)' 문화에서 '모든 것을 배운다(learn-it-all)' 문화로의 전환이었다. 과거에는 MS가 초우량 기업이기에 업계의 모든 것을 안다고 전제했다. 그러나 이제 한계를 인정해야 하며, 미래에는 모르면 배워야 한다고 강조했다. 실패는 개인과 조직의 자부심에 입은 상처라고 인식하던 직원들은 실패를 배움의 기회로 생각하게 되었다.

나델라는 말이 아니라 행동으로 보여주었다. AI 챗봇(Chatbot) 테이(Tay)가 대표적 사례다. MS는 2016년 3월 미국의 18~24세 청소년과 소셜미디어 문자 메시지로 대화하는 테이를 선보였으나, '나는 유대인이 싫다. 히틀러가 옳았다' 같은 상식에 벗어난 응답을 쏟아내자 16시간 만에 서비스를 중단했다. 나델라는 테이 프로젝트팀에 직접 메일을 보냈다. "계속 전진하자. 나는 당신들과 함께한다. 지속적으로 배우고 개선하는 것이 중요하다."

탁월한 전략도 조직의 문화와 조응해야 에너지를 발산한다. 나델라는 변화를 위해 문화라는 기본에서 출발하여 '고객, 개방, 연결'이라는 가치를 중심으로 혁신의 영혼을 되살리고 사업 생태계를 재건했다. 변화와 혁신의 결과는 실적으로 나타났다. 나델라 취임 전해인 2013년 하반기(7~12월)의 MS 매출은 430억 달러, 영업이익 143억 달러였다. 2020년 코로나 와중에도 클라우드 컴퓨팅 서비스 애저 매출의 폭발적 성장에 힘입어 분기 매출만 300~400달러 이상을 달성해 시장 기대를 상회했다. 주가는 취임 당시인 2014년 4월 50달러 선에서 2020년 230달러를 상회하기도 했다. 나델라는 입사 당시 면접관에게 "아이가 길에서 울고 있으면 어떻게 할 것인가"라는 질문을 받았을 때 "911을 부르겠다"라고 대답했고, 면접관은 "아이가 울고 있다면 먼저 안아 올려야 하지 않겠는가"라며 "공감 능력이 부족한 것 같다"고 지적했다는 일화가 있다. 그런 나델라가 장애아로 태어난 첫아이를 돌보면서 달라졌다. 그는 "공감은 다양한 가치를 가진 직원들을 융화시키면서 소비자를 잘 이해할 수 있는 요소"라는 지론을 펼쳤다.

그는 학창 시절 크리켓 선수로 활약하면서 팀워크를 통한 공감의 리더십을 연마했다는데, 그의 리더십 철학을 생각해본다. 불확실하고 위협적인 상황에서도 열정적이고 씩씩하게 경쟁해야 한다. 경기를 통해 항상 경쟁자를 존경해야 하지만, 그렇다고 두려워할 필요는 없다. 일단 나가서 맞서야 한다. 자신보다는 팀을 우선해야 한다. 실력은 뛰어나지만 팀을 우선시하지 않는 선수는 팀을 완전히 망가뜨릴 수도 있다. 자신에 대한 확신이나 평판보다는 언제나 팀이 먼저다. 결국 공감 능력이 중요하다. 공감 능력은 리더십의 처음이자 마지막이다. 구성원이 자신감을 키우고 모든 사람에게서 최선을 이끌어낼 수 있는 힘이다.

이 과정에서 MS에 대한 평판도 크게 개선됐다. 무자비한 독점기업이 아니라 좋은 기업이자 사회적 역할을 중시하는 모범 기업으로 이미지가 바뀌었다. 미국과 유럽에서 구글, 페이스북, 아마존 같은 거대 테크 기업이 여러 이유로 정치권과 여론의 뭇매를 맞고 있다. 기업 분할 주장까지 나올 정도다. MS에 대한 비판은 거의 들리지 않는다. 이런 변화를 만들어낸 것은 기적에 가깝다. 나델라의 리더십

이 스포트라이트를 받는 것은 당연하다. 나델라의 가치와 잠재력을 발견하고 그를 MS의 3대 CEO로 발탁한 이사회의 혜안에도 주목할 필요가 있다. 새로운 후계자 선정 작업이 시작됐을 때 나델라는 유력한 후보가 아니었다. 포드자동차와 퀄컴, 에릭슨, 노키아 같은 기업의 전·현직 CEO가 거론됐다. 과감한 개혁을 위해 외부 인사를 발탁해야 한다는 주장이 많았다. 그뿐만 아니라 나델라는 내부 후보 중에서도 선두 주자가 아니었다.

우리는 여기서 변할 것 같지만 변하지 않는 원리로서 공감 능력과 고객 중시에 동그라미를 쳐본다. AI가 세상을 엄습하더라도 인간의 가치를 가장 우선시하는 것이 킬러앱의 최우선 조건이어야 한다.

불변의 진리, 사람 중심 공감 앱

나델라가 말한 공감의 리더십 이야기를 확대해 킬러앱에 적용해보자. 킬러앱이란 결국 당대의 시대적 가치를 반영해 고객의 마음을 사로잡는 주체다. 킬러앱의 가장 중요한 덕목은 고객과의 공감이라는 접점은 변하지 않는 상수다. 사람의 마음을 사는 것은 과거나 현재나 미래나 가장 중요한 콘텐츠고 킬러앱의 핵심이다. SNS는 사람 간 공감으로 연결되어 있다. 콘텐츠를 잘 전하고 확산시키려면 공감이 무엇보다 중요하다. 소통을 통한 관계 기반의 공감은 콘텐츠에서 필수다. 누군가는 '참 유익하네요', '정말 존경스러운 인물이군요', '너무 아름답지 않나요', '나도 그래요' 같은 공감되는 말을 한다. 킬러앱은 적어도 이러한 공감 언어에 대한 이해를 밑바탕으로 깔고 있어야 한다. 인간은 사실 공감을 먹고 산다.

버즈피드(BuzzFeed)를 세계 최대 규모의 스타트업으로 키운 것은 '8할'이 데이터 분석이다. 그럼 어떤 콘텐츠가 공감을 사는 공유를 유발할까. 그들은 공유가 잘되는 감성 단어로 열 가지(amusement, interest, surprised, happiness, delight, pleasure, joy, hope, attraction, excitement)를 분석했다. 킬러앱을 만들 때 주의할 점을 상기해보자.

혁신은 반복이 아니다. 기업 혁신 전문가인 브라이언 솔리스(Brian Solis)에 따르면, 고객 경험 설계의 가장 큰 문제는 레거시(legacy) 철학과 밀접하게 연관되어 있다. 텔레비전 리모컨을 예로 들어보자. TV 리모컨에는 서너 개의 버튼이 있어 채널을 위아래로 바꾸고 볼륨을 조절했다고 하자. 크기와 복잡한 기능이 고려되어 전형적인 리모컨에는 70여 개의 버튼이 있는데, 이것을 혁신적이라고 할 수 있나? 탁월한 경험을 제공하면서 간단한 버튼만 살짝 비치는 아마존 파이어나 애플 TV 리모컨과 비교해보라.

다음은 디지털 퍼스트의 정신이다. 여행의 상당 부분은 디지털 방식으로 이루어진다. 하나로 연결된 세상에서 고객의 풍부한 여행 경험은 실시간으로 공유되고 확장된다. '내 디지털 고객이 여행에서 무엇을 즐길 것인가?'라는 질문을 던져보자. 여행업을 구상하는 것이 여행 앱을 만드는 사업가의 첫 번째 준비 단계에서 할 일이다.

이후 홍보에서 사용자 경험을 중시하는 스토리텔링을 해야 한다. 사람에게는 매력적인 이야기를 듣고 싶어 하는 욕구가 있다. 이야기에 강한 애착을 느낀다. 마케팅 담당자들은 여전히 지나치게 극적이고 선정적인 광고와 메시지를 남발하곤 한다. 홍보하는 대부분의 메시지가 믿을 수 없고 종종 짜증이 난다면, 문제가 있다. 고객에게 팔리는 메시지는, 제품에 대한 브랜드 메시지가 아니라 그 제품의 사용 경험을 이야기하는 구조여야 한다. 인터넷이 등장하면서 구매 행동 이론의 패러다임 변화가 일어났다. 소비자는 관심 있는 제품에 대한 정보를 수집하기 위해 검색을 하고, 구매 후에는 때때로 타인과 정보를 공유한다. 구매행동에 있어 주의(attention)-관심(interest)-정보수집(search)-구매행위(action)-공유(share)의 단계가 이루어진다. SNS의 등장으로 여기에 대화(dialogue)가 추가된다. SNS를 통하여 정보를 공유하고 소통으로 관계 기반을 만들어가는 것이다. 그래서 구매행위에 있어서 주의-관심-대화-구매 활동-공유의 단계가 이뤄진다.

다음으로 중시할 것이 보안이다. 누군가는 사이버 보안이 완전하지 않음을 이유로 공감을 얻는 데 실패할 수도 있다. 페이스북의 전 최고보안책임자(CSO) 알렉스 스타모스(Alex Stamos)는 2017년 블랙햇 브리핑스(Black Hat Briefings, 컴퓨터 보안 컨퍼런스) 기조연설에서 "우리는 우리가 보호하려는 사람들의 입장이 될 수 없다"면서 "우리가 만든 기술을 사용하는 사람에게 공감할 수 있는 능력을 갖출 수 없다"고 말했다.

스타모스가 지적했듯이, 보안 전문가와 소프트웨어 전문가는 가장 흔한 혹은 가장 많은 사용자에게 영향을 미치는 문제보다는 매력적이고 복잡하거나 도발적인 문제에 집중하는 근시안적 안목을 보여준다. 현실적으로 고객은 심각한 사이버 보안 문제에 직접적으로 노출되어 디지털 세상에 대한 두려움에 휩싸여 있다. 고객은 자신들을 보호하는 사업가를 당연히 선호한다. 사이버 보안 실무자는 기술을 사용하는 사람과 공감하기 위해 보안에 각별히 유념해야 한다. 기술은 궁극적으로 사용하는 사람에게 봉사해야 하며, 고객이 더 많은 것을 성취할 수 있도록 도와야 한다. 플랫폼 운영자가 플랫폼 생태계에서 활동하는 제3의 개발자에 대한 리스크와 피싱 방지를 위해 노력해야 하는 이유이다.

고령화 시대, 의료 서비스 앱의 승부사들
눔의 식단 관리 노하우

세계적인 경영 컨설턴트 피터 드러커(Peter Drucker)는 한때 "미래를 예측하려 하는 것은 밤중에 전조등도 없이 뒤쪽 유리창 밖을 내다보며 시골길을 달리는 것과 같다"라고 말했다. 이러한 예측의 불확실성에도 불구하고, 전문가들이 한결같이 꼽는 미래 유망 분야는 '맞춤형 실시간 의료 서비스'다. 구글의 할 바리안(Hal Varian) 수석 이코노미스트는 미래 인류의 삶에서 의료 서비스의 제공과 그 비용이 중대한 영향을 미칠 것이라고 강조한다.

> "향후 인류 이야기에서 큰 줄기는 지속적으로 건강을 모니터링하는 것이다. 병원 밖에서 원격진료로 고객의 건강 상태를 모니터링하는 것이 훨씬 더 저렴하고 편리할 것이다. 실제로 '가정 보안 시스템'에는 건강에 대한 모니터링 서비스가 당연히 포함될 것이다."

그는 광대역 용량이 증가함에 따라 원격로봇 수술이 일반화될 수 있다고 믿는다. 의료 서비스가 더 나아진 접속과 속도로 발전할 수 있다는 점을 강조한다.

> "약물은 부작용 없이 개인 질병의 분자 프로파일에 가장 적합하도록 정확히 개발될 것이다. 현재의 질병이 더는 증상을 모호하게 분류하는 집단의 의미로서가 아니라 정확한 분자 경로를 탐색하도록 새로운 이름으로 불릴 것이다."

이제 모바일 헬스(Mobile Health, mHealth)는 의사가 의료 행위를 하고 환자가 자신의 건강과 질병을 관리하는 방식을 바꿀 기술로 예측된다. 와이어리스 헬스(Wireless Health) 또는 텔레헬스(Tele-health)라고도 하는 모바일 헬스는 전체 의료 생태계에 걸쳐 있는 광범위한 애플리케이션을 포함한다. 이러한 헬스 킬러앱은 모바일 기기로 환자의 전자 의료기록(EMR, Electronic Medical Record)에 접속하는 의사, 블랙베리 앱을 통해 포도당 수치를 추적하는 당뇨병 환자나 이식 환자에게 약물 주의 경고를 보내는 병원과 같은 기능을 한다. 모바일 헬스 솔루션은 건강한 사람들도 이용할 수 있다. 모바일을 통해 산아제한에 도움을 받거나 임신을 추적하는 여성이 늘고 있다. 환자가 모바일 플랫폼의 도움을 받아 자신의 건강을 추적하면서 빅데이터 형성에 기여하고 있다. 모바일 헬스는 맞춤형 의학의 문을 활짝 열고 더 많은 사람이 건강관리에 참여하게 할 수 있는 잠재력을 지녀, 관련 바이오 앱의 성장성은 무궁무진하다. 체중 감량 효과가 소문이 나며 건강관리 다이어트 앱 눔이 선풍적 인기를 끌었다. 이 서비스의 장점은 전담 코치가 배정되어 식단과 운동을 맞춤형으로 할 수 있다는 점이다. 그룹 채팅방을 통해 칼로리 소모를 공유하여 다이어트 경쟁을 은근히 부추기니 종전과는 다른 사용자 경험을 맛볼 수도 있다. 내 라이프스타일을 관리해주는 것만큼 감사한 앱이 또 어디 있으리. 좋은 몸매를 넘어 건강한 삶에 대한 현대인의 욕망을 대신해 주는 파이프라인이 깔린 것이다.

모바일 헬스는 그 변화 가능성에도 불구하고 대중 수용 단계에 진입하기까지는 아직 갈 길이 멀다. 의료 공간에서 시간을 절약하고, 더 나은 기록을 유지하고, 환자 자신의 건강을 통제하는 기술이 필요하다. 모바일 기술은 잠재적으로 이러한 요구를 충족시킬 수 있지만, 대체로 대중은 아직 모바일 의료 기술을 사용하지 않는다. 그토록 충족되지 못한 욕구가 많아 보이는 공간에서 이용이 부진한 이유는 무엇일까? 우선 모바일 의료 회사들이 시장을 구축하고 있지만, 의료 공간은 규제와 법에 따른 제약의 지뢰밭이다. 이러한 제한은 초기 단계의 의료 기업에 부담스러울 수 있다. 심지어 무적의 정보·기술 강자인 구글도 개인 의료 기록을 폐기하기로 결정했다. 기술 격차도 존재한다. 인구의 상당 부분이 여전히 스마트 모바일 기술에 접근하지 못하고 있다. 새로운 헬스 기기나 시스템을 활용하려면 건강을 관리하기 위한 적극적인 동기부여가 생겨야 한다. 이는 누가 모바일 헬스 혁명을 거스르는 걸림돌이냐의 문제로 귀결된다. 새로운 기술 도입을 방해하는 자는 관행에 젖은 의사들인가? 모바일 헬스를 새로운 재정 부담으로 보는 정부 당국이나 보험회사 때문인가? 아니면 환자 스스로 항상 그래왔던 것처럼 스스로 건강을 관리하는 방식에 익숙해서 새로운 것에 대해 거부감을 느끼기 때문인가?

모바일 헬스 기술은 보안 침해로 사용자가 이용을 꺼리는 부분이 있다. 고객이 인지한 편익이나 즐거움으로서의 사용자 경험을 선사해 대중이 거리끼는 단계를 넘어설 때, 모바일 헬스는 의료 혁신에 필요한 임계치를 넘어 대중화 단계에 이른다. 비용이 편익보다 줄어들고 있다는 느낌이 들면 관련 킬러앱 성장이 머지않았다고 본다.

2018년 8월 아마존은 애플에 이어 '몸값 1조 달러'에 바짝 다가섰다. 그 배경에는 아마존이 처방 의약품 배송 서비스까지 사업을 확장한다는 소식이 작용했다. 아마존의 헬스케어 사업은 2016년 미국 보스턴에 있는 한 지역 병원에 AI 플랫폼 '알렉사' 서비스를 공급하면서 시작했다. 아마존은 2017년 의약품 유통 자격을 취득하고, 2018년 7월 온라인 약국 스타트업 필팩(PillPack) 인수를 발표했다. 필팩은 2006년 약사 T. J. 파커(T. J. Parker)와 MIT 출신 프로그래머 엘리엇 코헨(Elliot Cohen)이 함께 설립한 회사로, 오프라인 약국의 시스템과 달리 환자가 약을 구입하기 위해 직접 약국을 방문할 필요가 없는 시스템으로 눈길을 끌었다. 환자가 처방받은 의약품을 매달 환자의 집으로 배송해준다. 아마존은 필팩 인수로 개인 의료 정보에 접근할 수 있게 됐는데, 의료 정보를 활용할 경우 더 완벽한 고객별 맞춤 마케팅이 가능해졌다. 미국 헬스케어 산업이 매년 꾸준히 성장하는 추세는 아마존 프라임 서비스와 클라우드 서비스가 아마존의 새로운 성장 동력으로 작용했기 때문이다. 2019년에는 미국 시애틀 본사 직원과 그 가족을 위한 건강관리 앱 '아마존 케어(Amazon Care)'를 출시했다. 아마존 케어는 영상 채팅이나 문자 같은 온라인 진료 서비스를 제공하고 처방전을 집으로 보내주는 포괄적 의료 서비스다. 같은 해 디지털 헬스케어 스타트업인 '헬스 내비게이터(Health Navigator)'를 인수하며 원격의료 서비스도 강화했다. 2020년에는 새로운 웨어러블 기기 '아마존 헤일로(Amazon Halo)'를 선보였다. 헤일로는 체지방, 수면 질, 심박 수 같은 건강 수치는 물론 기분 상태와 활동량까지 24시간 측정한다. 아마존은 AI 기술을 이용해 체지방과 감정 상태를 추적하는 기술을 포함하면서 다른 기업의 웨어러블 기기와 차별화를 추구한다. 관건은 정확도이다. 아마존은 다년간 심혈을 기울여 개발한 AI 기반 알고리즘 덕분에 헤일로 밴드의 각종 측정 결과가 매우 정확하다고 주장한다.

코로나19 여파로 원격의료 기술을 사용한 가상 진료 모델이 빠르게 도입되고, 의료 서비스 접근과 진료 방식에 극적인 변화가 생기고 있다. 환자가 의료 서비스에 쉽게 접근하는 것이 헬스케어 분야의 핵심이다. '1차 진료 서비스 시장'에 접근하는 문제에 있어 얼마나 제대로 된 기술을 제공하느냐가 중요하다. 진료 서비스의 디지털 접점인 '디지털 프론트 도어(Digital Front Door)' 확대를 위해서 많은 기술 기업이 경쟁하고 있다. 디지털 헬스케어 시장이 성장하는 이유는 코로나19로 온라인 의료 기술 기반 체계 마련이 성큼 다가왔고, 인터넷을 통해 일상생활에까지 지원 서비스가 가능해졌기 때문이다. 예전에 의료기기 업체가 중심을 이루던 헬스케어 시장은 구글, 애플, MS, 아마존 같은 정보통신 기업이 건강관리 서비스 앱으로 각축전을 벌이고 있는 상황으로 변화했다. 보험회사는 고령화와 저출산에 따른 시장의 한계를 극복하기 위해 새로운 먹거리인 디지털 헬스케어 시장에 뛰어들고 있다. 이들은 핀테크의 한 영역으로 데이터 분석, AI, IoT 같은 기술을 활용한 보험 서비스 '인슈어테크(Insurtech)'로 디지털 헬스케어 시장의 문을 두드리고 있다. 스마트밴드와 스마트워치는 값비싼 '만보기'라는 평가를 받았지만 최근에는 다르다. 심전도와 혈중 산소 포화도 같은 전문 의료기기가 있어야 측정 가능한 생체 정보까지 수집해 건강 의료 모니터링에 직접 활용할 수 있다. 웨어러블 기기를 통해 실시간으로 사용자의 건강 정보를 수집하고 구독 모델로 상세한 데이터를 누적하면 질병 예측, 보험 상품 개발, 건강 관련 상품 제안 같은 맞춤형 서비스를 제공할 수 있다.

이커머스와 클라우드 사업으로 '두 축'을 이룬 아마존은 궁극적으로 헬스케어 생태계를 만들어 '세 축'의 포트폴리오를 갖추려 하고 있다. 아마존의 헬스케어 경쟁력은 기존 사업과의 시너지에서 나온다. 이미 갖춰놓은 물류 인프라, 데이터 클라우드, AI 스피커 알렉사에 일반 소비자의 의료 정보를 얹으면 생태계 구축을 이룰 수 있다는 것이 아마존의 구상이다. 의료 데이터 급증이 예상되는 상황에서 아마존의 클라우드 서비스는 방대한 양의 데이터 분석을 가능하게 했고, 온라인 의약품 배송 경쟁력도 앞선다. 기존 쇼핑·동영상 콘텐츠에 적용된 아마존 프라임 서비스에 헬스케어를 포함시켜 종합적인 구독 서비스를 제공한다. 애플 피트니스 플러스도 구독 서비스로 홈트레이닝 사업에 진출했다. 그래도 홈트레이닝 구독 서비스의 최대 강자로 발돋움한 기업은 펠로톤 인터랙티브이다. 이 앱 서비스는 코로나19 체육관 폐쇄 효과로 크게 성장했다. 자전거와 트레드밀로 운동하며 구독 콘텐츠를 즐기기에 과정이 지루하지 않다. 각자 집에서 접속해 강사의 피드백을 받으며 서로 간에 교류하는 인터랙티브 운동 형태다. 물론 홈트레이닝 사업에 진출하고자 호시탐탐 아마존도 기회를 노리고 있다. CEO 제프 베조스의 관리된 멋진 몸매를 생각하며 조 바이든 시대를 보낼 그를 생각해본다. 제프 베조스는 자신을 '멍청이(Bozo)'라 부른 트럼프 대통령과 사이가 좋지 않았는데, 자신의 인스타그램에서 조 바이든에게 당선 축하 메시지를 남기기도 했다.

> "통합과 공감, 품격이 지나간 시대의 특징이 아님을 뜻합니다. 미국인이 기록적인 수의 투표로 우리의 민주주의가 강하다는 것을 다시 증명했습니다."

아마존은 클라우드 컴퓨팅, 아마존 프라임(구독 서비스)을 필두로 아마존 생태계, 아마존드(Amazoned, 아마존화)라는 용어를 탄생시킬 정도로 장악력 큰 플랫폼 공룡으로 자리 잡고 있다.

AI, 위치 기반 서비스, 온디맨드 경제와 킬러앱

에어비앤비의 화려한 부활

모바일 혁명을 최대한 활용해 삶을 편리하게, 안전하게, 즐겁게, 지적으로 변화시키려는 머신러닝/AI, 위치 기반 서비스, 온디맨드 경제를 고려한 애플리케이션은 넥스트 킬러앱이 될 수 있다.

우선, 머신러닝/AI와 관련된 앱을 살펴보자.

구글 나우(Google Now), 시리, 플리포라(Flipora), 판도라(Pandora) 같은 앱은 수작업 검색 세계에서 자동 검색으로 우리를 인도했다. 이러한 앱은 주로 사용자 의도나 맥락을 자동으로 이해하고 적절한 정보를 적시에 제공한다. 예를 들어 시리와 구글나우는 사용자가 여행을 가려 할 때 교통, 날씨, 비행 세부 사항에 대해 적절히 추천한다. 플리포라 같은 서비스는 사용자의 관심사를 모바일 고객에 최적화하여 콘텐츠를 추천한다. 사용자에 대한 이해에 근거해 고객의 니즈를 파악하여 관심사를 중심으로 세상을 연결하니, 사용자의 검색 필요성까지 줄여준다. 빌 게이츠나 일론 머스크(Elon Musk) 같은 기술 선구자는 AI가 앞으로 인류에게 얼마나 위험할지에 대해 많은 토론과 논쟁을 해왔다. 주변의 앱은 머신러닝과 AI를 사용해 지식에 목마른 인간의 생산성을 향상시키기 위해 작동하고 있다. 스타트업 사업가 피터 틸(Peter Thiel)은 저서《제로 투 원》에서, 미래의 기술과 AI의 긍정적 역할을 주장한다. 앞으로 수십 년간 가치 있는 사업은 누구에게서 일으켜질까? 사람을 쓸모없게 만들기보다는 사람에게 힘을 실어주기 위해 노력하는 기업가의 몫이 아닐까? 거기에 AI와 머신러닝을 활용하는 앱이 포함될 것은 당연하다. 플리포라나 구글나우 같은 앱에서 AI를 통해 인간은 더 똑똑하게 되고 상당한 지식 연마를 할 수 있어 인간 지능이 높은 수준으로 향상되는 것은 분명하다. AI 소프트웨어는 각종 가전제품, 기기, 산업 장비와 연결되어 사용된다. 종전에는 인터넷이라는 유·무선 인프라를 구축하고 이를 어떻게 편리하게 연결해서 활용할지가 된 문제였으나, 앞으로는 이미 구축된 인터넷망에서 쏟아져 나오는 빅데이터를 AI로 얼마나 똑똑하게 활용할지가 중요하다.

자동차에 탑승하면 자동으로 살균·소독하는 에어커튼이 작동되고, 그 결과가 정보 시스템에서 바로 관찰된다. 만약 살균·소독으로도 처리되지 않는 특이 바이러스가 감지하면 자동차가 알려준다. AI 기술을 탑재한 자동차는 운전자와 대화하며 건강 상태를 체크하고, 꾸준히 업데이트한다. 운전자의 체온이 올라가 몸에 이상이 생기면 가까운 병원으로 자동 안내하고, 필요한 경우 축적된 건강 데이터를 보내준다. 어떤 지역을 방문하거나 여행할 때 날씨와 동선을 확인하듯 그 지역의 바이러스 오염도를 미리 점검하고, 오염된 지역을 피해 갈 수 있도록 내비게이션에 해당 지역 오염 정도를 표시한다.

둘째, 콘텍스트로서의 위치 기반 서비스와 관련한 앱이다.

스마트폰은 위치를 활용하여 현재 위치와 현재 작업을 기준으로 상황에 맞는 정보를 제공한다. '스웜(Swarm)'은 새로운 수준의 데이터 가용성을 활용하는 앱이다. 친구들이 근처에 있을 때 알려주고 자발적으로 그들을 만날 수 있도록 온라인 연결을 오프라인 세계로 확장해준다. 커피를 한잔 마시고 싶을 때, 무료 와이파이를 찾고 있을 때 누군가 내게 위치 데이터를 알려준다. 우리는 스타벅스 매장 근처에 있을 때 홈 스크린에 알림 메시지가 표시되는 것을 경험하고 있다. 다른 소매업체가 점점 더 그러한 앱에 통합되고 있다. 쇼핑을 한다고 하자. 쇼핑 행태에 맞게 개인에 특화된 맞춤형 쇼핑이 위치 기반 서비스로 제공된다. 어디 그뿐인가? 미세먼지 앱은 필수 앱으로 자리 잡았다. 외출 전 미세먼지를 확인하고 마스크를 착용하거나 외출 자체를 포기하는 사람이 늘고 있다. 미세먼지·날씨 앱 개발자는 정확도를 높이기 위한 전략에 만전을 기하고 있다. 관련 앱은 사용자의 GPS를 기반으로 가까운 대기측정소가 잰 미세먼지 농도를 알려준다. 현 위치가 서울 여의도라면 가장 근접한 영등포구 측정소가 잰 관측 수치를 보여주는 식이다. 커넥티드카 솔루션 기업의 앱은 주차할 필요 없이 미리 앱으로 주문한 물품이나 서비스를 차에서 바로 받을 수 있는 편리함을 제공한다. 아이와 함께 이동하거나 시간에 쫓겨 이동하는 경우 앱으로 미리 주문해두면 도착 시간에 맞춰 점원이 음식이나 커피를 차 안으로 바로 건네주기에 정차나 아이 돌봄을 걱정할 필요가 없다. '미래형 주유소' 현실화도 목도하고 있다. 앱으로 미리 주유 예약을 하면 결제까지 모두 완료되어 주유소에서는 창문조차 내릴 필요가 없다. 덕분에 차량당 주유 시간이 줄어 더 많은 고객을 처리할 수 있으므로 주유소에서도 반색하고 있다.

그다음으로, 온디맨드(On-Demand) 경제의 진전과 킬러앱 대응이다.

온디맨드 경제란 플랫폼과 기술력을 가진 회사가 수요자의 요구에 즉각적으로 대응하여 서비스와 제품을 제공하는 경제 전략이나 경제 활동을 일컫는 말이다. 사전적으로 온디맨드는 모든 것이 수요에 달려 있음을 의미한다. 2002년 10월 당시 IBM의 CEO 샘 팔미사노(Sam Palmisano)가 처음으로 온디맨드라는 단어를 차세대 비즈니스 전략으로 내세우면서 널리 알려졌다. 온디맨드 경제에서 기업은 질 좋은 제품이나 서비스를 제공해야 하고, 수요자와 공급자를 연결해 거래가 원활히 이루어지도록 서비스 질을 관리하는 역할을 해야 한다.

에어비앤비와 우버는 온디맨드 경제 대표 기업으로 각각 2008년과 2009년 샌프란시스코에서 사업을 시작했다. 2020년 팬데믹 장기화로 에어비앤비는 어려움을 겪었으나 12월 주식시장에서 잿팟을 터트렸다. 오랜 봉쇄로 지친 사람들이 코로나19 감염 위험이 높은 호텔 같은 대규모 숙박시설 대신 개인주택을 선호하자, 에어비앤비의 주택공유 사업은 흑자를 기록했고 기업공개(IPO)를 진행했다.

에어비앤비는 임대인과 임차인을 실시간으로 연결시키는 숙박 공유 서비스이며, 우버는 자체적인 검증 절차를 걸쳐 고용된 차량의 운전기사와 승객을 모바일 앱을 통해 연결시켜주는 서비스다. 코로나 19로 혼카족이 등장했다. 혼밥과 혼술에 이어 1인 경제 시대에 맞는 새로운 모빌리티 시장이 커지고 있다. 다른 사람을 태우고 다닐 일이 많지 않아 굳이 넓은 공간의 자동차가 필요 없어진 상황에서 온전히 자신만의 이동을 도울 수 있는 1인용 자동차가 등장했다. 대중교통 이용을 꺼리는 사람이 늘어났다. 이들을 위한 충전/거치 서비스도 새로운 플랫폼으로 빠르게 성장하고 있다. 배달을 중심으로 하는 온디맨드 경제야말로 크게 성장한 분야이다. 가사 도우미를 제공하는 핸디(Handy), 레스토랑 음식을 배달하는 스푼로켓(SpoonRocket)이 미국 온디맨드 경제의 대표적인 사례다. 우리나라에는 카카오택시와 배달의민족이 온디맨드 비즈니스를 수행하는 기업 서비스로 분류된다. 온디맨드 경제에서 노동자는 필요할 때만 고용되고, 기존에 기업이 담당해온 노동자의 연금이나 건강보험은 노동자가 책임져야 해서 관련법 개정 요구를 반영하는 추세다. 이러한 문제들 때문에 온디맨드 경제의 부상은 사회의 불평등을 심화하고, 일반 노동자의 일자리를 위협할 수 있다는 비판이 비등하다.

컴퓨터 기술의 비약적 발달로 이제 모든 것은 공급 중심이 아니라 수요 중심으로 변화했다. 수요가 모든 것을 결정하는 시스템이나 온디맨드 전략이 킬러맵이 되어 미래를 지배할 것이다. 대출, 의료 서비스, 가사 노동, 차량 제공, 법률 자문, 전문 연구·개발(R&D) 같은 다양한 분야에 걸쳐 온디맨드 경제가 활용되고 있다. 앞으로 온디맨드 경제가 보다 활성화되면 관련 앱이 더욱 번성할 것이다. 다양한 배달 앱은 우리가 좋아하는 피자를 주문하고, 지불하고, 배달받을 수 있게 전화기 버튼을 눌러주고 있다. 아마존은 단순히 앱을 만드는 것을 넘어 실제로 아마존 대시 버튼(Amazon Dash Button)을 공급했다. 앱에 미리 정보(원하는 제품명, 주소 및 결제 정보 등)를 입력해두고 필요할 때 버튼이 달린 작은 장치만 누르면 간단히 주문된다. 프라임 회원만 이용할 수 있는데, 무료로 고객에게 자동 배송된다는 의미다. 온디맨드 앱은 언제든지 주문할 수 있는 리모컨 기능을 한다. 온디맨드 경제는 소유 가치보다 사용 편익을 중시하는데 고객의 구매 행동을 통찰하기 위한 빅데이터 분석을 기본으로 한다. 스마트폰의 급격한 보급과 모바일 간편결제 서비스가 확산일로에 있다. 모바일 온디맨드로의 발전과 O2O(Online to Offline) 영역의 확장을 이끌어냈다. 온디맨드 앱은 주문형 경제에서 한발 더 나아가 소비 활동을 실시간으로 창출하고 강화해 재구매와 매출 증대를 이끌어낸다. 성공하는 모바일 앱을 만들려면 최신 구매 방식도 고려해야 한다. 드라마를 보다가 주인공이 찬 팔찌가 어느 제품인지 궁금하다면 스마트폰 카메라로 스캔만 하면 된다. 스캔만 하면 스마트폰 화면에 가격과 구매 방법이 뜬다. 모바일 앱은 그 결제 방식을 적극 도입해야 한다.

11

AI 플랫폼과
'어시스턴트 생태계'

미래에는 모든 것이 AI로 통한다고 해도 과언이 아니다. AI가 자율
주행, 얼굴 인식, 공정 효율화, 공장 자동화 같은 특정 솔루션으로 생
각하기 쉬우나 이게 AI의 전부는 아니다. 소비자와의 관계에서 AI는
더 친근한 이미지로 다가올 수 있다. 인터넷 검색을 AI가 대신한다
고 하자. 이 경우 영화에서처럼 사랑하는 연인이 될 수 있을지도 모
르겠다. 여하튼 우리는 현실에서 AI 비서로 변신한 AI 어시스턴트
(Assistant)를 맞이하고 있다. 어두운 밤에 초인종을 누르는데 집에 아
무도 없다 하자. AI 플랫폼이 클라우드에서 다양한 채널로 사용자와
연결되는 방식으로 작동되어 나를 위로해준다. 갑자기 포근한 마음이
든다. 이는 스마트폰에 안드로이드가 탑재되어 내가 여러 친구와 카

카오톡을 사용하는 이치와 같다. 물론 차이점이 있다. 웹에서 하던 검색이나 모바일의 페이스북과 달리 AI 플랫폼에서는 PC나 스마트폰은 물론 주변의 모든 하드웨어를 넘어 소프트웨어와 서비스에 AI 어시스턴트가 탑재된다. 정말 훌륭하지 않은가. 높은 점수를 주고 싶다.

AI 어시스턴트는 하드웨어에 기본적으로 탑재되어 제공되기도 하지만 스마트폰, 냉장고, 세탁기 등에 앱을 설치해 사용하거나 다른 소프트웨어에 하나의 기능으로 통합되어 제공될 수도 있다. 웹브라우저에서 네이버 블로그나 페이스북으로 연결되듯이, AI 어시스턴트를 호출해서 어디서든 음성이나 텍스트로 서비스를 받을 수 있다. AI 플랫폼의 큰 특징은 AI 어시스턴트를 기존의 어떤 플랫폼보다 더 다양한 채널을 통해 킬러앱으로 활용하여 클라우드 속 AI와 만날 수 있다는 점으로, 미래 사회의 초(超)킬러앱이 될 듯하다.

이런 측면에서 AI 어시스턴트는 단일 서비스가 아니라 여러 다른 서비스나 소프트웨어와 하드웨어를 연결해 사용할 수 있도록 해주는 종합적 킬러앱이다. 알렉사를 이용하면 아마존 서비스 외에 엄청난 수의 외부 서비스를 이용할 수 있다. 클라우드 위의 '알렉사 AI 플랫폼'에 외부 서비스가 연결되어 많은 서비스가 제공된다.

AI 어시스턴트라는 킬러앱은 인류에게 최고의 부드러운 음성으로 질 좋은 콘텐츠를 제공하는 현실과 마주하고 있다. 이 과정에서 거대한 AI 생태계가 만들어지며, 더 많은 사용자와 더 오래도록 더 자주 연결되어 종전보다 압도적으로 더 많은 데이터를 수집하고 서비스 영역을 확장하여 제공한다. AI 플랫폼을 지배하는 기업은 기존의 그 어떤 플랫폼 기업보다 더 강력한 주도권을 쥘 수 있다. 모든 서비스와 비즈니스의 중심축에 서게 될 것이다. 전 세계 주요 인터넷 기업과 글로벌 제조업체, 통신사가 전면에 나서 AI 플랫폼을 지배하기 위한 경쟁에 뛰어들고 있는 것이다.

이 종합 킬러앱의 승자가 되려면 어떤 요소가 중요할까? 혹자는 AI의 성능을 들고, 혹자는 AI 어시스턴트가 제대로 사용자의 말을 이해하는지, 혹자는 스마트 스피커의 판매량이나 AI 플랫폼에 등록된 개발자(서드파티) 서비스의 개수를 중시한다. 플랫폼의 성공을 가름하는 핵심 요소는 플랫폼에 참여하는 이해 관계자가 여러 가치를 서로 거래할 수 있게 하는 기술의 다양성에 있다. 제대로 된 네트워크 효과와 빅데이터 분석에 의한 맞춤형 서비스 제공이 가능하다. 다양한 목적으로 AI 플랫폼을 이용하려는 사람들의 입맛에 맞추려면, AI 플랫폼에 다양한 서비스를 연동해 제공해야 한다. 외부 서비스를 이용하려면 하드웨어, 소프트웨어, 콘텐츠가 모두 연결될 필요가 있다. 이런 서비스가 AI 플랫폼에 등록되어 사용자에게 제대로 전달될 수 있어야 한다. 플랫폼의 핵심 경쟁력은 서비스를 구미에 맞게 사용할 수 있다는 점이다. AI 플랫폼 시장에서 주목할 점은 AI 그 자체가 아니라 AI를 기반으로 한 비즈니스 생태계다. 이러한 생태계에서는 기술 자체보다도 다양한 기기와 서비스를 연동하는 기술과 협력 역량, 고객과의 다양한 접점을 만들 수 있는 마케팅 파워가 중요하다. 생태계를 운영하는 핵심 역량을 제대로 이해하고 대비해온 기업만이 AI 플랫폼 연동 킬러앱을 통해 승자가 될 수 있다.

엔비디아의 행보가 말해주는 것

사람의 말을 제대로 알아듣는 대화형 AI 서비스의 주인공은 누구일까? 챗봇, 지능형 개인 비서, 검색엔진 서비스는 사람의 말을 100% 알아듣지 못하고 지원하는 언어 모델도 많지 않았다. 2019년 이를 해결할 수 있는 열쇠를 엔비디아(NVIDIA)가 찾아냈다. "지난 20년이 놀라웠나요? 앞으로의 20년은 SF나 다를 바 없을 겁니다." 엔비디아의 목소리가 들린다. 엔비디아는 실시간 대화형 AI로 기업이 고객과 더 자연스럽게 소통할 언어 이해 모델을 출시했다. MS는 초기부터 엔비디아를 채택해 성능 향상을 확인한 바 있다. MS는 엔비디아 플랫폼으로 자사의 고객을 위해 매우 직관적이고 즉각적인 반응형 언어 기반 서비스를 개발했다. 대화형 언어 모델은 자연어용 AI를 혁신시키는 역할을 한다. 엔비디아는 이러한 모델을 가속화하는 획기적 작업으로 이전까지 상상하지 못했던 방식으로 새로운 첨단 서비스를 제공한다.

엔비디아의 실시간 AI 아트 애플리케이션 '고갱(GauGAN)'이 시그라프(SIGGRAPH) 2019에서 두 개의 상을 수상했다. AI의 선두 주자답다. 아마추어 작가부터 유명 디지털 아티스트에 이르는 많은 크리에이터가 고갱이란 창을 통해 작품을 창조하고 있다. 고갱은 시그라프 프로페셔널 그래픽 컨퍼런스에서 시연되며 큰 호응을 이끌었다. 최고의 영화 스튜디오와 비디오게임 업체의 아트 디렉터나 컨셉 아티스트는 아이디어를 프로토타입으로 만들고 합성 장면을 빠르게 변경하는 도구로 고갱을 활용하고 있다. 고갱은 불쑥 나타나 전혀 예상치 못한 방향으로 영감을 준다. 이전에는 상상조차 하지 못했던 각종 디자인을 쉽게 구현해낼 수 있다 생각하니, 엔비디아의 위력이 느껴진다. 고갱이라는 앱 이름은 후기 인상주의 화가 폴 고갱(Paul Gauguin)의 이름에서 따왔다. 고갱은 장면의 레이아웃을 묘사하는 레이블이 지정된 스케치인 분할 지도로부터 포토리얼리스틱 이미지를 제작하는 앱이다. 완벽한 일몰 사진이나 좋아하는 화가의 스타일을 모방해 자신만의 창조물을 업로드하고 풍경 이미지를 올릴 수도 있다.

2020년 엔비디아는 반도체 업체를 대표하는 인텔의 시가총액을 추월했다. 또한 엔비디아는 400억 달러에 ARM을 인수했다. ARM은 반도체 회로 설계도를 파는 회사로, 2019년 출하된 전체 반도체의 34%인 228억 개가 ARM 설계 기반이다. 소프트뱅크가 2016년 320억 달러에 ARM을 인수했는데, 엔비디아가 다시 약 10조 원이나 높은 가격에 사들였다. 엔비디아는 25년 전 GPU(Graphic Processing

Unit, 그래픽 처리 장치)를 세상에 선보인 기업이다. AI를 운용하려면 빅데이터를 초고속으로 처리해야 한다. 엔비디아 GPU는 연산을 담당하는 '코어'라는 부품을 대량으로 탑재해서 계산 속도를 높인다. 엔비디아가 잘하는 GPU만으로는 AI 계산이 완결되지 않아 CPU(Central Processing Unit, 중앙처리장치)와의 조합이 중요하다. CPU 설계로 세계를 리드하는 ARM을 인수한 이유다. 엔비디아 GPU는 당초 게임용으로 만들어졌지만, 연산 능력이 높은 GPU 데이터센터용으로 전용 생산하면서 데이터센터 시장을 잠식하고 있다. 엔비디아가 클라우드 시대를 일찌감치 대비해온 데 따른 결과다. 글로벌 퍼블릭 클라우드 서비스 시장을 주도하는 3대 플랫폼인 아마존웹서비스, MS 애저, 구글 클라우드 플랫폼(GCP)이 전략적 차원에서 엔비디아 GPU 구매를 늘렸다.

클라우드 환경에서 구동되는 AI 앱 수요가 급증하고 클라우드 서비스 업체도 이 같은 요구를 지원하기 위한 데이터센터 구축에 적극 나서면서 엔비디아 GPU를 찾는 수요가 빠르게 증가했다. 엔비디아는 GPU뿐 아니라 GPU 기반의 AI 개발 플랫폼까지 세트로 제공한다. 엔비디아 창립자 겸 CEO 젠슨 황(Jensen Huang)이 2020년 10월 들려준 AI 이야기를 상기해보라.

그에 따르면, 현실을 시뮬레이션하는 것은 컴퓨터과학의 큰 도전 과제이며 한계가 없다. 이것이 엔비디아의 원동력이다. 인간 아바타와 AI가 노는 상상을 해본다. 엔비디아의 플랫폼 '옴니버스

(Omniverse)'는 '미래를 만들어가는' 가상공간으로 디자이너, 예술가, 크리에이터, 나아가 세상을 연결할 수 있다.

제조업이 소프트웨어의 세계로 바뀌고 있다. 정보와 답을 얻기 위해 검색이 자동화된 것처럼, 수십 년의 연구 끝에 딥러닝, 풍부한 데이터, 강력한 GPU 계산 능력이 현대 AI의 빅뱅을 낳았다. 옴니버스는 로봇이 로봇이 되는 방법을 배울 수 있는 공간이다. 이런 식의 개발이 진전된다면, 인간이 기계를 만드는 것이 아니라 기계가 기계를 만드는 게 일상이 된다. 공장 운영에 소프트웨어와 AI가 핵심이 된다. 엔비디아는 오픈 플랫폼의 정신과 파트너와의 협력을 중시한다.

미중 무역 전쟁으로 글로벌 기업들이 분쟁 위험을 피하기 위해 중국을 제외한 국가로 공급망을 다변화하자 미국 반도체 주가는 반사이익을 얻었다. 조 바이든 시대에는 미국 반도체 제조 기업에 자금을 지원하기 위한 '미국을 위한 반도체법(CHIPS for America Act)'으로 미국 반도체 기업은 크게 성장할 것이며 엔비디아가 수혜 기업으로 지목된다.

AI 스피커가 열어갈 킬러앱 시장

AI 스피커의 등장은 웹 검색과 스마트폰 앱 사용 시간을 줄여준다.

아직 기존 방식으로 배달 음식을 주문하고, 택시를 부르고, 쇼핑을 하고, 날씨와 뉴스를 보고, 음악을 듣는 것만큼 AI 스피커 사용이 간편하지는 않지만, 앞으로 사용자 경험이 나아지면 기존 웹/앱 사용을 부분 대체하고 보완하는 역할은 충분히 해낼 것이다. 사용자가 특정 서비스를 지칭하지 않게 될 경우 AI 보이스 플랫폼은 우리에게 어떤 서비스를 가장 먼저 언급할까? 마치 검색을 했을 때 맨 위에 나타나는 결과물을 어떤 페이지로 할 것인지와 비슷한 상황이 펼쳐져 궁금한 광고를 건네지 않을까? AI 스피커의 킬러앱은 우선은 음색광고를 생각할 수 있겠다. 아마존의 알렉사를 비롯해 많은 AI 비서가 이에 대한 다양한 사례와 결과를 보여주고 있다. 우리는 이미 AI 스피커가 음성검색광고 마케팅으로 활용되기 시작했음을 목격하고 있다. 단순한 음성광고는 그전에도 있었다. 전화를 걸 때, 착신 벨소리가 나오기 전 5초간의 대기시간에 사용자 관심사에 따라 광고가 나오는 서비스를 경험해 본 적이 있지 않나. 앱을 처음 설치할 때 입력한 지역, 연령, 취미 정보를 기반으로 하는 광고 앱 서비스를 생각해본다. 음료수 광고 소리를 앱에 들려주면, 앱의 유리잔이 음료수로 채워지면서 앱상에 음료수 무료 쿠폰이 제공된다. 광고는 그렇게 발전에 발전을 거듭해왔다. 실생활에서 AI 스피커는 엄청난 정보를 제공하고 있고 소비자는 편리함을 체감하기 시작했다. 기업은 이러한 정보를 계속 안내하고 자사 브랜드를 자연스럽게 마케팅하는 데 관심을 갖는다. AI 스피커를 통한 광고가 사용자에게 정말 유용할 수 있는 정보를 제공할지는 AI 스피커 플랫폼 사업자의 서비스 수준에 달렸다. AI 스피커에서 광고를 게재해 실제 구매로 이어지는 효과를 내려면 더 정교한 비즈니스 모델이 필요하다. AI 비서가 제대로 하는 것이 별로 없다는 반론이 많으나, 기술은 발전할 것이고, 터치의 시대에서 음성의 시대로 옮겨가고 있다.

자동차에서 음성으로 인터넷을 사용할 때, 잠들기 전 침대에서 AI 스피커를 이용할 때, 집에서 시간을 때우며 음성으로 TV를 조작할 때 PC나 스마트폰이 주지 못한 새로운 경험을 제공할 수 있다. 음성을 이용한 인터페이스에 어울리는 새로운 킬러앱은 비즈니스 모델의 혁신을 초래한다. 음성은 기존의 키보드, 마우스, 터치보다 더 쉽게 보다 많은 기기에 탑재될 수 있다. 사용자와의 접점과 사용 빈도가 기존 어떤 서비스 플랫폼보다 규모가 큰 만큼 AI 서비스 플랫폼을 지배하는 기업은 ICT 플랫폼 산업에서 그 영향력이 엄청날 것이다.

지나친 AI에 대한 기대에서 바라본 미래의 희비

AI를 포함한 스마트 기술과 인간의 협력은 경제성장과 생산성에 큰 영향을 미친다. 스마트 기계가 얼마나 많이, 얼마나 다양하게 인간의 미래 일자리를 없앨 것인지에 대한 논의가 다양하게 진행 중이다. 과거 생산 공정의 자동화가 사람과 기계가 이전에는 할 수 없었던 수많은 일을 하게 한 것과 마찬가지로, 인간과 스마트 기술의 조합이 인간과 컴퓨터가 각자 혼자서는 할 수 없는 수많은 일을 미래에 가능하게 할 것이다.

AI와 관련해 이런 논리를 생각해보자. 우선 특정 환경에서 특정 목표를 효과적으로 달성할 수 있는 전문 지능(specialized intelligence)과 다양한 환경에서 다양한 목표를 효과적으로 달성할 수 있는 일반 지능(general intelligence)을 구분해본다. 전문 지능은 특정한 종류의 일에 능숙하지만, 일반 지능은 넓은 범위에서 일을 수행하는 방법을 학습하는 데도 능숙하다. 다재다능하다든지 적응력이 높다는 것은 일반 지능을 말할 때 사용한다. 전문 지능과 일반 지능의 차이는 현 단계의 AI와 인간의 능력 차이를 명확히 해준다. AI는 전문 지능 측면에서 인간보다 훨씬 더 '똑똑'할 수 있다. AI에 대해 대부분의 사람들이 인식하지 못하는 중요한 사실 중 하나는 AI가 매우 전문화되어 있다는 점이다. 구글의 검색엔진은 야구 관련 뉴스 기사를 검색하는 데 매우 유용하나, 사랑스러운 자녀의 리틀 리그 게임에 대한 글을 맛깔나게 작성할 수는 없다. IBM의 왓슨(Watson)은 퀴즈쇼 '제퍼디(Jeopardy)!'에서 인간을 이겼다. 그러나 퀴즈쇼에 출연한 왓슨 프로그램은 그래도 체스보다 훨씬 쉬운 틱택토(tic-tac-toe, 삼목게임)를 못한다. 테슬라의 자동차도 마찬가지다. 자율주행 자동차는 운전자 없이 스스로 운전하지만, 창고 선반에서 어떤 특정 상자를 집어 올릴 수는 없다. 현 단계의 AI는 전문 지능으로 일반 지능을 가진 인간처럼 서로 다른 문제를 해결하는 데 적합하지 않다. 인간이 규칙을 포함하는 프로그램을 작성하고 주어진 상황에서 어떤 프로그램을 실행할지 결정해야 한다. 현 단계에서 AI는 다섯 살 난 어린아이의 일반 지능 수준에도 가깝지 않다. 특정 문제를 떠나서는 5세 어린이가 할 수 있는 엄청난 수의 주제에 대해 현명하게 대화할 수 없다. 아이들은 걸을 수 있고, 이상한 모양의 물체를 들며, 사람들이 언제 행복하고 슬프고 화를 내는지 알 수 있다. 현재의 AI가 그 수준은 아니다.

이러한 격차가 얼마나 빨리 축소될 수 있을 것인가? 1950년대 초기 AI가 등장한 이후부터 그랬지만, AI 분야에서의 발전을 예측하기는 매우 어렵다. 혹자는 인간과 같은 종합적 사고를 할 수 있는 AI가 약 15년에서 25년 안에 등장할 것으로 예측한다. 과거에도 그런 예측을 인간은 했고, 여전히 그런 AI는 탄생하지 않았다. 당분간은 스마트 기술이 발달하더라도 어떤 형태로든 인간이 개입할 필요가 있다. 수많은 작업에서 사람들은 기계가 할 수 없는 일부 작업을 수행하고 있다. 컴퓨터가 자체적으로 완전하게 작업을 수행할 수 있는 경우에도 사람들은 항상 소프트웨어를 개발하고 시간이 지나면 소프트웨어를 수정해야 한다. 지금과 같은 형식으로 킬러앱의 탄생과 소멸은 여전히 그런 점에서 유효하다. 결국 중요한 것은 스마트 기술, 킬러앱, 인간의 협력을 통한 가치 창출이 당분간 여전히 중요하다.

뇌의 한 부분은 언어를 만드는 데 많이 관여하고, 또 다른 부분은 언어를 이해하고, 또 다른 부분은 시각 정보를 처리한다. AI 분야를 개척한 마빈 민스키(Marvin Minsky)는 뇌의 이러한 구조를 '마음의 사회(society of mind)'라 불렀다. 민스키는 인간의 두뇌가 어떻게 작동하고 AI 프로그램이 어떻게 개발될지에 관심을 쏟았다. 인간과 같은 종합적 사고를 하는 일반 AI가 출현하기까지 기다리기보다는, 그보다 훨씬 전에 사람과 스마트 기술이 협력하여 '마음의 사회'를 구축해야 한다. 전체적인 일에서 사람과 기계가 함께 각각의 부분을 수행하는 것을 포함하는 마음의 사회를 구축함으로써 총체적으로 지능적인 시스템을 만드는 것이 인류를 위해 중요하다.

인간은 기계에게 없는 일반 지능과 다른 역할을 제공할 수 있다. 스마트 기술은 사람이 가지고 있지 않은 지식과 여타의 기능을 제공할 수 있다. 많은 사람들은 AI가 궁극적으로 대부분의 일을 혼자 수행할 것으로 믿고 인간이 필요한 상황에만 배치되어야 한다고 가정한다. 당분간은 그래도 대부분의 일이 인간에 의해 수행되고 특정 상황에 AI를 배치하는 것이 유용할 것이다. 이런 측면에서 사람은 여전히 가장 중요한 킬러앱이다.

뇌가 기계와 연결될 때, 뇌과학과 킬러앱

뇌과학과 여러 학문의 융합은 인간에 대한 정확한 이해로 사회에 도움을 준다. 뇌과학을 기초로 현대 사회의 여러 현안에 종합적으로 접근할 수 있다. TED의 한 강연을 보며 '뇌과학과 킬러앱'에 대해 생각해본다. '다음 세기에 우리가 배울 뇌에 관한 것(What we'll learn about the brain in the next century)'이라는 제목으로 신경공학자인 샘 로드리게스(Sam Rodriques)가 한 이야기다.

많은 뇌신경 연구자들은 인간의 우울증에 대해 연구하고 있다. 실험 쥐로 하는 동물실험으로 인간의 감정을 연구한다는 건 한계가 있다. 그래서 다른 질병에 대한 연구 성과에 비해 인간 뇌에 생기는 질병의 연구는 지난 40년간 별다른 성과를 이루지 못했다. 뉴런을 연구하기 위해 인간 뇌에 장비를 직접 넣을 수 없어서 쥐를 이용해 실험했다. 자기장을 이용해 인체 내부를 들여다보는 MRI(자기공명영상법, magnetic Resonance Imagin)가 있지만, 인간의 뇌신경 활동을 실제로 측정해낼 수 없다. 파킨슨병의 원인을 알고 싶어 하지만, 현 단계 기술로는 병을 일으키는 특정 뇌세포를 제대로 연구할 수 없다. 샘 로드리게스는 2100년경 뇌 연구에 대한 기술이 엄청나게 발전할 것으로 예상한다. 알츠하이머병에 대한 약물 치료법이 개발되고, 퇴행이 시작되기 전에 막을 수도 있다.

레이저 천공술도 안전하고 빠르며 몸에 흔적도 남기지 않게 할 것이다. 뇌 속을 관찰하기 위해 유연한 탐침이 개발되어 뇌혈관을 돌아다니며 구석구석을 조사할 수 있다. 이러한 기술 개발로 인간을 통한 연구가 가능해야 비로소 신경과학의 발전이 이루어진다. 뇌에 전기 장치를 달면 뇌를 바로 컴퓨터와 연결할 수도 있다. 생각만으로 이메일을 보낼 수 있고, 눈으로 사진을 찍을 수 있다면 어떨까? 기억하고 싶은 것을 바로 하드드라이브에 저장했다가 원할 때 다시 꺼내 보는 세계가 온다.

여태껏 쥐 실험을 통해 알아낼 수 없었던 엄청난 연구 결과가 나오고, 심리학과도 연계되어 질병 치료가 가능해진다. 아동기에 많이 나타나는 주의력 결핍/과잉 행동장애(ADHD)도 증상만으로 병을 구분할 수밖에 없었지만, 신경세포의 양상에 따라 수십 종류로 세분화되어 치료법이 달라진다. 정신분열과 우울증의 경우도 마찬가지다. 건강한 인간 뇌 속 신경세포를 직접 관찰할 수 있는 방법을 찾아내야만 신경과학의 미래가 있다.

그의 이야기를 들으며 이런 생각을 해본다. 17세기 과학혁명 이래로 기술은 비약적으로 발전해왔다. 우리는 현재 '인간의 뇌'라는 더욱 고차원적인 문제에 직면하고 있다. 더는 실험 쥐를 물이 담긴 수조에 빠뜨리는 것이 아닌, 말 그대로 '인간의 뇌'를 연구해야 될 때가 온 것이 아닐까? 인간의 뇌는 수십억 개 뉴런의 연결로 이루어져 있다. 뉴런은 일련의 전기신호로 감각기관을 통한 학습이나 감정과 기억을 더듬어 표현함으로써 서로 의사소통한다. 그런데 무섭다. 뇌가 기계에 연결되어 내 몸이 킬러앱이 된다. 눈으로 사진을 찍고, 더는 아무것도 잊어버리지 않고, 뭐든 상상을 할 수 있다. 기억의 습작은 하드드라이브에 있고 꺼내고 싶으면 언제든지 꺼낼 수 있다. 기계가 나인지 내가 기계인지 구분이 안 된다. 우리는 인간의 뇌만큼 크고, 신경과학자들에게 유용할 정도로 복잡한 네트워크를 구축하기 위해 먼 길을 걸어가야 한다. 사람들의 뇌에 인지된 우울과 트라우마를 치료해주는 킬러앱이 더 많이 나왔으면 한다.

바이러스와 공생하는 미래

물리적 거리 두기는 집이라고 예외가 아니다. 집 안에서도 바이러스를 차단하기 위한 노력은 계속되고, 살기 좋은 집이나 살고 싶은 집에 대한 생각은 변해간다. 바이러스에 대한 두려움과 불편함을 해소할 수 있는, 우리에게 최적화된 집이란 무엇일까?

시작부터 얼굴로 해결 가능. 이제 스마트폰만 얼굴로 열리는 것이 아니다. 아파트에서도 페이스 ID를 이용해 입주민의 출입이 가능하다. 마스크가 일상화되었기에 홍채 인식으로도 입장이 가능하다. 외부인의 무단출입을 막아 입주민의 안전에 대한 만족도가 높아진다.

택배는 여전히 우리의 즐거움이다. 머지않은 미래에는 자율주행 이동우체국과 배달 로봇의 일상화로 택배원과의 대면 없이 물품을 받을 수 있을 것이다. 아파트로 도착한 택배는 바이러스가 통제되는 무균 택배용 승강기를 통해 집으로 바로 배달된다. 입주민과 택배의 경로를 분리하기 위한 택배 전용 승강기가 존재한다. 디지털 도어록으로 문을 여는 시대는 지나간다. 아파트 입구처럼 홍채 인식 또는 음성 인식으로 문을 열고 잠글 수 있다. 외부인이 문을 억지로 열고 일으키는 범죄는 불가능하지만, 집 시스템을 해킹하는 지능 범죄가 예상되므로 이에 대비해야 한다. 홍채 인식이 킬러앱이다. 아파트 분양 때 각 세대 옵션 사항으로 제공되는 새로운 방이 생겨난다. 현관부터 중문까지의 공간에 설치 가능한 멸균 룸은 외출 후 귀가하는 사람에게 묻어 내부로 유입될 수 있는 온갖 바이러스를 박멸하는 공간이다. 반려견 전용 멸균 룸도 따로 설치할 수 있어 집에 들어오는 모든 생명체의 바이러스를 통제할 수 있다. 바이러스를 통제하는 킬러앱이 집집마다 설치되어 있다. 재택근무가 일상화되며 원격 근무를 위한 환경을 갖춘 주거 트렌드가 등장한다. 집 안에 작은 오피스가 생기는 구조다. 한정된 공간에 방이 여러 개 생기면서 각 방의 크기는 작아졌으나 집이 다양한 역할을 하게 된다.

코로나 이후 청소와 육아를 도와줄 수 있는 기능이 특화된 로봇이 등장한다. 로봇은 감염을 걱정하지 않아도 되고, AI의 발전으로 매달 업데이트되면서 더 많은 기능을 수행하게 된다. 1인 1홈봇이 대유행이다. 바이러스의 지속적 확산, 유전자 조작 농산물의 증가, 농작물 관리 단계에서의 감염 발생 등으로 믿고 먹을 수 있는 건강한 식재료에 대한 관심이 높아진다. 채소, 과일, 버섯 등 자주 먹는 제철 식재료를 집에서 쉽게 경작하도록 돕는 킬러앱인 '식물재배기'가 냉장고 필수 칸으로 자리 잡는다. 식물을 키울 줄 모르는 사람이라도 문제가 없다. 스마트홈 시스템과 연계되어 알아서 자외선에 노출되고 영양분을 얻어 자랄 수 있고, 해충 걱정도 없다. 모든 냉장고에서 최상의 식품 재배가 가능하다. 홈팜 냉장고 보급의 여파로 밖에서 공급되는 육류와 어류를 피하고 채식주의자로 생활하는 사람들이 많아진다.

전염병으로 에어비앤비처럼 집을 공유하는 데 대한 반감이 커지면서 사람들은 자기만의 소유를 더 중요시하게 된다. 땅값이 비싸지 않은 한적한 곳에 별장을 짓는 것이 유행하며, 시골집을 리모델링해 세컨드하우스로 판매하는 부동산업이 인기다. 새로운 형태의 주상복합 주거 형태가 각광을 받는데, 밖에 나가지 않고 외부인의 출입이 철저히 관리되는 공간에서 마트나 병원, 베이커리를 이용할 수 있기에 안전을 보장받을 수 있다.

지구에서 바이러스로부터 안전한 공간은 전혀 없을까? 사람들은 공기가 닿지 않는 곳에서 제2의 인생을 마련하기 시작한다. 바로 해저다. 제2의 부동산 시장이 열린다. 세계는 협상을 통해 각국의 육지에서 사방으로 떨어진 해안 50km 내외까지 국가 땅으로 허가한다.

재택근무가 늘어나면서 사무실들이 비어간다. 슬럼화가 우려되는 도심 한복판의 고층 빌딩들을 효과적으로 활용할 방법은 무엇일까 고민한다.

테슬라가 여는 자율주행과 모빌리티 혁명
수소전기차 생태계와 니콜라 논쟁

지금까지의 이야기를 통해, 하드웨어가 중요할 것 같지만 킬러앱으로서 소프트웨어가 하드웨어 전쟁에서 승리를 선사한다는 것을 알 수 있다. 호불호가 갈리긴 해도 테슬라의 일론 머스크는 스타다. 거품 논란에 빠진 테슬라 주식을 저세상 주식이라는 부르는 것도 테슬라와 일론 머스크가 세상의 중심에 있음을 말해준다. 테슬라는 전기차 핵심 부품뿐 아니라 소프트웨어까지 자체 플랫폼으로 만든다. 테슬라의 경쟁 업체들은 잘나가는 테슬라의 독주 체제가 지속되기는 쉽지 않다고 말한다. 테슬라의 기술력이 주목받고 있는 것은 착시 현상이라며, 테슬라의 소프트웨어 관련 기술은 따라잡기 쉽다고 폄하한다. 두고 볼 일이지만, 몇 가지 사실은 제대로 인식할 필요가 있다.

첫째, 테슬라는 배터리셀을 독자 기술로 패키징해서 배터리팩을 만드는 회사란 사실이다. 2차전지 회사로 발돋움할 수 있을지 세간의 의구심이 있으나, 배터리 공장을 지어서 배터리를 직접 생산하겠다는 로드맵 자체를 완전히 무시하기는 어렵다.

둘째, 시장 선도자가 전기차 시장의 파이를 완전히 앗아 갈 수 없다 하더라도 테슬라가 가진 시장 선점 효과를 무시할 수는 없다. 2040년이 되면 전 세계 자동차 시장에서 전기차가 차지하는 비중이 60% 수준이다. 테슬라의 잠재력을 무시할 수 없게 만드는 요인이다.

셋째, 일론 머스크가 말한 반값 배터리가 유효한 것인가에 대한 검증이다. 그가 말한 공정이나 소재 혁신 모두 쉬운 방법이 아니다. 혹자는 2030년 배터리 가격을 kWh당 60달러대로 전망하는데, 이는 3년 안에 57달러대까지 끌어내린다는 테슬라의 계획과 큰 차이가 있다. 전기차 원가 중 배터리가 차지하는 비중은 최대 절반에 가깝다. 대부분의 완성차 브랜드는 전기차에서 수익성을 확보하지 못해, 테슬라의 반값 배터리는 전기차 가격의 하향 압박으로 작용할 소지가 높다. 테슬라가 압도적인 자율주행 기능을 앞세운 보급형 전기차를 내놓으면 경쟁력이 만만치 않을 것이다. 전기차로 쌓은 빅데이터를 사업 확장성에 이용하면 점유율 확대는 얼마든지 가능하다.

테슬라는 전기 자동차, 자동차 소프트웨어, 에너지 저장 장치를 제조하는 미국 기업으로 엄청난 급성장을 해왔고 앞으로도 더 성장할 여력이 크다. 세계 최대의 전기차 회사인 테슬라는 전 세계 자동차 회사 중 시가총액 1위로서 버블 논쟁이 한창이지만, 비난과 찬사 양쪽의 의견을 다 새겨들을 필요가 있다.

분명한 것은 자동차에서 소프트웨어가 더 중요해지고 있다는 점이다. 자동차가 컴퓨터에 가까워지고 있다는 것은 누구나 수긍할 것이다. 자율주행 자동차의 핵심은 내연기관이 아니라 소프트웨어다. 테슬라는 아직 완전 자율운전 기능을 갖지 못했지만, 그들의 소프트웨어만 조금 다듬으면 거의 자율주행 자동차에 가깝다는 것을 인식해야 한다. 자율주행차는 운전자의 개입 없이 AI를 통해 스스로 주행하는 차다. 상용화된다면 가속, 감속, 차선·차간 거리 유지 등의 조작은 물론 장거리 운행에 따른 피로에서 해방되기 때문이다. 현재 전 세계는 자율주행차 상용화를 위한 기술 개발에 박차를 가하고 있으며 그 성과의 일부가 나타나고 있다. 일각에서는 진정한 자율주행차 상용화가 예상보다 더딜 것이라고 관측한다.

고도의 기술력을 전제로 하는 자율주행차는 미래 차의 핵심 요소다. 전반적으로 자율주행차 도입은 일종의 사회적 합의가 필요한 부분이 적지 않다. 도로 인프라 확충과 이에 따른 사회적 변화, 자율주행차의 안전성 문제와 사고 발생에 따른 보험 처리는 단순히 기술적으로 접근해서는 해결이 불가능하다. 일론 머스크가 자율주행에서 어떤 혁명적 비전을 제시할지 세상이 궁금해하고 있다.

운전자가 필요 없는 획기적 기술을 활용하는 데 어떤 분야가 킬러앱이 될지 궁금하다. 궁금증을 풀기 위해 여러 스타트업의 아이템을 참조하는 것도 의미가 있다. 실리콘밸리의 스타트업 유델브(Udelv)의 '로봇 로커(Locker)'를 예로 들어보자. 식료품을 실은 밴이 도착하면 고객은 앱을 이용해 자신의 식료품이 들어 있는 로커의 잠금을 해제하고 필요 물품을 수거한다. 기존 서비스 대비 배달 비용은 반이고 배송 시간은 빠른 것이 이점이다. 신선 식품을 실어 소비자에게 달려가는 자율주행차로 '로보마트(Robomart)'가 열리고 있고, 그 중에 로봇 로커 같은 킬러앱이 등장했다. 자율주행 레벨 5단계(무인 완전자율주행 단계) 상용화는 절대 자동차 자체의 센서만으로는 불가능하다. 도로의 차선과 높낮이, 커브를 인식하는 고성능 라이다(Lidar)와 센서는 기본이고, 고속도로를 포함한 모든 주행 도로와 도로 위 주행 차량을 중앙 컨트롤센터에서 통제할 수 있어야 레벨 5단계가 가능하다. 테슬라가 그런 레벨 5단계를 확보하려면 자동차는 물론 모든 도로를 인식하고 통제할 수 있어야 한다. 연비규제 같은 친환경 정책을 강경하게 거부해왔던 도널드 트럼프 대통령과 달리 조 바이든은 적극적으로 연비규제를 강화하고, 전기차 등 친환경 차량 보급을 늘려나갈 것이다. 조 바이든은 전기차 등 친환경차에 대한 대규모 보조금을 약속했다. 노후차 보유자가 전기차를 구매할 경우 보조금을 지급하고, 미국 전역에 전기차 충전소 50만 곳을 설치한다는 것은 테슬라에게 여러모로 유리하다. 전기차와 자율주행으로 날개를 달 테슬라의 미래는 주가 버블 논란과 함께 더 비상할지도 모르겠다. 2020년은 글로벌 자동차 시장에서 1회 충전으로 1,200마일(약 1,920km) 갈 수 있는 스타트업 니콜라(Nicola)가 단연 화제였다. 실제 수소트럭을 만들 수 있는 핵심 기술이 있는지를 두고 니콜라에 대한 사기 논란이 있었다. 그럼에도 수소 전기차 생산 생태계 구축은 각 국의 미래 모빌리티 혁명을 좌우하는 현실이 되고 있다.

《어린 왕자》에서 본 킬러의 꿈

생태계 경제가 답이다

시력에 맞게, 나이에 맞게 스마트폰이 더 스마트해진다. 스마트폰을 볼 때 안경 기능이 더 해진다. 농구를 하는데 신발 스스로 내가 원하는 게 무엇인지 알고 매어준다. 농구 경기가 끝난 후 몸을 숙여 끈을 풀지 않아도 신발 끈이 저절로 풀린다. 신발은 우리가 무엇을 하고 싶은지 알고 있다. 물론 모든 것을 아는 상상의 신발은 아직 존재하지 않는다. 하지만 꿈을 꾸면 이루어질 수도 있지 않을까. 우리 몸의 뇌가 킬러앱으로 작용해 그런 상상을 현실로 만들 수 있다. 돌이켜 보면 그런 꿈은 인류의 역사를 바꾸는 킬러앱으로 시현되었다. 인간의 인지 능력이 강화되는 경우에는 늘 아쉬움을 충족하고 불편을 개선하여 새로운 수요를 끊임없이 탄생시켰다. 코로나19 발발 이후에 발생한 소통의 불편을 비대면 대표 기업인 줌이 해소하자 그 앱이 화려하게 각광 받았다. 혼자 거주하는 1인 가구 청년의 모임이 축하 공연부터 방구석 장기자랑, 레크리에이션, 소셜다이닝에 이르기까지 일련의 과정이 줌 앱으로 이루어지고 있다.

이 책을 통해 킬러앱으로 여기 소개된 기업들처럼 독자들이 꿈을 실현하는 데 더욱 가까워 질 수 있으면 좋겠다. 킬러앱으로 기술과 인간은 발전에 발전을 거듭해왔다. 세상이 암울하고 사람들이 무력 감을 느낄수록 꿈과 신념이 필요하며, 우리는 킬러앱의 가치를 재조 명하게 된다. 킬러앱은 창의성과 불가분의 관계에 있는데, 문득 창의 성을 갖춘 가장 훌륭한 존재로서 아이들을 바라본다. 그들은 맨눈으 로 천체를 관측하는 경이로운 대상이다. 우리의 사랑스러운 어린 왕 자들과 공주들이야말로 자연의 경이로움과 아름다움을 가장 순수 하게 느낄 수 있는 능력의 소유자다. 밤하늘의 어린 파수꾼들을 생 각하며 별을 헤아리는 마음으로 킬러앱의 본질을 가슴 깊이 느껴본 다. 아이들은 별을 헤아리면서 지식보다 호기심과 상상력으로 무장 한다. 그들처럼 공상에 잠겨본다. 살며시 기분 좋은 꿈나라에 빠져본 다. 보이는 별빛이 현재가 아닌 과거의 빛이라는 사실은 흥분과 설 렘을 불러온다. 이 책을 읽는 독자가 킬러앱으로 과거-현재-미래의 자신을 연결하여 멋진 신세계를 마주했으면 좋겠다.

시선을 정보통신 너머의 과거 역사로 돌려보자. 역사 속에 등장하는 재미있는 킬러앱으로, 중세의 기사 계급이 말을 탈 때 사람의 발을 걸쳐놓는 '등자(말 발걸이)'가 있었다. 로마제국 멸망 후 유럽의 패권을 놓고 여러 나라가 싸울 때 그들은 주로 말을 타고 전쟁을 했는데, 그때 말 등에 앉은 군인이 적과 맞서 싸울 때 보다 효율적으로 싸우기 위한 도구로서 등자를 만들었다. 등자의 발명은 말을 타고 나가 싸우는 사(士)계급을 탄생시켰고, 그들은 봉건시대의 핵심 세력이 되어 공작-후작-백작-자작-남작으로 내려가는 '5작' 중심의 귀족 문화를 형성했다. 또한 종이의 발명은 인류가 지식을 대대로 전하게 된 원동력이 되었다.

종이가 발명되자 인간의 지식은 멀리까지 퍼지게 되었고, 후세에 전해져서 문화·문명의 발달에 크게 이바지했다. 종이를 만들 수 있었던 것은 소재의 발견에 기인한다. 인류의 발전은 항상 새로운 소재의 발견과 함께 이루어졌다. 지금도 소재, 부품, 장비를 자주적으로 개발하려는 목표는 그래서 필요한 것이 아닐까. 아무도 예상하지 못한 성질을 가진 소재의 등장에 사회가 뿌리째 바뀔 가능성은 충분하다. 지금 전 세계 과학계는 새로운 소재를 발견하는 데 막대한 투자를 하고 있다. 국가마다 기술 경쟁이 치열해지면서, 어떠한 소재를 찾고 개발하느냐가 나라의 경쟁력을 좌우하기 때문이다. 어쩌면 소재의 발견으로 종이라는 킬러앱이 인쇄업의 발달을 주도했고, 인류의 획기적 문명 발달에 기여한 것인지도 모른다. 모바일 시대가 됨에 따라 종이의 다른 모습으로 킬러가 나타날지도 모르겠다. 모바일 비즈니스의 세계를 주도하는 앱의 세계는 언제나 변신할 준비를 해야 하니, 종이의 미래에 대해 주목하는 것은 당연하리라. 자동차나 전화가 그랬듯이, 등장하자마자 경쟁 상품을 몰아내고 완전히 시장을 재편하는 제품이나 서비스는 역사에 수없이 존재했다. 종이는 말할 것도 없고 바퀴, 도르래, 활자, 방적기, 전기, 전화 등 역사상 위대한 발명품은 대부분 당대의 킬러앱이 되었다.

웨어러블 기기는 초기의 열광적 반응에 비해 큰 인기를 얻지 못했다. 그런데 코로나19라는 문명의 대전환 속에서 웨어러블 기기를 바라보는 눈이 달라졌다. 의사들이 웨어러블의 가치를 재발견한 것이다. 데이터 경제 시대에 웨어러블 컴퓨팅 데이터를 이용하는 것은 매우 의미 있는 일이다. 스마트워치와 피트니스 트래커(Fitness Tracker)는 이미 수백만 사용자들의 심박 수와 수면 패턴에 대한 데이터를 확보하고 있다. 여기에 더해 체온까지 측정하는 장치도 있다. 인체가 바이러스에 감염됐을 때 심박 수가 다소 증가하고 체온이 상승하여, 독감이나 바이러스 감염을 신속히 경고할 수 있다. 독일의 한 연방 기관(로베르트 코흐 연구소)은 스타트업과 협력해 스마트워치용 앱을 출시했다. 이 앱은 심박 수, 체온, 수면 패턴을 수집하고 데이터를 분석해 바이러스 발생과 관련한 공공 지도를 생성한다. 또 사회적 거리두기를 위해 웨어러블 기술을 이용하는 경우도 있을 수 있다. 감염자와 접촉한 사람을 대상으로 자가 격리를 위한 알림을 제공할 수 있다. 홍콩 정부는 모든 해외 입국자에게 14일간 의무 착용해야 하는 손목 밴드를 지급하고, 이와 연동되는 SHS(Stay Home Safe)라는 앱을 내려받도록 했다. 자가 격리 명령을 어기고 무단이탈을 하지 않도록, 앱에 무작위로 알림이 왔을 때 밴드를 착용하고 집에 있는 모습을 촬영해 보내게 한다. 감염 가능성을 알려줄 수 있는 웨어러블 기기도 훌륭한 기능을 할 수 있다. 이런 모습을 보면 생각의 다름과 환경의 차이가 역사의 흐름에서 큰 물줄기를 달리 만들 수 있다는 것을 느낀다. 달라진 세상에서 우리는 얼마나 유연한 사고로 남과 다른 해법을 제시하고 있는지 반문해본다.

킬러 콘텐츠가 국가의 미래 성장력 좌우

전 세계 로봇 업체를 선도하던 스타 기업들이 잇따라 몰락하고 있다. 스타 과학자가 만든 로봇들이 스마트폰의 성공 경로를 따르려 했지만 소비자의 기대를 충족시키지 못했다. 미국 로봇 업체 미스티 로보틱스(Misty Robotics)는 국제 전기전자학회(IEEE) 기고를 통해 소셜 로봇이 실패한 까닭을 밝혔다. 그 이유는 바로 킬러앱을 제대로 확보하지 못했기 때문이란 것이다. 산업과 기술의 번영을 위해서는 지속적인 콘텐츠 생산력이 중요하나, 공감할 만한 킬러 콘텐츠 생산이 더 중요할 수 있다.

누군가 배달의민족 앱을 켜고 피자 카테고리로 들어간다. 맨 위칸에 있는 슈퍼리스트란 항목에서 평점과 리뷰, 댓글이 우수한 매장이 올라온다. 메뉴를 고르기 어려울 때 평점, 리뷰, 댓글을 비교하는 것은 이미 오래전 소비자 패턴으로 자리 잡았다. 킬러앱을 생각할 때 우리가 잊지 말아야 할 것은 시대 공감이다.

브랜드를 부로 과시하는 시대는 끝났으며, 사치의 시대는 가고 가치의 시대가 오고 있다고 하자. 그 가운데 장기적 경기 침체가 이어진다고 상상해보자. 1인 가구 시대, 고령화, 저출산, 만혼과 비혼은 시대적 추세다. 소비 트렌드에서 SNS 발달에 따른 소비자 간 소통은 증가한다. 그래서 이미 브랜드 후광효과와 브랜드 충성도는 감소할 수밖에 없으며, 가성비가 중요한 시대가 왔다고 볼 수 있다. 그렇다고 무턱대고 단순히 가격만 싼 것이 좋을까? 만약 비즈니스맨들이 그렇게 접근한다면 망하기 십상이다. 고객에게 어떠한 가치를 제공하느냐 하는 것은 불변하는 킬러앱의 핵심이다. 트렌드에 맞는 카테고리에서 고객의 가치를 중시하는 킬러 아이템을 개발하는 것이 무엇보다 중요하다. 그런 킬러 아이템은 아마도 '스마트하게(Going smart)'를 지속적인 모토로 내세울 것이다. 스마트폰, 스마트TV, 스마트 시티처럼 우리가 아는 모든 대상 앞에 '스마트'가 붙은 지도 꽤 되었다. 스마트의 시대는 앞으로도 지속될 것이며, 그 흥망성쇠는 킬러 콘텐츠의 힘에 좌우되지 않을까?

1990년대 후반 인터넷이 광범위하게 적용되기 시작하면서 IT 시장에 이전과 다른 큰 교란이 생기기 시작했다. 하드웨어 업체와 소프트웨어 업체가 주도하던 IT 시장에 인터넷 기업들이 자리를 비집고 들어오기 시작했다. 이들은 인터넷 생태계 위에 콘텐츠와 클라우드 플랫폼을 무기로 기존 질서를 무너뜨리고 있다. 2000년대의 여러 초기 인터넷 기반 플랫폼 비즈니스는 야후와 마이스페이스를 중심으로 급속히 팽창했다. 당시는 종속성을 무기로 하던 시장 질서가 지배적이었다. 하지만 2000년대 이후에는 사용자의 이동성이 매우 높았고, 기업의 흥망이 하루가 멀다 하고 달라졌다. 인터넷 기업의 춘추전국시대 같던 2000년대를 보낸 후 인터넷 콘텐츠와 이를 수용하는 플랫폼 기업이 세상을 지배하고 있다. 이후의 생태계 역시 콘텐츠가 지배할 것으로 보인다. 21세기 디지털 시대는 콘텐츠가 경쟁력을 좌지우지할 시대다. 콘텐츠의 생산이 소수에 독점되는 것이 아니라, 컴퓨터나 디지털 기술을 수단으로 하여 기존의 소비자도 콘텐츠 생산자의 역할을 수행할 수 있다. 다시 말해 기업은 달라진 생태계 경제에서 협업의 파트너십으로 콘텐츠를 개발해야 한다, 대기업 간, 대·중소기업 간, 노사 간, 고객 간, 산학연 간 협업과 경쟁의 생태계에서 전 인류가 공감할 만한 킬러 콘텐츠를 만들어간다면 반드시 승리할 것이다.

종이에 ABC를 적어본다. AI, 빅데이터, 클라우드. 우리는 이들 셋이 조화롭게 만들어갈 무한 킬러 콘텐츠를 후손들과 함께 즐기게 될 것이다. 이 책에 나오는 대표적 8개 기업(FANGMAN+T)과 뜨겁게 달아오르고 있는 앱 개발 기업은 이들 기술을 제대로 활용하는 기업이다. 스마트폰이 사라지고 모든 것이 클라우드에 연결된 시장에서 클라우드의 힘을 빌려 AI 비서에게 주문을 하니 킬러앱들이 움직인다. 1990년대 PC통신, 2000년대 월드와이드웹, 2010년대 모바일이 그랬고, 지금 또 새로운 2020년대가 그런 파고의 변화를 거치고 있다. 매번 이 변화는 새로운 하드웨어의 출현과 함께했다. 컴퓨터나 스마트폰처럼 새로운 디바이스가 새 플랫폼을 이끌어내는 것이다. 그런 변화 속에서 킬러앱도 진화하고 있다. 스마트 스피커와 함께 지내며 앞으로 TV, 컴퓨터, 스마트폰에 이어 이 스피커가 어떤 경험과 가치를 만들어낼지 주목하고 있다. 코로나19를 넘어서 공감은 문명의 전환에서 더욱 빛날 덕목으로 돋보이고 있다.

자율주행차 안에서 업무를 보고, 오락을 즐기고, 원격진료를 받을 수 있을 날이 멀지 않았다. 그 중심에 AI가 있고, 이를 뒷받침하기 위해 클라우드 서비스가 발전을 거듭하며 제공된다.

이 책에서 다룬 'FANGMAN+T'와 미래 지향적 앱 기업들은 슈퍼맨보다 더 힘센 기업들로 미래를 앞서가는, 멋진 킬러앱 철학을 자신만의 생태계에서 제대로 활용하는 기업으로 인식되고 있다. 물론 독점력을 남용하는 비난도 동시에 받고 있다. 그들의 주가 추이는 우상향의 지수함수를 그리고 있고, 미래에도 그런 흐름을 이어갈지 모른다. 반독점 조사에 직면한 실리콘밸리 기업들이 조 바이든에 대한 대규모 자금 후원으로 향후 자신들에 유리한 방향으로 영향력을 행사하려 했다는데 두고 볼 일이다. 그들은 조 바이든 선거 캠프의 주요 후원자였다. 어쨌든 미래에는 이런 다국적기업의 힘이 더 세지고 국가의 힘마저 능가할 수 있다. 두려움과 경이로움 속에서 그들의 모습을 바라본다. 생태계 경제에서 자신만의 경제적 해자를 두르고 여러 킬러앱을 출시하려는 기업이야말로 이 시대의 최종 승자다.

《어린 왕자》의 저자 앙투안 드 생텍쥐페리는 이런 말을 했다.

"배를 만들고 싶다면 사람들에게 톱질하는 일, 못 박는 일을
시키지 말고 넓은 바다에 대한 동경심을 심어주라."

근시안적 성과에 집착하기보다는 꿈을 심어주고 그 꿈을 향해 도전하도록 해야 한다는 의미다. 무한한 가능성을 지닌 바다는 충분히 콘텐츠를 생산할 가치가 있는 곳이다. 그는 또한 어린왕자의 순수성 못지않게 삶의 무한한 잠재성을 일깨우는 말로 이렇게 말하기도 했다.

"미래에 관한 너의 할 일은 예견하는 것이 아니라 그것을 가
능케 하는 것이다."

그래서일까? 그가 말한 멋진 언어가 머릿속을 이리저리 돌며 많은 생각을 하게 한다.

"사막이 아름다운 것은 그곳 어딘가에 샘을 갖추고 있기 때문
이다."

갈라지고 메마른 땅, 황량한 모래 폭풍으로 덮인 사막의 모습이
누군가에게는 어두움으로 다가온다. 지구가 멸망하는 모습으로 자
주 그려지는 곳이기도 하다. 사막의 꽃 오아시스는 식물이 자라고
동물이 살아가는 희망과 꿈같은 유토피아 공간을 연상케 한다. 끝없
는 바다의 수평선처럼 펼쳐진 사막의 모래언덕이 아름다워 보일 수
있는 것은 마치 환상 같은 풍경의 오아시스가 숨겨져 있기 때문이리
라. 사막 위로 피어오르는 아지랑이 장면을 연상하는데, 문득 여우가
어린 왕자에게 했던 말이 떠오른다.

"어떤 것을 잘 보려면 마음으로 보아야 해. 가장 소중한 것은
눈에 보이지 않거든."

세상이 정말 그렇게 느껴져, 눈에 보이는 것만으로 세상을 판단해
서는 안 되겠다는 생각이 든다. 보이지는 않지만 세상을 움직이는
힘과 가치는 분명 존재한다. 사랑, 영혼, 열정, 희생, 상상 등 정말 우
리가 소중히 생각하는 가치들은 눈에 보이지 않는다. 그 모든 단어
는 이제 콘텐츠라는 단어로 생명력을 키우고 킬러가 되어 우리에게
다가온다. 케네디 대통령 역시 이렇게 말했다.

"세상의 많은 문제를 해결하기 위해서는 눈에 보이는 현실의 수평선 너머를 볼 수 있는 사람들이 필요합니다."

그가 디지털 경제를 예지한 것일까? 데이터 경제 시대에는 보이지 않는 디지털 데이터가 보이는 물리적 세상의 대부분을 지배한다. 데이터는 곧 콘텐츠가 된다. 킬러가 없는 세계에는 미래가 없다. 킬러가 없으면 평화가 오는 것이 아니라 무덤이 되고 만다. 현대 기술을 나타내는 세 가지 언어는 빅데이터, AI, 클라우드다. 그 세 언어 역시 킬러 콘텐츠가 없다면 오아시스 없는 사막이고 사운드가 없는 스피커다. 킬러앱이 될 신사업을 기획하면서 어떻게 고객 접점을 확보하여 트래픽을 만들고, 구축한 데이터를 어떻게 활용할 것인가 생각해본다. 데이터를 기반으로 상품을 기획하고, 사업을 확산하고, 운영의 효율을 올린다. 하지만 홍보를 위해서는 트래픽을 유발하는 것이 첫 단계가 되어야 한다. 할인 쿠폰이나 배송 같은 프로모션으로 많은 사업자들의 성공적인 비즈니스를 위한 전투가 갈수록 치열해지고 있다.

주차하고 집으로 올라가는 순간이다. 서재의 전등과 거실의 공기청정기가 가동되고 현관문 자물쇠가 열린다. 스마트한 보이스 비서를 불러본다. 오늘 밤 내게 황금 같은 시간을 보내게 해줄 킬러앱이 다가오는데, 인간만의 비누 냄새 나는 머릿결과 체취가 더욱 그리워진다. 인간을 헤아리는 마음이야말로 최고의 킬러앱이 아닐까? 그

헤아리는 마음에서 킬러앱의 소명이 문제 해결자로서의 역할임을 제대로 느껴본다. FANGMAN+T를 넘는 우리 기업의 가치를 킬러앱에서 찾는 것은 무리한 요구일까. 소프트웨어가 킬러가 되어 하드웨어와 함께 발전하는 최고의 날이 오기까지, 그 꿈을 현실로 만드는 대한민국을 그려본다.

참고문헌

웹진 및 사전

- https://www.appannie.com/en/insights/market-data/2021- five-things-you-need-to-know-in-mobile/
- https://www.researchgate.net/publication/322941167_Diffusion_Of_Innovations_Theory_Principles_And_Practice
- https://observer.com/2017/11/5-things-to-know-about-jensen-huang-fortunes-businessperson-of-the-year
- https://en.wikipedia.org/wiki/Killer_application (킬러앱)
- https://www.merriam-webster.com/dictionary/killer%20app (킬러앱)
- https://en.wikipedia.org/wiki/VisiCalc (비지칼크)
- https://en.wikipedia.org/wiki/History_of_Apple_Inc. (애플의 탄생)
- https://en.wikipedia.org/wiki/History_of_Google (구글의 탄생)
- https://en.wikipedia.org/wiki/Satya_Nadella (사티아 나델라)
- https://en.wikipedia.org/wiki/Diffusion_of_innovations 혁신 확산 이론
- https://en.wikipedia.org/wiki/Crossing_the_Chasm (블록체인, 캐즘)

국내 (번역)단행본

- 《거의 모든 IT의 역사》, 정지훈, 메디치 미디어, 2010.
- 《당신이 알고 싶은 음성인식 AI의 미래》, 제임스 블라호스, 김영사, 2020.
- 《블록체인 혁명》, 돈 탭스콧, 알렉스 탭스콧, 을유문화사, 2017.
- 《비즈니스 블록체인》, 윌리엄 무가야, 한빛미디어, 2017.

해외 단행본

- *Crossing the Chasm*, Geoffrey A. Moore, Harper Business Essentials, 1991.
- *Diffusion Of Innovations Theory*, Principles, And Practice, James Dearing, 2018.

- *Diffusion of Innovations*, Everett Rogers, 1962.
- *Nadella: The Changing Face of Microsoft*, Jagmohan S. Bhanver, India Pvt. Ltd, 2014
- *No Rules Rules: Netflix and the Culture of Reinvention*, Reed Hastings, Pengin Press, 2020.
- *Pichai: The Future of Google*, Jagmohan S. Bhanver, India Pvt. Ltd, 2016.
- *Steve Jobs: The Exclusive Biography*, Walter Isaacson, Abacus, 2015.
- *The Story of Amazon.com*, Sara Gilbert, Jasico Publishing House, 2016.
- *The Making of the Greatest: Jeff Bezos*, Sangeeta Pandey, Rupa Publications, 2019.
- *5G Core Networks: Powering Digitalization*, Stefan Rommer; Peter Hedman; Magnus Olsson; Lars Frid; Shabnam Sultana; Catherine Mulligan, Mara Conner, 2020.

지은이 **조원경**

국내 최고 수준의 국제금융·경제 전문가이자 20만 부 베스트셀러 저자. 세계경제포럼 (2020)이 아시아 최초, 세계 9번째 제조혁신 도시로 정한 대한민국 산업 메카 울산의 경제부시장으로 재직 중이다. 기획재정부 정책 경험을 토대로, 미래 제조혁신과 그린 뉴딜, 모빌리티 혁명이 벌어지는 곳에서 한국의 미래 경제 생태계에 대해 진지한 고민을 해결하고자 동분서주하고 있다.

〈블록체인과 암포화폐의 주류화 전략〉이란 주제로 연세대학교에서 공학박사 학위를 받았다. 연세대학교 경제학과, 미시간 주립대 파이낸스 석사 출신으로 1990년 행정고시 합격 후 기획재정부에서 줄곧 일했다. G20, IMF, OECD 업무를 하며 '디지털 변혁과 일의 미래'를 주제로 남다른 활약을 한 국제 경제통이다. 2005년 중남미 빈곤감축과 경제·사회 개발을 위한 미주개발은행 가입 협상, 2009년 한-EU FTA 서비스 협상, G20 국제금융체제 실무 그룹 공동의장 등 굵직한 국제 협상 테이블에서 중요 역할을 하며 세계 경제를 움직이는 힘과 기업에 대한 식견을 여러 책으로 보여주었다.

지은 책으로는 《명작의 경제》, 《법정에 선 경제학자들》, 《식탁 위의 경제학자》, 《경제적 청춘》, 《한 권으로 읽는 디지털 혁명 4.0》, 《나를 사랑하는 시간들》, 《부의 비밀 병기, IF》가 있다.

Facebook www.facebook.com/100007069599800

넥스트 킬러앱

2021년 1월 29일 초판 1쇄 | 2021년 2월 1일 4쇄 발행

지은이 조원경
펴낸이 김상현, 최세현   **경영고문** 박시형

디자인 霖design김희림
마케팅 양봉호, 양근모, 권금숙, 임지윤, 이주형, 조히라, 유미정, 전성택
디지털콘텐츠 김명래   **경영지원** 김현우, 문경국
해외기획 우정민, 배혜림   **국내기획** 박현조
펴낸곳 (주)쌤앤파커스   **출판신고** 2006년 9월 25일 제406-2006-000210호
주소 서울시 마포구 월드컵북로 396 누리꿈스퀘어 비즈니스타워 18층
전화 02-6712-9800   **팩스** 02-6712-9810   **이메일** info@smpk.kr

ⓒ 조원경 (저작권자와 맺은 특약에 따라 검인을 생략합니다)
ISBN 979-11-6534-295-1 (03320)

쌤앤파커스(Sam&Parkers)는 독자 여러분의 책에 관한 아이디어와 원고 투고를 설레는 마음으로 기다리고 있습니다. 책으로 엮기를 원하는 아이디어가 있으신 분은 이메일 book@smpk.kr로 간단한 개요와 취지, 연락처 등을 보내주세요. 머뭇거리지 말고 문을 두드리세요. 길이 열립니다.